6·75
―――
480

X-1

760894

PRÉSENCE D'ALAIN GRANDBOIS

« VIE DES LETTRES QUÉBÉCOISES »

Collection dirigée par

Benoît LACROIX et Jean MÉNARD

1 — SŒUR SAINTE-MARIE-ÉLEUTHÈRE, c.n.d., *La Mère dans le roman canadien-français*, 1964.

2 — Marcel-A. GAGNON, *Le Ciel et l'Enfer d'Arthur Buies*, 1965.

3 — Paulette COLLET, *L'Hiver dans le roman canadien-français*, 1965.

4 — Jean MÉNARD, *Xavier Marmier et le Canada. Relations franco-canadiennes au* XIXe *siècle*, 1967.

5 — Roger LE MOINE, *Joseph Marmette, sa vie, son œuvre*, suivi de *À travers la vie*, 1968.

6 — Roland BOURNEUF, *Saint-Denys-Garneau et ses lectures européennes*, 1969.

7 — Jean-Paul TREMBLAY, *À la recherche de Napoléon Aubin*, 1969.

8 — Maurice LEMIRE, *Les Grands Thèmes nationalistes du roman historique canadien-français*, 1970.

9 — Axel MAUGEY, *Poésie et Société au Québec*, 1972.

10 — Robert CHARBONNEAU, *Romanciers canadiens*, 1972.

11 — Jacques BLAIS, *Présence d'Alain Grandbois*, 1974.

Jacques Blais

Présence d'Alain Grandbois

avec quatorze poèmes
parus de 1956 à 1969

Vie
des
Lettres
québécoises

11

LES PRESSES DE L'UNIVERSITÉ LAVAL, QUÉBEC, 1974

Cet ouvrage a été publié grâce à une subvention accordée par le Conseil canadien de recherches sur les humanités et provenant de fonds fournis par le Conseil des arts du Canada.

PS
8513
.R34
Z58
1974

AVANT-PROPOS

Une série de cours télévisés donnés à Radio-Canada durant l'automne 1969, sous les auspices du Service de l'extension de l'enseignement de l'université Laval, est à l'origine du présent ouvrage, qui se veut une introduction à la vie et à l'œuvre d'Alain Grandbois.

Pour la biographie, j'ai cherché à rassembler ce qui est connu et à préciser dans la mesure du possible les renseignements reçus en me fondant sur quelques documents inédits ou sur des enquêtes personnelles. Pour l'étude de l'œuvre, j'ai choisi de commenter chaque ouvrage de l'écrivain dans l'ordre chronologique de parution, à l'exception des *Îles de la nuit* que je fais suivre *Avant le chaos* afin de pouvoir présenter sans interruption les trois recueils de poésie ; quant à l'œuvre poétique, même si j'apporte à l'occasion des matériaux pour l'étude de la symbolique et de la mise en forme, je m'attache surtout à mettre à l'épreuve une hypothèse de travail sur le progrès de *l'Étoile pourpre* par rapport aux *Îles de la nuit* (avec la prudence, toutefois, de celui qui pressent que Grandbois, selon le mot de Camus, a peut-être plus *marché* que *progressé* depuis son premier livre).

Voilà les limites de mon entreprise.

À l'époque des cours télévisés, point de départ de ce livre, de nombreuses personnes m'ont accordé leur concours. En tout premier lieu, je remercie vivement monsieur Grandbois, ainsi que son épouse, de l'hospitalité qu'ils m'ont donnée à plusieurs reprises, à leur demeure de Québec. D'autres membres de la famille du poète m'ont aussi aimablement apporté de l'aide, en particulier madame Jeanne Drouin, sœur de l'écrivain, et monsieur Jacques Rousseau, qui m'a permis de prendre connaissance du recueil des *Poëmes* d'Hankéou. Depuis longtemps familier du poète, monsieur

Luc Lacourcière a bien voulu me communiquer d'utiles renseignements et des documents précieux : ce dont je le remercie, de même que de l'intérêt qu'il a toujours manifesté à l'endroit de mon projet. Que je témoigne enfin de la reconnaissance envers ceux qui sont devenus, en cours de route, mes collaborateurs : les critiques Jeanne Lapointe et Clément Lockquell, les poètes Pierre Morency et Louis Royer.

Je m'en voudrais de ne pas remercier tout spécialement mon assistant, Michel Giguère, qui a fait une enquête (dont je tirai grand profit) sur les lieux et les gens qui concernent le poète. Il s'est également acquitté du choix des illustrations sonores et visuelles, tout en collaborant avec les réalisateurs, Andrée Thériault et Aurèle Lacoste, dont la compétence m'a permis de vaincre bien des difficultés.

Enfin, j'exprime ma gratitude à la direction et au personnel administratif du Service de l'extension de l'enseignement de l'université Laval.

Jacques Blais

Pourquoi avec moi toujours parler littérature ; on croit me faire plaisir et l'on oublie qu'avant tout je suis un homme.

Alain Grandbois

INTRODUCTION

C'est la voix même d'Alain Grandbois, cette voix chaude et grave, un peu gutturale, qu'il convient de faire entendre au seuil de cette étude sur la vie et l'œuvre du poète :

> C'étaient les jours bienheureux
> Les jours de claire verdure
> Et le fol espoir crépusculaire
> Des mains nues sur la chair
> L'Étoile pourpre
> Éclatait dans la nuit
>
> Celle que j'attendais
> Celle dont les yeux
> Sont peuplés de douceur et de myosotis
> Celle d'hier et de demain
>
> Les détours du cri de vérité
> La moisson couchée
> Au peuplier l'oiseau
> Beauté du monde
> Tout nous étouffe
>
> Ah vagabonds des espaces
> Ceux des planètes interdites
> Ah beaux délires délivrés
> Le jour se lève avant l'aube [1]

Les quelques vers que nous venons de lire proviennent du poème initial de *l'Étoile pourpre*. Dans leur brièveté, dans leur

---

[1] « L'Étoile pourpre », poème paru dans le recueil du même titre, inclus dans *Poèmes*, Montréal, Éditions de l'Hexagone, 1963, pp. 164-165. Je n'indiquerai désormais que le titre du poème, le sigle du recueil (IN pour *les Îles de la nuit*, RH pour *Rivages de l'homme*, EP pour *l'Étoile pourpre*), la page de l'édition de l'Hexagone.

simplicité même, par-delà l'hermétisme apparent des images, ils contiennent un message fondamental. Nous y lisons résumée une existence exemplaire, conduite par la tyrannie du temps qui passe et qui prend chaque jour heureux, chaque instant de grâce, ne laissant pour toutes valeurs que des souvenirs, eux-mêmes victimes toujours possibles des trahisons de la mémoire. L'élan du cri de vérité, qui serait libérateur, est contrarié, forcé de louvoyer, d'errer, ramené au domaine de l'erreur qu'il entendait précisément fuir. C'est dire que toute quête de vérité est nourrie d'illusions. De même, toute beauté du monde étreint d'angoisse, car elle est éphémère : la victoire sur les vicissitudes, le poète sait bien qu'elle est fallacieuse. La dépossession est totale.

Ne reste que la liberté, malgré tout, de poursuivre un rêve de plénitude et d'harmonie que la nostalgie ramène avec insistance. Ce rêve prend la forme d'un paysage de verdure à cet instant du crépuscule où le soleil triomphe encore de la nuit envahissante. Paysage, toutefois, que n'habite pas cette femme que nous pouvons imaginer protectrice, celle qui réconcilie, qui répare les liens que brisent interdits et violences, et dont le poète nous parle avec quelle émotion profonde. Ce bonheur perdu, mais toujours convoité, il importe au moins de le dire : et la poésie de Grandbois est faite de ces « beaux délires délivrés ». Au cœur même de la nuit des désespoirs et des regrets, l'acte d'écrire sanctionne la délivrance. L'aube n'a nul besoin de paraître : c'est déjà, malgré la nuit régnante, la délivrance du jour.

Voilà l'une des dialectiques, celle de la lumière et de la nuit, que l'œuvre explore. Avec la même raideur, les mêmes ruptures, les mêmes soudaines contradictions, d'autres dialectiques s'expriment qui compliquent la première : la mort au cœur même de la vie ; une véhémence qui parvient mal à taire une tendresse latente ; la douceur et la douleur de vivre à tout moment conjuguées ; un ailleurs lointain, qui paraît souvent comme le masque bien illusoire d'un ici compromettant. Car ces poèmes de nulle part ont des raisons d'être que l'on pourrait trouver au plus près des origines. Authentiquement universelle, cette poésie est en effet profondément nôtre. Elle traduit, en les transcendant, il est vrai, des hantises et des états d'âme que Saint-Denys Garneau, par exemple, a bien connus. Ces dialectiques multiples, interdépendantes, rendent difficile toute approche de la poésie de Grandbois, laquelle, plus que toute autre sans doute, exige qu'on l'apprivoise. Et je n'oublie pas, ce qui déconcerte davantage le lecteur, la polyvalence des symboles, la diversité de sens et d'intention des mots favoris, qu'il s'agisse des mots île, fleuve ou pourpre. Plusieurs travaux de qualité conduisent déjà à la solution de ces questions. Pour ma part, mon ambition est plus limitée. Le lecteur voudra bien considérer l'essai présent comme une simple chronique. Il s'agit seulement de dire ce que l'on sait de la vie d'Alain Grandbois, et de commenter brièvement les œuvres à mesure qu'elles paraissent.

On croit peut-être cette manière de procéder objective et raisonnable. Elle reste en fait tout aussi problématique que les lectures re-créatrices d'aujourd'hui, et elle expose à des difficultés parfois plus subtiles. La pire erreur, ce serait d'en déduire qu'il existe une nécessaire dépendance de l'œuvre à l'égard de la biographie. À ce propos, il faut rappeler, et partager, l'opinion de Jacques Brault :

> Je pense que l'œuvre de Grandbois va continuer d'aller au delà, si je puis dire, de l'homme qui s'appelle Grandbois. C'est d'ailleurs ce qui est assez extraordinaire en particulier dans sa poésie. Parce que même au moment où il l'écrivait, il se dépassait lui-même dans sa poésie [2].

Phénomène habituel et qui vaut pour Alain Grandbois comme pour tout écrivain : celui qui écrit est un autre, et le confondre avec celui qui vit serait pour le moins présomptueux. La biographie ne saurait avoir l'excuse d'expliquer l'œuvre — tout au plus peut-elle prétendre en éclairer les alentours.

D'autre part, le genre même que j'adopte, celui de la chronique, peut me faire commettre des maladresses plus évidentes encore. Erreurs toujours possibles de dates, de faits. Rectifier les divers éléments qui composent la biographie de Grandbois n'est pas une mince besogne. Le poète lui-même, d'une confidence à l'autre, parce qu'il manque de temps pour mieux préciser ses souvenirs, modifie certaines circonstances, ou corrige, contredit. Voulant mettre de l'ordre, il est donc à redouter que j'aggrave la confusion, ou même encore, qu'à force d'additionner des bribes

---

[2] *L'Histoire comme ils l'ont faite,* émission radiophonique de Radio-Canada, 4 février 1967.

de renseignements, je trahisse toujours davantage le poète et l'homme dont je prétends respecter la vérité. Que je le veuille ou non, il m'arrivera peut-être d'entrer par effraction dans la vie de l'écrivain, « de toucher les secrets qui gisent [...] au delà du visage [3] » et de croire alors dire vrai, ce qui sera évidemment pure extravagance. Je me souviens des paroles de Georges Ribemont Dessaignes que Roland Penrose met en exergue à son livre sur Picasso et je les applique à Alain Grandbois : « Rien de ce qu'on peut dire de Picasso n'est exact... [4] » Il me faudra pourtant courir le risque de l'inexactitude, mais j'essaierai de l'atténuer dans la mesure du possible en m'en tenant « au dessin strictement linéaire de cette émouvante aventure humaine » — ce qu'a fait Grandbois lui-même à propos de Marcel Dugas :

> Quant au secret profond de Dugas, à ses expériences intérieures d'homme, à l'alchimie de son œuvre, qu'en pouvons-nous connaître, nous qui nous connaissons si peu nous-mêmes, qui ne savons pas pourquoi nous avons fait, à tel moment précis, tel geste qui engagera toute une vie [5].

La référence aux gestes qui engagent la vie entière, invite à ranimer, au seuil de la chronique des voyages et rapatriements successifs de Grandbois, l'enfance du poète — « enfances évanouies derrière les anneaux magiques des fontaines [6] ». Cette époque, où le destin se fonde, où prennent forme les figures archétypales qui régiront l'existence et dont l'œuvre ultérieure ne fera qu'inventer d'innombrables variations, cette époque, au dire d'Alain Grandbois lui-même, fut une époque heureuse. Et c'est vers Saint-Casimir, « ce petit village [...] Loin du grand fleuve [7] », qu'il convient de suivre les « chemins perdus du rêve [8] ».

---

[3] *Visages du monde. Images et souvenirs de l'entre-deux-guerres*, p. 163. Recueil important dont je citerai souvent des extraits. La série radiophonique des *Visages du monde* fut présentée à Radio-Canada du 18 avril 1950 au 2 janvier 1951, puis du 19 juin 1951 au 22 septembre 1952. Lecteurs : Jacques Auger et Jean-Louis Roux. L'extrait cité provient de l'émission du mardi 10 juillet 1951 : « Londres ».

[4] Roland PENROSE, *la Vie et l'Oeuvre de Picasso*, p. 5.

[5] « Marcel Dugas », dans *Cahiers de l'Académie canadienne-française*, t. VII : *Profils littéraires*, pp. 153-154.

[6] « Ce feu qui brûle... », IN, p. 68.

[7] « La part du feu », EP, p. 198.

[8] « Corail », RH, p. 154.

CHAPITRE PREMIER

L'ENFANCE LOIN DU GRAND FLEUVE

Enraciné aux lieux de son enfance, Alain Grandbois l'est profondément, beaucoup plus que ne l'ont jamais cru ceux qui le traitaient imprudemment d'étranger, osaient qualifier son œuvre d'exotique. Encore aujourd'hui, quand il le peut, il retourne à Saint-Casimir comme à un port d'attache, comme à un repère familier dans la « fuite inexorable du temps [1] ».

Saint-Casimir, c'est d'abord l'église, haute, massive architecture qui se dresse au centre même du village, et que l'on voit de partout, de quelque point que l'on vienne. C'est aussi la présence de l'eau. Le traverse en effet, large, secrètement puissante, la rivière Sainte-Anne — menaçante au temps de la crue des eaux — et le village de s'échelonner sur chacune des rives où s'arc-boutent les maisons. À la Sainte-Anne se joignent, à un mille à peu près au nord-est de l'église, deux autres rivières qui prennent leur source une dizaine de milles encore plus au nord, dans les lacs de l'arrière-pays, rivières dont les affluents sillonnent le village, en font une ville d'eau. Saint-Casimir, c'est enfin le calme, la profonde immobilité de la campagne. Partout, autour, des pâturages, des champs de blé, de maïs, des arbres. Un lieu de paix, qu'accentue encore l'éloignement du flot toujours mouvant du fleuve, de l'activité incessante des villes. Isolement accru par la proximité des vastes forêts qui le cernent, par la ligne des Laurentides qui bloque l'horizon. Cette retraite est hors du temps, propre à faciliter l'éclosion d'une enfance insouciante, heureuse, libre.

---

[1] *Visages du monde*, p. 102.

À le voir aujourd'hui, petit village paisible qui poursuit son existence séculaire au rythme lent des saisons, comme tenu en marge de l'activité du reste du pays, il est difficile de croire qu'au début du siècle, Saint-Casimir était sans conteste le village le plus florissant de la région [2]. À certains égards même, un village à l'avant-garde du progrès : ce fut l'un des premiers à bénéficier des inventions modernes, l'électricité, le téléphone, les voitures automobiles. Chaque année, on pouvait noter un accroissement important de la population ; on venait des villages voisins s'y installer ; pas de chômage.

Cette prospérité, le village la devait sans doute principalement à la famille Grandbois, qui pratiquait de façon industrielle un intensif commerce de bois à partir des vastes terrains dont elle était propriétaire dans la région même. Provenant des forêts des Laurentides, les billes, flottant sur la rivière Blanche ou sur la rivière Noire, étaient conduites à peu de distance à l'est du village, au moulin de l'île aux Hurons. Au plus fort de la saison, près de cent cinquante hommes y travaillaient, presque jour et nuit.

Ce patrimoine important, les Grandbois avaient pu se le constituer, somme toute, assez rapidement. Un aïeul du poète, l'arrière-grand-père Gérôme, de la lignée des Guilbeault dits Grandbois [3], avait quitté Sainte-Anne-de-la-Pérade pour s'établir à Saint-Casimir, parmi les premiers groupes de pionniers. C'était un cultivateur. Mais l'un de ses fils, Michel-Adolphe, devait déterminer l'avenir de la famille.

Le chercheur d'or

De tout temps, les Grandbois avaient été réputés race de conquérants et de coureurs de bois. Au moment où le pays connaissait une période de marasme, le sang aventurier qui courait dans les veines du jeune Michel-Adolphe le poussa à secouer le joug.

---

[2] Renseignement pris dans la thèse de J.-Blaise TESSIER, *Étude sociale et économique des familles de Saint-Casimir.*

[3] Ou peut-être est-ce l'inverse : de la lignée des Grandbois dits Guilbeault... ? Détail (parmi bien d'autres !) à vérifier.

Des nouvelles fabuleuses circulaient. Il n'était question que de l'Australie, des gisements d'or qu'on venait d'y découvrir, des fortunes qui changeaient du jour au lendemain de pauvres hères en millionnaires. Ébloui comme tant d'autres de ses proches, sans doute séduit lui aussi par un de ces agents recruteurs qui parcouraient le pays, récitant leur boniment à des auditoires naïfs, émerveillés, le jeune Adolphe Grandbois (il avait alors vingt-deux ans) résolut d'aller rejoindre les aventuriers de tout calibre, hommes simples ou bandits, idéalistes ou hors-la-loi, issus de toute la terre, Suédois, Chinois, Français, Américains, qui encombraient déjà par milliers les chantiers de prospection australiens. Avec une quarantaine de compatriotes, il s'embarque, à New York, le 14 septembre 1852, à bord d'un voilier flambant neuf, fier bâtiment, un quatre-mâts pouvant déployer trente-deux voiles, l'*Ocean Eagle,* en route pour les mers du Sud.

Les péripéties de la traversée nous sont connues par le récit de l'un des voyageurs, Félix Garneau [4] : la pénurie d'eau potable (l'eau de pluie, recueillie sur des bâches, est vite corrompue, une odeur fétide s'en dégage, on ne peut la boire qu'en se bouchant les narines) ; durant une longue période de calme plat, près de l'Équateur, le suicide d'un jeune Américain, lecteur de romans ; la capture d'un immense oiseau des mers, l'albatros, de ceux que Baudelaire avait pu observer, dix ans plus tôt, lors de son voyage à l'île Bourbon ; surtout, peu avant de franchir le cap de Bonne-Espérance, aux environs du jour des Morts, une tempête d'une grande violence : grêle, froid, pluie torrentielle, vents puissants. Enfin, l'arrivée à Melbourne, après six mois et huit jours d'une rude traversée. La marche vers les chantiers de Bendigo et d'ailleurs, la recherche de l'or, à la surface du sol puis en profondeur, les pénibles conditions de travail : éloignement de l'eau et du bois, risques de vol, nuées de mouches qui collent à la peau, s'attaquent aux yeux, menacent de rendre aveugle.

---

4 J.-Elzébert GARNEAU, *Notes du voyage de mon père (Félix) en Australie.* Madeleine GRANDBOIS s'est largement inspirée de ce document pour son recueil de contes, *Maria de l'Hospice.* À mon tour, j'ai emprunté d'utiles précisions à cet ouvrage de Madeleine Grandbois. Par ailleurs, tout au cours du présent chapitre, je puiserai dans l'essai de Michel GIGUÈRE, *Autour d'Alain Grandbois, du côté de St-Casimir.*

En Australie, Adolphe Grandbois trouva-t-il fortune ? Quoi qu'il en soit, plusieurs années plus tard, il rentra chez les siens avec un peu d'or, sans doute porteur de quelques lingots et billets de banque dissimulés, comme c'était la coutume, « dans une ceinture de cuir, sous sa vareuse en étoffe du pays [5] ». Il était riche surtout, prodigieusement, d'anecdotes, de souvenirs exaltants, dont il fit profiter son petit-fils Alain qui « écouta avidement le récit de ses aventures » :

> ... il me racontait des histoires de voiliers perdus dans des océans immenses, par calme plat, et l'équipage torturé par la faim, la soif, le scorbut, les fièvres malignes, et soudain, l'attaque brutale d'un vaisseau pirate [6].

Inutile d'insister sur l'espèce de fascination que devait alors subir l'enfant. Alain Grandbois s'est plu souvent à rappeler les longues heures ferventes qu'il passait en compagnie de l'ancien coureur d'aventures :

> J'étais d'une famille de voyageurs. Mon grand-père avait voyagé beaucoup et puis, quand j'étais jeune, j'allais chez lui, et il me parlait de ses voyages. Le goût des voyages est venu pour moi d'une façon assez naturelle, n'est-ce pas. Enfin, je n'ai pas pensé : un jour, je voyagerai — c'était comme si j'allais voyager sans que j'en aie décidé quoi que ce soit. Et c'est ce qui est arrivé en effet [7].

Dans quelle mesure l'image de l'aïeul a-t-elle guidé le poète de par le monde quand, plus tard, pendant plus de vingt ans, il chercha à rassasier un désir d'inconnu, nul ne peut le dire. Plus prosaïquement, on raconte qu'à sa mort, en 1908, l'aïeul léguait à Alain une certaine somme qu'il ne devait utiliser, était-il précisé, que pour connaître les visages du monde.

---

[5] Madeleine GRANDBOIS parle de « liasses de billets de banque, enveloppés dans un sac de cuir informe, grossièrement ficelé, bariolé d'étiquettes ». (*Maria de l'Hospice*, p. 167.)

[6] *Visages du monde*, p. 98.

[7] *L'Histoire comme ils l'ont faite*, émission radiophonique de Radio-Canada, 4 février 1967.

Une industrie prospère

À son retour d'Australie, le jeune Adolphe ne perd pas de temps. En 1862, il prend pour épouse Aurée Charest, au prénom symbolique, puis se met à édifier ce qui allait devenir une importante entreprise. À cette époque, par tout le Québec, les chantiers pullulent. On se rue sur le travail du bois. Les bûcherons rivalisent d'efforts à travers les forêts des Laurentides, qui semblent inépuisables. En 1870, des chantiers s'ouvrent sur la rivière Sainte-Anne. Adolphe Grandbois commence l'exploitation du bois. Quelque vingt ans plus tard, ses fils, Louis-Philippe et Henri, prennent la relève. Les progrès sont rapides, accélérés par l'arrivée du rail, en 1906 : le Transcontinental et le Grand-Nord donnent un nouvel essor au commerce et aux affaires. Le domaine des Grandbois ne cesse de s'agrandir (ce qui ne va pas, on s'en doute, sans susciter quelque mécontentement) : une grande partie du village leur appartient, toutes les maisons de l'île aux Hurons, un vaste territoire forestier, un moulin à bois, un moulin à farine, une ferme, et plusieurs autres propriétés, dont un lac, le lac Clair. On atteint le point culminant des affaires vers 1925. Les deux fils avaient bien travaillé.

Chacun, du reste, dit-on, avait une tâche bien définie. Louis-Philippe parcourait l'étendue des possessions, surveillait de près, à la ferme, aux chantiers, l'exécution des divers travaux. Henri, le père d'Alain, restait plus volontiers au village. Il s'occupait des affaires de bureau.

Tous deux possédaient une maison sur la place même de l'église. Celle de Louis-Philippe semble avoir été la mieux conservée. On a beaucoup modifié, par contre, la maison d'Henri, où naquit Alain, le 25 mai 1900. C'était à l'époque une vaste demeure de briques rouges, ceinturée d'une galerie, la façade était ornée de fioritures ; une tourelle carrée lui donnait un faux air de château [8]. Une sorte de parc l'entourait : des arbres, un jardin ; au milieu du jardin, une fontaine, autour de laquelle on s'amusait. De l'autre côté de la rue, surplombant la rivière, une terrasse, pour la promenade, avec des meubles rustiques, un kiosque, où l'on se rassemblait aux soirs d'été, où Henri Grandbois aimait se reposer.

---

[8] Voir Madeleine GRANDBOIS, *Maria de l'Hospice*, p. 155.

Aux racines de la joie

Quel homme était Henri Grandbois ? Sur le père d'Alain, on connaît fort peu de chose. On insiste volontiers sur une grande fermeté de caractère, sur son intransigeance, le besoin qu'il avait de tout exiger de lui-même et des autres. Il exerçait sur l'ordre de la maison, sur sa propre vie, une sévérité rigoureuse. On ne sait ce qui l'animait au fond : idéalisme, mysticisme, impétueux désirs durement réprimés, ni quels rêves impossibles creusaient en lui leur route secrète. Un ascète égaré en ce monde, moine dans le civil, dira son neveu Jacques Rousseau, imposant aux siens un strict règlement de communauté auquel il ne faisait pas bon déroger. Colérique, peut-être, par moments, impatient, irritable. Et distant. Par on ne sait quelle pudeur, il se tenait hors d'atteinte. Un homme muré.

Mais cela doit se concilier avec la dédicace de *Né à Québec,* qu'Alain Grandbois lui adressa en souvenir des belles histoires dont il enchanta son enfance, avec une générosité que tous lui reconnaissaient. Henri Grandbois était aussi doué d'une vive sensibilité. Sous une façade austère, c'était une âme ardente, « un romantique secret », diront plus tard de lui ses enfants, quand ils prendront connaissance du journal qu'il écrivait. À ses enfants, il accordait une confiance totale, particulièrement à Alain, qu'il laissera courir le monde sans l'embarrasser de vétilleuses remontrances. Pieux, jusqu'au scrupule, il était fidèle à des prières quotidiennes. Le soir, on le voyait traverser la place pour se rendre à l'église, au chemin de croix, avec sa femme.

La mère d'Alain, Bernadette Rousseau, appartenait elle aussi à une famille de voyageurs, aventuriers et risque-tout. Chez les Rousseau, on compte en effet un médecin-pharmacien ambulant, qui parcourait la campagne ; un missionnaire à la Grosse-Île, pendant l'épidémie de choléra de 1847 ; la même année, un Rousseau, missionnaire-explorateur, franchit la moitié du continent pour se rendre jusqu'en Oregon, où se trouvaient des Canadiens isolés : c'était le grand-oncle Godfroi, dont Jacques Rousseau, cousin du poète et lui-même infatigable voyageur des solitudes

nordiques du Québec, a méthodiquement édité le journal de voyage sous le titre « Caravane vers l'Orégon [9] ».
La mère d'Alain Grandbois est souvent évoquée dans les textes du poète. Son souvenir hante beaucoup de vers apaisés, étonnamment nostalgiques. C'était une femme rieuse, sensible, musicienne — elle jouait du piano, interprétait parfois des pièces classiques, accompagnait les sœurs d'Alain qui répétaient des chansons apprises au vieux couvent, et se plaisait à participer aux fêtes qui rassemblaient les villageois. À la maison, elle savait créer autour d'elle une atmosphère de chaleur rayonnante ; « l'immense paix des présences [10] », c'est auprès d'elle qu'on la trouvait :

> Elle jouait d'un piano
> Aux nostalgies d'améthyste
> Les notes voilaient la lampe
> La fenêtre était ouverte [11]

Elle manifestait une certaine prédilection pour Alain, auquel elle s'était attachée surtout à la suite de la mort prématurée de ses deux premiers enfants, Gabrielle, morte alors qu'elle n'avait que quelques mois, et Jean-Marie, l'aîné, mort en 1909 d'une méningite ; il avait douze ans. Ce deuil la bouleversa. C'était un enfant précoce, très doué, qui voulait devenir prêtre. Elle éprouva un violent chagrin, et reporta sur Alain toute sa tendresse. Avec quelle émotion elle lisait les lettres qu'il lui faisait parvenir quand, jeune collégien, il étudiait à Montréal, ou à Québec. Quelles inquiétudes il a pu susciter alors, lui qui se tenait à l'écart de son influence. Une entente tacite s'était établie entre les deux êtres :

> Ma mère avait fait aussi
> Le signe sur mon front
> Ses doigts légers criaient sur ma tempe
> Peut-être cela se passe-t-il ainsi
> Aux racines de la joie [12]

 Talisman du poète, l'image de la mère s'associe dans sa mémoire au pays natal, aux années d'enfance, constituant une sorte de

---

[9] Jacques ROUSSEAU, « Caravane vers l'Orégon », dans *les Cahiers des Dix*, no 30, Montréal, 1965, pp. 209-271.
[10] « Corail », RH, p. 153.
[11] « Le cerceau », RH, p. 139.
[12] « La danse invisible », RH, p. 130.

« vert paradis des amours enfantines », un passé antérieur aux sortilèges aussi séduisants qu'inquiétants :

> Cruelle et dangereuse sécurité
> Je suis comme tapi au flanc de ma mère
> Dans la chaleur magique
> D'avant la délivrance du jour [13]

Les jeux et les rêves

Objet de prévenances et d'attentions, le jeune Alain ne se contraint pourtant jamais à se fabriquer une image de petit fils modèle. La sagesse, il abandonne volontiers cette encombrante vertu à d'autres. Ce qui le définit assez bien, alors, durant les douze années vécues à Saint-Casimir, et ce qui est de bon augure, c'est qu'il est frondeur, turbulent, vindicatif, et, pour tout dire, indocile. Ne pas suivre la règle commune, rejeter les carcans imposés : c'est déjà l'ardent désir de protéger son intégrité, le signe d'une volonté de rester libre de ses actes, de ses paroles, de s'assurer l'avantage de bénéficier de l'imprévu, de toute possibilité d'inédit et de changement.

Pour un tel enfant, l'école n'a pas tellement d'attrait. Aussi la vie de l'écolier Alain Grandbois est-elle pour le moins fantaisiste, et cela dès le début. De 1906 à 1912, il fréquente d'abord le couvent des Sœurs de la Providence, puis l'Académie Saint-Louis de Gonzague, dirigée par les Frères de l'Instruction chrétienne. Il suit aussi des leçons d'instituteurs ambulants, ou même il prend part aux classes privées que des institutrices donnaient à la maison, pour ses sœurs. Il apprend le violon, mais ce ne sera qu'un élan passager. Car ce sont là jeux trop sages.

Comme il aime savourer les délices, quelque peu mêlées de remords, de l'école buissonnière, il prend souvent plaisir à courir dans les forêts de son père, où il passe de grandes parties de l'année, fréquentant les travailleurs, s'émerveillant du passage des

---

[13] « Demain seulement », RH, p. 125.

saisons (l'hiver, les bois sous la neige ; l'été, le brusque éclatement de la vie végétale et animale).

Sa prédilection pour les expéditions en forêt ne l'empêche pas de patauger, sur les rives de la Sainte-Anne, dans les flaques d'eau croupie au creux des galets :

> La rivière scintillait
> Sous le soleil
> À la fois ouverte et cachée
> Selon l'âge
> Des ormes et des saules [14],

ni, par les beaux jours ensoleillés, de vagabonder « le long d'un ruisseau clair, une perche de ligne sur l'épaule, chantant et sifflant [15] », pour pêcher la truite, ou même, plus modestement, la perchaude ou le goujon. Mais il retourne volontiers au plaisir de la chasse, et le voici qui traque le lièvre, la perdrix, des oiseaux de toutes sortes :

> ... ce martin-pêcheur à la houppe dressée comme s'il était toujours en colère, ou ce bel héron gris bleu, qui se pose, avec de grands battements maladroits d'ailes, à trente ou quarante pas de vous, et qui s'immobilise soudain, sur une patte. Votre cœur d'enfant bat plus fort, vous avez la proie convoitée dans votre champ de tir, vous épaulez, vous visez, et puis... vous n'osez plus presser la gachette, vous ne tirez pas. Car votre coin favori, au bord du ruisseau, ne serait plus le même, si ses habitants familiers le désertaient [16].

Si, d'aventure, il abat ses victimes, il cherche à les vendre au village — petit commerce que sa mère réprouve, comme elle n'a pas l'heur d'apprécier le fait qu'il ne recule devant aucune occasion de se battre, bien qu'il soit petit, frêle, de santé délicate. À coups d'arguments frappants s'il le faut, il n'hésite pas à répliquer aux sarcasmes de camarades plus ou moins envieux. Un jour, pour relever un défi, il plonge du haut du pont dans la rivière qui passe près de la maison familiale ; bon nageur, il s'en tire sans peine.

---

[14] « La morte de nos seize ans », EP, p. 224.
[15] *Visages du monde*, p. 58.
[16] *Ibid.*, p. 59.

Des jeux plus gratuits occupent aussi ses loisirs ; il accorde une part importante à la fantaisie. C'est ainsi qu'il s'ingénie à créer quelque harmonie sonore :

> ... chez ma grand-mère maternelle, il y avait un harmonium [...] dont je torturais le clavier avec bonheur — je devais avoir cinq ou six ans — car les sons « filés » de cet instrument me donnaient la délicieuse impression que je savais jouer. Cependant, le maniement des pédales souffleuses m'embarrassait, ma taille n'étant point celle de feu le géant Beaupré, et j'exécutais mes chefs-d'œuvre, debout sur une jambe, pour l'équilibre, l'autre jambe fournissant à l'instrument l'oxygène nécessaire, et je touchais d'un doigt deux ou trois notes, dont la musique ne cessait de me ravir. Mais de retour à la maison, le piano de ma mère devenait une chose sévère, rébarbative et glacée. Les sons ne « filaient » plus. Et n'est pas Mozart qui veut [17] !

Ou alors il s'amuse, avec ses frères et sœurs, à mettre en scène quelques petites pièces de son cru, qu'il offre à ses parents pour la Noël ; dans l'une de ces pièces, il fait cueillir à sa sœur Jeanne, symboliquement, les feuilles et les fleurs du tapis du salon. Plus souvent encore il sème le désordre et l'agitation parmi ses six frères et sœurs, tous plus jeunes que lui. On l'imagine aisément espiègle, désinvolte, meneur de jeu respecté, secrètement envié, peut-être, des siens.

Une photo extraite de l'album familial le représente, en costume de matelot, tenant, d'un air à la fois moqueur et triomphant, un livre qu'il a peut-être subtilisé à la bibliothèque de son père ; il la fréquente déjà assidûment et il ne tarde pas à en connaître les rayons secrets. Féru de lectures, couché trop tôt à son gré, il lit encore, clandestinement, dans son lit. Il se souviendra avec précision « des heures remplies d'un bonheur infini qu'il a vécues en compagnie de livres [18] ». Livres d'aventures, récits de voyages : Paul Féval, Jules Verne, *le Petit Savoyard*. Il rêve devant des illustrations de *Atala* de Chateaubriand, ou devant celles d'une *Histoire sainte,* où des anges armés d'éclairs gardent les portes du Paradis terrestre. Mais l'auteur préféré de ce premier âge, c'est sans doute

---

17 *Visages du monde,* p. 186. Je cite cette fois d'après le manuscrit conservé aux Archives de Radio-Canada. Émission du lundi 4 février 1952 : « Cap Cod ».

18 André LANGEVIN, « Alain Grandbois », dans *Notre temps,* 22 mars 1947, p. 2.

Pierre Loti, dont il dévore les livres « nostalgiques et nébuleux [19] ».
Voilà qui stimule l'imagination, avive l'attrait de l'Orient magique
en même temps que le désir de parcourir toute la terre connue :

> Quand j'étais encore un enfant, et que je me nourrissais secrètement
> de lectures extravagantes, les récits de voyages me passionnaient
> par-dessus tout. Et certains noms de villes, de pays, de mers,
> par la sonorité de leurs syllabes et par ce qu'ils pouvaient représenter
> pour moi d'inaccessible et de mystérieux, me fascinaient particu-
> lièrement : *Colombo, Singapour, Valparaiso, Bagdad, l'Océan Indien,
> les Sargasses, les Iles sous le vent, la Terre de Feu.* Chacun de ces
> mots possédait le pouvoir magique de me faire rêver sans mesure.
>
> Et je crois que vers l'âge de dix ou onze ans, après avoir accompli
> beaucoup de périples imaginaires autour du monde, j'avais dévoré
> et épuisé la bibliothèque paternelle [20].

Le monde déjà s'ouvre à l'enfant, et l'on peut noter, aussi détermi-
nantes l'une que l'autre, les puissances du rêve et du réel, et même
du réel le plus tragique. À une avidité sans mesure pour la vie
généreuse, vient se joindre, dès ce moment, l'invincible attrait de
la mort :

> ... quand j'étais tout jeune, je ne manquais jamais, au printemps,
> la cérémonie d'inhumation des paroissiens morts durant l'hiver.
> Vous savez qu'on accumule les cercueils dans une espèce de crypte
> et qu'on attend que la terre dégèle pour les inhumer. Je me
> souviens qu'on allait à la crypte et qu'on regardait par les espèces
> de hublots qu'on pratiquait dans les cercueils à cette époque. On y
> voyait les visages défoncés, grisâtres, les yeux troués de gens qu'on
> avait connus, tout le monde se connaît à Saint-Casimir. C'est
> peut-être un autre signe de ma curiosité pour la mort [21].

Le petit village loin du grand fleuve, ce lieu d'un apprentissage
qui n'épargne aucune réalité, même la plus morbide, et qui trans-
forme en rêves durables les visions les plus instantanées (ainsi,
traversant au galop le village, une belle amazone qui prend aux
yeux de l'enfant tous les prestiges d'une femme idéale), le temps

---

[19] *Visages du monde*, p. 376.
[20] *Ibid.*, pp. 212-213.
[21] Gérald GODIN, « Comment l'idée d'écrire vint à Marco Polo », dans
le Nouveau Journal, 10 mars 1962, p. III.

approche où il faudra le quitter, mais pas avant d'avoir pénétré la contrée secrète par excellence, bien protégée contre les empiètements des intrus, celle du lac Clair — que les songeries de l'enfance voudront toujours préserver.

Un enfant jette sur le monde un regard avide, comme s'il appréhendait déjà les merveilles et les désolations que l'avenir, proche, lui réserve :

> Enfant torturé d'espoir
> Mes yeux étaient remplis
> Des belles merveilles pourpres
> Du lent secret des astres
> Et je voyais parfois
> Sous mes paupières
> Le grand triomphe extraordinaire
> Des archanges de neige tendre [22]

---

[22] « L'enfance oubliée », EP, p. 180.

CHAPITRE II

DU LAC CLAIR À L'ÎLE D'OR

L'enfance et la jeunesse d'Alain Grandbois auraient pu être celles de la plupart des enfants de riches. Grâce à la situation privilégiée de sa famille, l'héritier des seigneurs de Perthuis et de Grondines aurait pu subir la séduction du confort, d'une vie aisée, insouciante, avec tous les avantages que procure la fortune. Mais l'arrière-pays de Saint-Casimir, c'est déjà la forêt, la montagne. Un vaste territoire, où la famille Grandbois se taillait d'importants domaines et que le jeune garçon se plaisait à explorer. De fait, cette nature sauvage, chargée de mystères, constituait pour lui un lieu d'initiation d'une rare valeur.

Mais le lieu dont se souvienne avec le plus de ferveur, peut-être, le poète et qui justifie de nombreux passages de son œuvre, il semble bien que ce soit le lac Clair, situé, à vol d'oiseau, à quelque douze milles au nord-est de Saint-Casimir. C'est de ce lac qu'il sera question au début de ce chapitre et c'est d'un autre élément du décor physique qu'il sera question à la fin, une île, l'île de Port-Cros, au large d'Hyères et de Toulon, en pleine Méditerranée. (Insister sur ces aspects du monde ou du cosmos ne me paraît pas gratuit : on sait l'importance que le poète leur accorde, c'est toujours ce que les titres de ses recueils suggèrent.) De l'un à l'autre, du lac québécois à l'île européenne, ce sera le passage de l'enfance à l'âge adulte, et, plus précisément, les années d'étude, suivies de la plongée au cœur de la vie de son temps.

Le lac Clair

Au nord de Saint-Alban, d'innombrables lacs de toutes dimensions et de toutes configurations parsèment les forêts des Laurentides. Il est possible, semble-t-il, sans s'exposer à trop de portages, de suivre, en canot automobile, la chaîne des lacs : le lac Montauban, le lac Long, pour ne citer que ceux-là. Mais du lac Long au lac Clair, pourtant très près l'un de l'autre, il y a un obstacle : une brusque et forte déclinaison de terrain qui rend le passage impossible. Et c'est le lac Clair qui domine, surplombant les alentours.

Pour y parvenir, il faut suivre un petit chemin sinueux qui pénètre dans la forêt, s'enfonce sous le couvert des arbres et serpente, pendant plusieurs milles, gravissant la montagne. Au-dessus du chemin les arbres forment comme une voûte :

> Alors les forêts pleines comme des souterrains
> Où nous marchions en écartant les bras
> Nous étouffaient par leur secret
> Les souvenirs égarés l'enfance perdue
> Ce soleil du matin tendre comme une lune
> Ah ces jours imaginaires
> Au creux des présences d'herbes [1]

Quand approche l'issue de ce long tunnel de verdure, sombre l'été, ou éclatant de pourpre et d'or l'automne, apparaît, par une trouée, le lac Clair. On le nomme aujourd'hui le lac des Frères : plusieurs communautés de Frères se sont fait construire une habitation sur le pourtour du lac, et même sur les îles. Sur l'île principale, dont parle le poète dans un vers bien connu [2], il en est une, d'ailleurs, qui s'élève à l'endroit précis où la famille Grandbois s'était fait construire un chalet. C'était alors le seul du lac. Tous les étés, la famille (à l'exception du père qui préférait demeurer au village) s'y rendait avec les bagages et les provisions nécessaires. On pouvait distinguer, à travers les branches, le chalet de bois rond. La façade donnait presque sur le rivage. Un quai flottant avançait dans

---

[1] « Cris », EP, p. 243.
[2] « Et ton genou rond comme l'île de mon enfance », dans « Avec ta robe », IN, p. 49.

l'eau. On y amarrait les canots, ou encore on les y faisait sécher, ventre au soleil — tous détails que mentionne la sœur du poète, Madeleine, dans son recueil de contes, *Maria de l'Hospice* [3].

Dans son livre, Madeleine Grandbois appelle aussi le lac, le lac Cristal — non sans raison. Le lac fascine surtout par sa transparence. La limpidité de l'eau est telle qu'on peut encore voir le fond à une très grande profondeur. Une eau couleur émeraude, où la verdure se reflète. Des anses secrètes, où flottent de longues herbes aquatiques. Par endroits, des parois de roches — caractéristique d'un décor que l'on retrouve dans les environs immédiats : un lac resserré entre de hautes falaises, au sortir desquelles l'eau s'étale soudain, prenant la forme de larges flaques sur l'herbe. Une imagination d'enfant ne peut que s'enrichir au contact de tels phénomènes. Et Grandbois rappellera souvent dans son œuvre que le lac demeure un lieu privilégié de son décor imaginaire, lieu difficile d'accès, gage de pureté et d'intégrité, enfin atteint au-delà d'une démarche périlleuse, d'une ascension à tout instant compromise.

Il est possible que l'île du lac Clair trouve en quelque sorte son écho dans l'île de Port-Cros, dénommée aussi l'Île d'Or. Une étude, l'une des premières de quelque mérite qui ait porté sur l'œuvre de Grandbois, s'intitule du reste « Alain Grandbois, ensorcelé des îles [4] ». C'est que l'île, qui reste stable alors que tout, autour d'elle, est mouvement, signe de permanence au sein même de l'errance, représente souvent l'escale de bonheur et d'apaisement où l'être se retire au cours du voyage de la vie, pour réparer les blessures et les désillusions. C'est aussi le rappel du pays d'enfance, et du bonheur dont il était le garant. Le poète y fera de temps à autre une allusion discrète :

> Je niais mon être issu
> De la complicité des hommes
> Je plongeais d'un seul bond
> Dans le gouffre masqué
> J'en rapportais malgré moi
> L'algue et le mot de sœur
> J'étais recouvert
> De mille petits mollusques vifs

[3] Voir Madeleine GRANDBOIS, *Maria de l'Hospice*, p. 87.
[4] Roland GENDREAU, « Alain Grandbois, ensorcelé des îles », dans *Reflets*, déc. 1951, pp. 23-31.

Ma nudité lustrée
Jouait dans le soleil
Je riais comme un enfant
Qui veut embrasser dans sa joie
Toutes les feuilles de la forêt
Mon cœur était frais
Comme la perle fabuleuse [5]

Mais voici le temps des études classiques — et le jeune Alain doit quitter le village natal.

Pourquoi des études ?

Au mois de septembre 1912, Alain Grandbois est inscrit comme élève de la deuxième section de la classe d'Éléments, au Collège de Montréal, vénérable institution dirigée par les Messieurs de Saint-Sulpice. Il y obtient des succès moyens. Il ne reste cependant dans ce collège que quatre mois. Son nom n'apparaît plus dans les listes de notes après le 16 janvier 1913. Que s'est-il passé ? Un mauvais état de santé, qui le force à quitter le collège, peut-être provisoirement ? l'ennui ? des résultats peu satisfaisants ? une escapade ? On raconte qu'il aurait déserté, pris le train, seul, se rendant jusqu'à La Tuque, séjourné deux jours à l'hôtel, et réintégré ensuite le foyer paternel. Après quoi il aurait terminé cette année scolaire dans une autre institution. Quoi qu'il en soit, le voici, en septembre 1913, élève de Cinquième au Petit Séminaire de Québec, classe qu'il devra d'ailleurs reprendre l'année suivante. Les quelques années qu'il étudiera au Petit Séminaire, il le fera en tant qu'élève externe de la Faculté des Arts, ce qui ne l'astreint pas, entre autres avantages, à porter l'uniforme réglementaire.

Il avait pu s'inscrire au Séminaire sans doute grâce à l'appui de son oncle, l'abbé Joseph-Émery Grandbois, qui était alors assistant-directeur du Grand Séminaire. L'abbé Grandbois était un homme remarquable. On le disait modeste, effacé. Il possédait une grande érudition. Aussitôt après son ordination, il avait fait de brillantes études, de 1896 à 1898, chez les Dominicains, à

---

[5] « L'Étoile pourpre », EP, p. 167.

Jérusalem. Il y avait étudié l'Écriture sainte, suivi des cours d'exégèse, d'hébreu, d'arabe, mettant en œuvre les ressources de sa mémoire, qui était prodigieuse. À son retour, il enseignera l'Écriture sainte et le Droit public de l'Église, tâche qu'il accomplira pendant près de trente ans. Sens du devoir, esprit de recueillement, sûreté de jugement édifiaient ceux qui le connaissaient bien. Il avait le tempérament d'un ascète ; il aurait même voulu se faire bénédictin, et gardé quelque remords de ne l'être pas devenu. Sa santé était précaire. Durant les dernières années de sa vie, malade, il continuait quand même à donner quelques cours. Il persistait à travailler, porté par une énergie indomptable. Son neveu l'admirait :

> Je l'admirais beaucoup, car on racontait que ce petit homme timide et frêle, vêtu en musulman, avait réussi, l'un des premiers parmi les Occidentaux, à pénétrer dans la ville interdite de La Mecque. Mais de ce voyage, sans doute par modestie, il ne parlait jamais [6].

Il faut reconnaître que le neveu de l'abbé Grandbois n'avait pas le même sens de la discipline. Au Petit Séminaire de Québec, ses résultats ne sont guère plus éclatants que, naguère, au Collège de Montréal. Aucune mention d'excellence. Très peu de prix : à la reprise de la Cinquième, un 3ᵉ prix de dessin, *Perspectives et couleurs ;* plus tard, en Troisième et en Seconde, des prix de narration française ; c'est tout. Ce n'est pas en classe qu'il apprend à connaître le monde ; les enseignements *ex cathedra,* il les prise peu. Les connaissances, il les puise selon son rythme propre dans le spectacle du monde, et dans les livres qui l'interprètent.

Il flâne volontiers dans les rues de Québec, le Québec de son enfance, cette « petite ville de pierres élevée pour des siècles, très belle, pleine d'arbres [7] ». Les « vieilles maisons à façade sévère » de la rue Saint-Louis arrêtent son regard. Il aime s'attarder au parc Montmorency, charmante oasis que fréquentent, le jour, ces Messieurs du Grand Séminaire, et, le soir, les couples d'amoureux. Il emprunte à plusieurs reprises les nombreux sentiers qui longent la crête du cap Diamant — endroit qu'il apprécie parce qu'avec la moindre imagination, on peut se croire à mille lieues de la ville. Il

---

6 *Visages du monde,* p. 366.
7 *Ibid.,* p. 21.

sait d'ailleurs trouver, dans cette ville que l'on pourrait croire figée, les ferments de tous les départs. Il rêve sur les quais :

> ... l'eau moirée des marées étales ne cessait de me fasciner. Des cargos arrivaient, déchargeaient leur marchandise, repartaient, battant les pavillons des sept mers océanes [8].

Le spectacle qu'il découvre du haut de la terrasse (vision panoramique, la seule valable pour ce regard qui ne supporte pas de limites), ranime ses désirs d'évasion :

> De ce vaste promontoire, on découvrait, on y découvre l'un des plus beaux paysages de la planète Terre. D'abord, et surtout, le fleuve étonnant, et sa fuite vers le golfe [9].

Mais il nourrit d'autres projets. À cette époque, et depuis déjà quelques années, il aime dessiner, écrire des réflexions, des poèmes, sur de petits carnets noirs à pages quadrillées. Ses parents l'avaient mis en pension chez une personne de leurs relations, sa chambre donnait sur le temple protestant, rue Sainte-Anne :

> Vers la fin de mai, ma fenêtre ouverte, surplombant la rue, me plongeait au cœur même des chênes, des érables, des noyers, des ormes, et je me sentais mêlé à eux comme si je me fusse trouvé au cœur d'une profonde forêt.

> C'est dans cette petite chambre, et devant ces admirables feuillages, que j'écrivis mes premiers poèmes. À l'encre violette. Je considérais alors que seule l'encre violette pouvait convenir à la noble ordonnance de la poésie [10].

À peu près vers l'époque où il rédige ces poèmes (des sonnets extrêmement parnassiens, fidèles à toutes les règles de la prosodie traditionnelle), il s'adonne aussi à la lecture :

> Je lisais du meilleur et du pire, dans une merveilleuse confusion. Mes parents possédaient une bibliothèque d'une grande diversité. Mon extravagante avidité me conduisait, en cachette naturellement, de Paul Féval à Paul Bourget, de Henri de Régnier à Henry

---

[8] *Visages du monde,* p. 23.
[9] *Ibid.,* p. 24.
[10] *Ibid.,* p. 22.

Bordeaux, de Tolstoï à Tourguenief, de Victor Hugo à Montaigne ou Pascal. Plus tard, à l'âge vénérable de quatorze ou quinze ans, je découvris que cette bibliothèque avait son petit enfer. J'eus vite fait d'en trouver le secret, c'est-à-dire, en l'occurrence, la clef nécessaire ; elle était lourde et de bronze, ce qui ajoutait au plaisir de mon péché. Et aussi à mes scrupules, car j'étais de conscience délicate. Ce fut alors la grande aventure de Rousseau, de Voltaire, de Montesquieu, celle des grands poètes romantiques, celle de Balzac, de Flaubert, de Maupassant, de Zola. Et celle de Gide. Cette dernière, avec un goût de miel, me laissa cependant froid. J'étais engagé ailleurs. D'autres m'avaient marqué déjà : Vigny, Nerval, et au-dessus de tous, Dostoïewski. Car ma nature, que Dieu lui pardonne, me portait aux excès. Il va sans dire que les personnages de Dostoïewski me comblaient [11].

Il lit aussi Racine, mais c'est encore à Vigny qu'il revient, dont le ton en même temps « raidi et large » lui plaît, en particulier dans « La mort du loup », amère leçon de stoïcisme :

Gémir, pleurer, prier, est également lâche.
Fais énergiquement ta longue et lourde tâche
Dans la voie où le sort a voulu t'appeler,
Puis, après, comme moi, souffre et meurs sans parler [12].

Mais ses études le distraient de la poésie jusqu'au moment où l'exercice de narration, en Troisième, lui donne l'occasion de mettre à contribution ses souvenirs de lectures et une certaine pratique de l'écriture. L'aisance et la qualité sont manifestes dans quelques-uns des travaux qu'il a l'honneur d'inscrire, surtout au début de 1917, dans *les Cahiers de l'Académie Saint-Denys,* où l'on collige les meilleurs devoirs pour le bénéfice de la postérité. La lecture de ces travaux d'écolier ne manque pas d'intérêt. On y trouve des images, des situations, des réflexions, qui deviendront par la suite des leitmotive.

L'un des devoirs attire surtout l'attention ; il s'intitule : « La demeure maudite ». Le sujet devait en être celui-ci : « Vous vous promenez dans la campagne d'un pays étranger ; soudain, vous apercevez les ruines d'un vieux château. Un paysan vous apprend

---

[11] « André Gide », dans *la Nouvelle Revue canadienne,* avril-mai 1951, pp. 53-54.
[12] Alfred DE VIGNY, « La mort du loup », dans *Oeuvres complètes,* t. I, NRF, Bibliothèque de la Pléiade, 1955, p. 200.

dans quelles circonstances le château fut détruit : un jour, le seigneur, un homme cruel, despotique, ayant refusé l'hospitalité à un mendiant errant, celui-ci lui donne sa malédiction. Quelque temps après, une armée ennemie s'empare du château et le détruit de fond en comble. » Le mieux réussi de tous, ce devoir annonce, bien modestement, c'est entendu, le prosateur à venir. On peut noter, pour la description des ruines (« blocs de pierre, moussus, noircis par la flamme », qui s'élèvent, menaçants), l'art de poser un décor suggestif ; le don du dialogue, des répliques incisives, nerveuses, tranchées ; enfin, singularité de cette copie d'écolier (aucune des copies de ses camarades ne porte cette variante), le choix que le jeune auteur fait de la personne de l'ennemi : le propre fils du comte. Notons surtout que le premier paragraphe annonce les voyages à venir, la quête du bonheur dans le dépaysement :

> C'était l'automne. Je voyageais alors sur les bords du Rhin, seul, libre, et j'avais vingt ans. J'allais à ma guise, me reposant dans des fermes, buvant du lait de chèvres, et m'enivrant de ruines imposantes et de châteaux Renaissance. Si le bonheur eût existé sur la terre, je l'aurais certainement trouvé là.

Ce bonheur de vivre, l'adolescent ne tarde pas à l'éprouver, et c'est l'école, paradoxalement, qui en fournit le prétexte :

> J'avais dix-sept ans, environ, dix-huit ans, j'avais passé un bachot et mon père m'avait donné comme récompense l'Ouest canadien. Je suis allé jusqu'à la côte du Pacifique, et puis ensuite, comme je voulais faire tout le Canada, d'un bout à l'autre, je suis allé jusqu'à Halifax. De sorte que j'avais fait tout le Canada, d'un bout à l'autre. Mon père m'avait donné deux ou trois mois pour faire ce voyage-là. J'en avais pris sept. Sept mois. Parce que j'ai découvert que j'aimais beaucoup voyager [13].

Au retour, ses parents décident de l'envoyer à un collège, non pas affilié mais rattaché à l'université Laval (parce qu'il était situé en dehors des limites du Québec), au collège St. Dunstan à Charlottetown, Île-du-Prince-Édouard, pour y faire ses classes de philosophie. C'est là que s'exilaient ceux qu'on chassait des collèges québécois, les récalcitrants, ou bien encore ceux qui désiraient

---

[13] *L'Histoire comme ils l'ont faite,* émission radiophonique de Radio-Canada, 4 février 1967.

seulement trouver un milieu favorable pour apprendre l'anglais. Grandbois y rejoint d'anciens condisciples et camarades du Petit Séminaire de Québec. Ils logent au Dalton Hall. En cours d'année, ils adressent à la direction toutes sortes de réclamations : ils protestent contre la mauvaise qualité de la nourriture, ils demandent de partager leur chambre avec un étudiant de langue anglaise. Et l'on commet quelques frasques, avec la complicité du jeune Alain qui termine ainsi ses années tumultueuses de collège. On sait qu'il n'arrivait pas à supporter les cadres disciplinaires et qu'il aimait déjà prendre des risques. Rappelons à ce sujet, en 1916, son intention de s'engager dans l'aviation (il est toutefois refusé à l'examen médical) ; l'habitude de prendre sans permission la voiture de son père et de conduire à tombeau ouvert, au grand émoi de la famille ; rappelons enfin, en 1919 ou en 1920, la descente du Mississippi jusqu'à la Nouvelle-Orléans — première de ces longues navigations fluviales qui deviendront coutumières par la suite.

1920 : baccalauréat de philosophie. C'est l'été, c'est-à-dire, pour ses parents, le traditionnel voyage en Europe. Il les accompagne cette fois et traverse avec eux l'Atlantique. Tournée de quelques-unes des grandes capitales : Londres, Paris, Berlin, Vienne. Ensuite l'Italie, Rome, mais aussi Gênes, Pise, et Florence. Florence [14], où il retrouve les traces de Boccace, de Machiavel, de Raphaël, de Donatello ; qui lui rappelle l'amour mystique de Dante pour Béatrice ; Florence, où les prestiges de l'art l'enveloppent « comme la mer » :

> À chaque coin de rue, à chaque piazza, la beauté me tendait des pièges dans lesquels j'étais infailliblement pris [15].

Il décide de rester, curieux de voir si son projet de devenir peintre est bien fondé. Il reste à Florence un an, à peu près, étudiant sous la direction d'un vieux maître, faisant de la peinture, de la gravure, des aquarelles. Mais il abandonne ses études, en dépit de ceux qui voulent le persuader qu'il a tout pour réussir. C'est que, pour arriver à maîtriser ce métier, il lui faudrait y consacrer trop d'années

---

[14] Ville « aux yeux de pervenche », dit Grandbois dans « La part du feu », EP, p. 197. Rappelons que Florence était la ville choyée du condottiere de Suarès.

[15] *Visages du monde*, p. 116.

de sa vie — ce qu'il trouve inconcevable. C'est aussi que son père entend le ramener à des considérations plus terre à terre : celles d'un métier plus conventionnel, plus pratique à préparer. Car il peut survenir des revers de fortune, et le jeune homme doit être en mesure, le cas échéant, de se suffire à lui-même.

Alain Grandbois rentre au pays. En septembre 1922, il commence à l'université Laval un cours de droit. Pourquoi le droit ? Sans doute parce que ces études prenaient moins de temps que celles de médecine... Sans doute aussi parce que l'histoire du droit, comme il le dira plus tard, « raconte, avec pathétisme, l'ascension de l'être humain vers la conquête de sa liberté et de sa dignité sociale [16] ». Il préfère le droit criminel, mais s'il manque rarement l'occasion d'assister aux procès célèbres, il ne manque jamais celle de s'absenter des cours. Ce qui ne l'empêche pas, sa mémoire visuelle aidant, d'être admis au Barreau le 9 juillet 1925. Dès le mois suivant, commence une première grande série de voyages.

C'est tout cela qu'il résume ici :

> Je suis allé en Italie, j'ai décidé de faire de la peinture. Ça m'intéressait. Je faisais des poèmes, mais j'étais très attiré par l'art pictural. Et mon père est venu me chercher au bout d'un an ou deux et m'a dit : « Bien, écoute, c'est entendu, nous avons un peu de fortune aujourd'hui, mais, demain, peut-être que nous n'en aurons plus ; il faudrait que tu me fasses plaisir : reviens au Canada. Tu vas apprendre un métier quelconque : avocat, médecin, n'importe quoi, et puis ensuite tu reviendras ici. » C'est ce que j'ai fait. Je suis revenu à Québec. J'ai fait mon droit, j'ai passé ma licence, mon barreau. Et je suis retourné en Europe. Parce que j'avais vraiment le goût des voyages [17].

Le goût des voyages, mais très peu celui des subtilités légales [18]. Il ne se sent pas d'âme à plaider. Et comme, selon l'heureuse formule d'Henriette Le Hir, « aux astuces de Cicéron, il préfère celles d'Ulysse [19] », immortel adolescent toujours prêt au départ,

---

16 *Visages du monde,* p. 31.

17 *L'Histoire comme ils l'ont faite,* émission radiophonique de Radio-Canada, 4 février 1967.

18 « ...les illustres commentateurs de nos lois civiles et criminelles, et de la jurisprudence sacro-sainte, ne possédaient guère d'attraits pour moi » (*Visages du monde,* p. 30).

19 Henriette Le Hir, *Une demi-heure avec,* émission radiophonique de Radio-Canada, 9 décembre 1963.

il se lance à l'aventure, désireux de vérifier si ce qu'on lui a dit de la planète Terre est vrai. Il aspire à saisir le mouvement et les réalités de son temps, à prendre l'air du siècle, selon la formule de Marcel Dugas [20].

Peut-être cette avidité des espaces cache-t-elle une vive nostalgie, celle d'un impossible accomplissement de soi-même :

> Ah Celui des navigations crépusculaires
> Celui du fol égarement des continents
> Celui des grands carrefours obscurs de la terre
> Celui du silence ténébreux des néants
>
> Que nul ne l'accompagne aux racines du Feu [21]

L'air du siècle

Paris, 1925. Nous sommes au point culminant de ce qu'on a appelé les années folles. L'insolite et l'agressif sont de toutes les fêtes. De partout l'on accourt vers ce carrefour du monde où l'on peut à coup sûr s'échapper de la grisaille quotidienne, de la vie rangée, de la prose plate. Car la poésie est dans la rue, et c'est le fait de tous. Un vif besoin de fantaisie et d'invention, l'usage systématique de la surprise, une mobilité perpétuelle, une ardeur de vivre si fébrile qu'elle tourne à l'affolement, voilà ce qui caractérise la jeunesse de ce temps, dans une France qui bénéficie encore de la prospérité qu'a apportée l'après-guerre et qui n'a pas trop de toutes les drogues pour oublier de graves inquiétudes, pour oublier que tous ces plaisirs sont en pure perte, que la paix dont on jouit est factice [22].

Dès la fin du mois d'août, jeune homme fortuné, séduisant, l'air d'un ingénu, assez éveillé tout de même, précise Marcel Du-

---

[20] Marcel DUGAS, « Parmi ceux que j'ai connus », dans *Liaison*, avril 1947, p. 216.

[21] « Poème » (« Désert fatal »), dans Jacques BRAULT, *Alain Grandbois*, Fides, p. 95.

[22] Grandbois évoque la « fallacieuse période de paix de l'entre-deux-guerres » dans *Visages du monde*, p. 286. Voir Michel DÉCAUDIN, *XXᵉ siècle français, les Temps modernes*.

gas [23], Alain Grandbois reprend possession de Paris, où il avait déjà vécu avec ses parents, et qu'il parcourra des centaines de fois durant les quinze années à venir, au point qu'il dira connaître mieux Paris que Québec. Rien ne lui sera étranger : il habitera les deux rives, et, dans chacun de leur arrondissement, plusieurs de leurs quartiers. Il rêvera sur les rivages de la Seine, devant la fontaine de Médicis, au Bois de Boulogne :

> ... je suis allé au Bois, par des matins tout ensoleillés et d'un air si léger, si merveilleux, si odorant, que le désir impérieux me saisissait d'écrire un petit poème, que je n'écrivais pas. Car comment jouir de la beauté et dans le même temps, la cerner par les mots [24].

Rive gauche, du côté du Luxembourg et de l'Odéon (il logera d'ailleurs rue Racine et rue Monsieur-le-Prince), aux alentours des boulevards Saint-Germain et Montparnasse, il trouve bientôt un quartier à la mesure de ses aspirations :

> À cette époque, Montparnasse était Babel. On y liait avec la plus grande facilité. On y trouvait un prodigieux mélange d'artistes, de poètes, de bohêmes, d'alcooliques, de velléitaires, de rêveurs, de peintres sans talent et de garçons minables, de grandes dames et de petites femmes, d'étudiantes américaines et de jeunes provinciales en rupture de bourgeoisie, les plus démunis se nourrissant de cafés-crème, couchant à la belle étoile, ou au fond d'obscures ruelles, ou sous des appentis délabrés, sacrifiant à l'*Art*, et le plus souvent à la veulerie et à la paresse. Tout cela était à la fois pitoyable, stimulant, et hautement coloré. Ma jeunesse s'y plaisait [25].

Privilège exaltant, celui de pouvoir, en pleine jeunesse, considérer la vie comme « un jeu perpétuel [26] », à l'abri de tout souci matériel. Un jeune Québécois libre hante l'étrange faune cosmopolite qui peuple les parages de Montparnasse, entretient d'imprévisibles conversations à la terrasse des cafés, avec des anonymes ou des célébrités, jusqu'aux petites heures de l'aube. À la Closerie des Lilas, au Dôme, au Deux Magots, à la Brasserie Lipp, au café

23 Marcel Dugas, *loc. cit.*, p. 215.
24 *Visages du monde*, p. 29. Je cite d'après le manuscrit conservé aux Archives de Radio-Canada. Émission du mardi 2 mai 1950 : « Paris ».
25 « Marcel Dugas », dans *les Cahiers de l'Académie canadienne-française*, t. VII : *Profils littéraires*, p. 155.
26 *Avant le chaos*, p. 107.

d'Harcourt et ailleurs, parmi une clientèle hétéroclite de snobs et d'artistes, de crésus américains et de révolutionnaires de l'art, il noue des liens d'amitié avec des écrivains étrangers ou français : Blaise Cendrars, Paul Morand, Marc Chadourne, André Thérive, Jean Cassou, Gaston Picard, Blasco Ibañez, Unamuno, Hemingway. Avec d'autres encore dont nous parle André Roche :

> Je crois que Paris reste pour lui la terre promise [27]. Il y a connu entre 1925 et 1939, beaucoup de grands écrivains : Cendrars, Thérive, Paul Valéry, Alexis Léger. Il prenait un crème et des croissants avec Jean Giraudoux, au café des Deux Magots, le matin, à 9 heures 30, juste avant que Giraudoux rejoigne son Ministère. Il faisait de mémorables tournées à Montparnasse avec Léon-Paul Fargue. Il fréquentait beaucoup, aussi, la Brasserie Lipp, où l'on boit la meilleure bière de Paris, et où toute l'intelligentsia avait pour habitude de se réunir. Grandbois trouvait charmant d'y retourner après un périple aux Indes, et d'y retrouver des amis qui lui souhaitaient la bienvenue tout comme s'il les avait quittés la veille. Personne ne lui posait de questions et cet homme discret l'appréciait hautement [28].

Aux Français [29] et aux étrangers s'ajoutent les compatriotes, qu'il fréquente avec plus ou moins d'assiduité : Alfred Pellan, Simone Routier, Agathe Lacourcière ; Marcel Parizeau, Robert de Roquebrune, René Garneau, Pierre Dupuy, Jacques-Émile Brunet, Jules Bazin et Marcel Dugas, lequel a longtemps gardé le souvenir de cet âge d'or :

> Le samedi, nous allions à la Coupole boire du lait. Un lait aromatisé, plein d'épices, que nous préparait une fille céleste, préposée à l'établissement : c'était à l'heure où les lions vont boire. Nous faisions comme les lions. Comment ne pas suivre un si noble exemple, et nous étions encore jeunes [30].

[27] Paris « a approché l'ultime perfection » (*Avant le chaos*, p 48). « Paris est la forge rouge, incandescente, dont le creuset coule et rend, dans un métal parfait et dur, des chefs-d'œuvre indestructibles » (*Visages du monde*, p. 29). La dernière citation provient du manuscrit.

[28] André ROCHE, dans *la Semaine à Radio-Canada*, 12 août 1951, p. 4.

[29] Pour Malraux, voir Alain PONTAUT, « Alain Grandbois, du Québec aux rivages de l'homme », dans *le Devoir*, 30 oct. 1965, p. 18.

[30] Marcel DUGAS, « Né à Saint-Casimir, M. Alain Grandbois », dans *Approches*, p. 45.

De « belles amoureuses [31] », proches ou lointaines, traversent la pensée du poète :

> Je pensais à des amours évanouies
> À des bras blancs comme des éclairs
> À ce doux tremblement charnel
> De la terrible évasion
> Les belles filles à la bouche rouge
> Les vérités essentielles
> La musique et les crépuscules
> Tout ce qui séduit et qui noie [32]

Au cœur de tant d'attraits, comment poursuivre des études ? N'était-ce pas dans ce but qu'Alain Grandbois, jeune avocat du Barreau de Québec, avait franchi les mers pour habiter Paris ? Certes, peu de temps après son arrivée, il s'inscrit, en Sorbonne, à un cours de Droit comparé. Mais il goûte fort médiocrement les leçons données par des maîtres distants de la vie. Il se sent peu compromis par les propos qui résonnent dans les amphithéâtres. Il trouve cependant quelque intérêt à fréquenter l'École libre des sciences sociales, « nichée au bout de l'étroite rue de la Sorbonne [33] ». Plusieurs professeurs de cette institution, parmi lesquels André Siegfried, avaient voyagé : ils donnaient du monde contemporain des aperçus captivants.

Un jour, Alain Grandbois prend le parti de préparer une thèse. Il rédige cette thèse, qui traite de Rivarol. Il soutient l'épreuve écrite, première étape de l'approbation, mais il manque de peu l'examen oral, simple formalité, estime-t-il, d'autant plus que c'est l'été, que des camarades l'invitent à passer quelques jours sur la côte d'Azur : il quitte Paris, Rivarol, la sociologie, l'économie politique. Plutôt que la monotonie, la fadeur, l'assèchement des cours et des classes, qu'il se faisait d'ailleurs un devoir de fréquenter le moins possible, il choisit l'imprévu, l'espace.

Et de prouver une fois de plus qu'il compte bien être, de son temps, plus qu'un témoin : un acteur. N'est-il pas épris lui aussi des modes et des inventions qui modifient l'existence et transforment le décor de la vie ? Dans le domaine de la musique, ce sont

---

[31] « La danse invisible », RH, p. 130.
[32] « La part du feu », EP, p. 197.
[33] *Visages du monde*, p. 32.

les premières tentatives du Groupe des Six, dont Erik Satie, Poulenc, Honegger, Darius Milhaud, stimulés par Cocteau. L'éclectisme de Grandbois lui fera aussi goûter les œuvres de Raynaldo Hahn. Au cinéma, ce sont les derniers grands films muets, ceux d'Abel Gance, de Charlot, de Marcel L'Herbier, et l'avènement du parlant. Mais le cinéma, déjà, n'est pas vu seulement comme un divertissement. Des groupes littéraires d'avant-garde l'utilisent comme moyen d'expression, en particulier les surréalistes. Il y aura *le Ballet mécanique,* de Fernand Léger ; *Entr'acte,* de René Clair ; sans oublier *Un chien andalou* ni *le Sang d'un poète,* œuvres anti-conformistes d'une étourdissante technique. Suite au dadaïsme de Tzara, la révolution surréaliste entend d'ailleurs bousculer toutes les conventions. Au-delà de la destruction du vieil humanisme séculaire, les impatients terroristes que sont Breton, Desnos, Éluard, Aragon veulent retrouver l'authenticité, la vérité. Pour y parvenir, ils se servent de moyens aussi insolites que la transcription des rêves, le recours au hasard, l'écriture automatique. Ce faisant, ils entreprennent l'exploration de cet inconscient que Freud avait révélé et dont Proust, Pirandello, Jouve et Julien Green, dans leurs œuvres respectives, venaient de suggérer toute la puissance. Apparaît alors comme une évidence la troublante complexité de l'être humain. Plus que jamais tout semble incertain, instable, et l'on donne libre cours à l'angoisse, au scepticisme. Un nouveau mal du siècle afflige la jeunesse de ce temps. Une inquiétude s'installe, qu'il faut tromper.

De nouveaux divertissements, individuels ou collectifs, aiguisent le désir de dépassement et d'évasion. Des formes d'évasion à la portée de tous sont en grande vogue : les rythmes syncopés du jazz, les langueurs du tango, le faux primitivisme de la Revue Nègre. À côté des salles de spectacles, il y a aussi les stades, où se pressent les foules en quête d'émotions fortes, pour y célébrer des idoles, pugilistes ou autres — le match Dempsey-Carpentier est dans toutes les mémoires. Grandbois, guidé par des écrivains tels que Montherlant et Jean Prévost, sacrifie à son tour aux dieux du sport. Précaution élémentaire pour qui ne tient pas à être défiguré à l'occasion de rixes, il apprend les rudiments du noble sport de la boxe auprès d'un familier des bars de Toulon. Il pratique aussi la nage. Au large de Cannes et de Saint-Jean-de-Luz, il prend part à divers concours ; il remporte même, à deux reprises, la coupe du championnat amateur du Yacht-Club. « Gregor », l'une des nouvelles d'*Avant le chaos,* nous fait connaître certains détails de ces exploits :

> Je passais mes journées sur la plage. Je ne fumais pas, je ne prenais pas une goutte de vin, d'alcool, de café. Je m'entraînais pour le concours de natation — nage libre — du Cercle nautique. L'année précédente, j'avais gagné la coupe, par chance, car je n'avais pas de rivaux sérieux. Il fallait, pour conserver le trophée, qui était ignoble, genre coupe Davies, arriver bon premier trois années consécutives. Mais les jeunes gens adonnés à un sport savent ce qu'une coupe, même laide, représente pour eux [34].

Par ailleurs, à Juan-les-Pins comme à Monte-Carlo, se tiennent des courses d'automobiles. Des courses d'amateurs. Toujours à l'affût de sensations inédites, Grandbois y participe. Il arrive dans les douze ou quinze premiers, roulant 90, 95 milles à l'heure, sans doute au volant de sa Bugatti, l'une des voitures les plus puissantes de l'époque [35].

Mais l'essor foudroyant de l'automobile (qui passe au stade industriel et à la grande série avec Citroën) contribue aussi au développement du tourisme. Les vacanciers tranquilles vont à Deauville, sur les plages de la Manche ou de l'Atlantique, et de plus en plus sur les bords de la Méditerranée : les palaces de Nice et de Cannes sont envahis. Les autres, ceux qui ont le goût de l'aventure, franchissent les frontières, l'imagination excitée par les récits de voyage (qui sont légion, ceux de Marc Chadourne, de Paul Morand, de Cendrars, d'Henry de Monfreid) et par les manchettes des grands journaux qui exaltent les exploits des aventuriers, solitaires ou non. C'est la mode des raids, des croisières, des tours du monde, tous plus héroïques les uns que les autres. Se forment alors des bandes de touristes internationaux, adroitement pris en mains par les agences de voyage (l'agence Cook est bien connue), qui font leur petit tour du monde, comme le dit non sans ironie Alain Grandbois, « minutés, trois mois — et tarifiés, douze cents dollars ».

Il était tout de même assez facile, en ce temps-là, de se lancer à la découverte du monde — connu. Alain Grandbois donne

---

[34] *Avant le chaos,* pp. 98-99.
[35] *Visages du monde,* p. 203.

l'exemple d'une compagnie hollandaise qui offrait un tel voyage pour la modique somme de $250. Les billets étaient utilisables pour une période de deux ans. De cette façon, changeant de navire chaque fois qu'il le fallait, le voyageur s'embarquait en France, pouvait à son gré passer deux mois à Alger, six mois en Chine, et prendre ensuite un autre navire de la Compagnie qui le ramenait au point de départ. Pareil système, tout en respectant l'initiative personnelle, permettait des voyages fantaisistes, sporadiques, ce qui ne devait pas manquer de plaire à Alain Grandbois.

De 1926 à 1933, le voyageur accomplit plusieurs péri-ples, sur terre et sur mer, dont il serait vain de chercher à définir avec précision les méandres aussi bien que les circonstances de temps. Comment pourrions-nous le suivre ? Ses traces se rompent, se brouillent. Il aurait d'abord séjourné dans quelques régions de France. À l'automne 1926, on peut du moins le supposer, il se trouve en Savoie, à Annecy, la première ville de France qui l'ait séduit. Le décor a tout ce qu'il faut pour le captiver : une ville de pierres, sillonnée de torrents, cernée de hautes montagnes, allongée au bord d'un lac admirable.

> J'avais un appartement en rotonde, où l'on entretenait, nuit et jour, un feu de bois odorant, qui donnait sur un « gave » ou torrent, que je ne cessais jamais d'entendre gronder. Cela me ravissait car dans mon sommeil, ou demi-sommeil, j'imaginais que j'étais sur la mer, à bord d'un paquebot de l'Atlantique ou de l'océan Indien. Et j'ai toujours adoré la mer [36].

Il se rend jusqu'à la mer, fait de fréquents séjours à Biarritz [37] ou à Cannes, parcourt en tous sens la côte d'Azur, dont, bientôt, plus rien ne le surprend et où il a vite ses habitudes. Mais comme l'appel de l'Italie se fait de plus en plus pressant, il poursuit sa route, par Gênes et Pise, jusqu'à Florence où il installe de nouveau ses pénates. Peut-être nourrit-il encore le projet de devenir peintre (rappelons qu'à Paris il peint et dessine) et le voyage à Florence est un pèlerinage aux sources de l'art. C'est ensuite Venise, qu'il visite à plusieurs reprises, et Naples, où ses séjours, chaque fois,

---

[36] *Ibid.*, pp. 38-39. Je cite d'après le manuscrit. Émission du 31 juillet 1951 : « Annecy ».

[37] Séjour à Guéthary, près du golfe de Gascogne, en compagnie de Marcel Dugas. Voir *Avant le chaos*, p. 138.

se prolongent. Il passe même tout un printemps dans cette ville de la douceur de vivre :

> Le jour actuel se suffit à lui-même, et l'heure présente du jour. Pourquoi songer aux heures qui suivront, aux lendemains qui suivront ? Le soleil est doux et chaud, la mer est ravissante, le Vésuve boucle et noue un paysage parfait [38].

Paysage inoubliable aussi que celui du golfe de Naples vu des hauteurs d'Anacapri [39].

De là au nord de la France où un itinéraire capricieux le mène en Belgique, en Hollande, en Norvège, en Allemagne — et même en Union soviétique. Moscou l'ennuie. L'image qu'il en garde est celle d'une ville morne, « avec ses foules silencieuses, ses casquettes grises, sa désespérante monotonie [40] ». Les Moscovites fuient l'étranger. Lui-même, simple touriste, doit surveiller ses paroles, émonder sa correspondance. Il s'embarque enfin pour l'Afrique du Nord, pousse jusqu'aux Indes qu'il traverse de Bombay à Calcutta. Si la qualité de l'art indien l'éblouit, il ne peut tolérer l'étalement de la misère excessive du peuple. Sur le chemin du retour, il fait escale à Tahiti ; mais il trouve cette île trop merveilleuse pour y demeurer — même le soleil, déclare-t-il, finit par saturer.

Des escales, Alain Grandbois sait s'en ménager. Trop de voyages dissipe ; une trop longue errance dissocie l'être intime, investi d'images diverses, contrastantes. Aussi Grandbois interrompt-il soudain ses courses erratiques pour réintégrer l'une ou l'autre de ses escales de prédilection, où il sait pouvoir se recueillir, « recomposer [sa] propre identité [41] ». On le voit alors de nouveau arpenter Montparnasse, Paris, qu'il retrouve comme son village natal. Ou bien, quand sa famille ne le rejoint pas elle-même en Europe, il revient au pays, l'été, pour quelques mois. C'est au cours d'un de ces séjours qu'il rencontre Nelligan :

> Aux alentours de 1930, la Mère Supérieure de Saint-Jean-de-Dieu, dont j'étais le neveu, et à qui j'avais exprimé le désir de voir

---

38 *Visages du monde*, p. 128.
39 *Ibid.*, p. 136.
40 André ROCHE, *loc. cit.*, p. 3.
41 *Visages du monde*, p. 99.

Nelligan, me conduisit à lui. Il était assis sur un banc, seul, dans le grand parc de l'hospice. C'était par une fin de journée de septembre. Le soleil était encore chaud, mais déjà les feuilles tombaient des grands arbres. Je m'assis à ses côtés, et après quelques instants je lui récitai à mi-voix le poème qui l'avait rendu célèbre : *le Vaisseau d'or*. Pas un muscle de son visage n'a bougé. Il regardait droit devant lui, comme avec intensité, mais ses prunelles étaient vides. Il était sourd, ailleurs, projeté dans un autre monde [42].

Par la suite, Grandbois mentionne que Nelligan lui prit la main dans les siennes, et la serra avec émotion — étreinte jamais oubliée.

Mais l'escale par excellence, au large d'Hyères, que connaissait aussi Supervielle, demeure l'île médiane des trois îles que l'on surnomme depuis la Renaissance les Îles d'Or : Port-Cros. Et c'est là qu'il se réfugie, comme au terme d'une épreuve.

> Ah nos faibles doigts se pressent
> frénétiquement
> Tentant de rejoindre le bout du monde
> des rêves
> Tentant d'appareiller les caravelles vers
> les îles miraculeuses
> Tentant de recréer les royaumes enchantés
> des pâleurs de l'aube
> Tentant de ressusciter les fantômes des
> cathédrales défuntes
> Tentant d'élever dans le plus profond
> silence l'Arche de douceur [43]

L'Île d'Or

Surgie en pleine Méditerranée, l'île de Port Cros figure l'improbable paradis terrestre et constitue comme un résumé du monde. Cette île sauvage, secrète, en retrait de celles qui com-

---

[42] « Émile Nelligan, grand poète au sort étrange », article de la série « Prosateurs et poètes du Canada français », dans *le Petit Journal*, semaine du 24 nov. 1963, p. A-43.
[43] « Ce feu qui brûle... », IN, p. 69.

posent la chaîne dont elle fait partie, propose au promeneur, sur une superficie réduite, le décor le plus varié qui soit. Montagneuse et boisée, presque tout entière couverte de forêts, elle est creusée de vallées qui s'évasent vers la mer, s'achevant sur des plages de sable d'or. Les extrêmes s'y touchent : de hautes falaises qui tombent droit dans la mer à mille pieds au-dessous, chute vertigineuse dans l'abîme ; des anses profondes qui offrent des abris très sûrs. C'est toujours avec ferveur qu'Alain Grandbois parle de cette retraite :

> ... j'imagine que je ne fus jamais plus heureux, à cette époque, qu'à Port-Cros. Entre deux ou trois voyages assourdissants, après des mois de Paris, de Biarritz ou de Cannes, après de longs voyages dans le Proche-Orient, en Afrique, aux Indes, en Indo-Chine, en Chine, je revenais toujours à Port-Cros comme au lieu sacré du refuge et du repos. J'ai connu certes d'autres îles fameuses, les Baléares, les Açores, les Bermudes, Formose, et ces îles malaises, posées comme des bouquets de fleurs au sud de Bali, pleines d'oiseaux aux couleurs vives et de jeunes femmes chantantes, mais je n'en ai point connu qui m'ait enchanté autant que Port-Cros [44].

De quoi est fait le charme de cette île, qu'Eugène Melchior de Vogüé a remarquablement décrite dans un roman idéaliste de la fin du siècle dernier, *Jean d'Agrève,* sinon de son étonnante végétation (chênes verts, pins d'Alep ou de Russie, eucalyptus, oliviers, amandiers ; plantes au violent parfum amer qui tapissent les sous-bois, myrte, bruyère, romarin, lavande) ; du reflet aveuglant du soleil sur la paroi de la falaise ; de la lumière, comme palpable, tel un voile qui flotte sur les cimes des forêts ; des vues admirables sur la mer, entre les troncs tordus des pins, horizon illimité. Un ermitage exemplaire, qui isole du monde en même temps qu'il en facilite la prise de possession imaginaire. Un lieu de sérénité :

> Nulle part ailleurs on ne peut goûter davantage le délicieux sentiment de la vie. Les jours et les nuits y sont empreints d'une incomparable sérénité. On n'y sent pas, ainsi que disent les philosophes et les poètes, lesquels ont d'ailleurs raison, la « fuite inexorable du temps » [45].

---

44 *Visages du monde,* p. 99.
45 *Ibid.,* pp. 101-102.

Libéré de l'angoisse que provoque la sensation du temps irréversible, le poète éprouve à Port-Cros une quiétude totale. Moments d'heureux abandon qu'il doit aussi à la bienveillante hospitalité de la propriétaire de l'île, que tous ses hôtes, écrivains, artistes ou savants, qu'il s'agisse de Jean Paulhan, de Marcel Arland ou de Jules Supervielle, appellent respectueusement la Dame de l'Île. Cette vieille et noble dame aux cheveux blancs « était musicienne, écrivait des vers ». Elle avait conservé, nous confie Alain Grandbois, « une simplicité de bergère ». Grandbois nous dit aussi qu'elle le considérait comme son fils, et il s'imagine encore la voir, à l'aube, pieds nus, marcher « le long des sentiers de son île, suivie par un paon bleu [46] ». Vision quasi irréelle, que l'un des poèmes des *Îles de la nuit* évoque :

> Les glaïeuls blessaient le bleu
> Le souvenir des jardins cernait les remords
> Et des hommes penchaient leurs épaules
>
> Il y avait quelque part sur une île
> Des pas d'ombre et de paons
>
> Avec un léger bruit elle venait
> Elle venait dans un silence d'absence
>
> C'était l'heure des mondes inanimés
> Les astres tous se taisaient
>
> Le soleil était fermé [47]

Est-ce de cette île qu'il s'agit, dans l'ordre qu'une héroïne adresse à Julius : « retournez dans cette île que vous n'auriez jamais dû quitter [48] » ? Qu'importe. C'est là, dans une atmosphère si propice au recueillement comme à l'étude, qu'Alain Grandbois rédige une partie tout au moins de son premier livre, *Né à Québec* [49].

---

[46] *Ibid.*, p. 102.
[47] « Les glaïeuls... », IN, pp. 46-47.
[48] *Avant le chaos*, p. 239.
[49] *Visages du monde*, p. 191. Voir aussi Marcel HAMEL, « Alain Grandbois... voyageur de Chine », dans *la Nation*, 30 avril 1936, p. 3. Ce texte est présenté en appendice, pp. 241ss.

CHAPITRE III

NÉ À QUÉBEC

Plus agréable encore que les précédents, l'été parisien de 1933 prêtait facilement à toutes les illusions. Sur les boulevards, le long des quais, dans les allées des parcs, circulaient les visiteurs étrangers, attentifs à ne perdre aucun motif de surprise ou de joie. C'était la poursuite d'un banquet de la vie qu'on désirait encore éterniser, malgré l'apparition de certains signes fatidiques qui annonçaient de sombres lendemains. Grandbois participait à ce climat de fête.

Il en fut distrait cependant, assez pour mener à bien la publication d'un livre qu'il avait mis en chantier depuis plusieurs années et dont la parution était attendue avec impatience tant à Québec qu'à Paris. Enfin, le livre parut : *Né à Québec,* édité par Albert Messein, et les amis de se réunir à la Coupole pour fêter l'événement que Marcel Dugas raconte de façon fort pittoresque dans *Approches* [1]. C'était un samedi soir et l'affaire se termina à l'aube.

Baptisé sous de telles auspices, le livre devait avoir un destin favorable. L'intérêt des lecteurs fut tel qu'il y eut trois éditions successives. Grandbois fait ainsi une entrée remarquée dans le monde des lettres. Le verdict de la critique fut unanime : on loua le style, l'écriture, et Louis Dantin, dans une lettre du 24 décembre 1933 à Rosaire Dion-Lévesque, ira même jusqu'à croire, à cause

---

[1] Marcel DUGAS, *Approches,* pp. 46-47.

de cela, que l'auteur était Français[2]. Le présent chapitre traitera d'ailleurs du style de ce récit et des images qui y reparaissent fréquemment, mais seulement après avoir fait l'examen des circonstances de composition et celui de l'univers des personnages.

Les alentours de l'œuvre

Les circonstances de composition de *Né à Québec,* comme celles de la plupart des autres ouvrages d'Alain Grandbois, ne sont pas encore connues avec exactitude. L'on sait que Grandbois avait entrepris d'écrire la biographie de Jolliet bien avant son départ pour la France. D'un « travail intense de compilation[3] » qu'il avait fait dans les bibliothèques, privées ou publiques, du Québec, il avait tiré une masse de documents qu'il laissait dormir dans ses malles. Les volumineuses *Relations des Jésuites* avaient beau encombrer ses bagages et le suivre dans tous ses déplacements, le travail piétinait. Grandbois ne commença vraiment à dépouiller ses documents qu'un an après son arrivée en France. Il logeait alors au sixième étage d'un immeuble situé rue Racine, en face de l'Odéon, dans un appartement « converti en atelier à cause de la large baie vitrée qui donnait sur le ciel[4] ». Mais il se lassa bientôt de ce travail de bénédictin. Un jour, fatigué, presque dégoûté, il pointe vers Marseille. De là à Port-Cros, où des amis lui adressent quelques remontrances : « Voyons, Grandbois, il faut que tu écrives quelque chose. » Il songe alors à ses annotations sur Jolliet. Il se remet au travail.

À partir de ce moment, le manuscrit progresse notablement non sans que l'auteur ne s'accorde de fréquents répits. Il faut en effet souligner les habitudes d'écrire de Grandbois. Marcel

---

2 Archives de l'université Laval (215-9/2/74 A-11). Louis Dantin s'imaginera d'ailleurs la même chose quand paraîtra, quelques années plus tard, *Trente Arpents.*

3 Marcel HAMEL, « Alain Grandbois... voyageur de Chine », dans *la Nation,* jeudi 30 avril 1936, p. 3. Voir appendice, pp. 241ss.

4 *Ibid.*

Dugas, que j'appelle une fois de plus à la rescousse, donne là-dessus d'amusantes précisions :

> Il travaille lentement, presque paresseusement. Il vient de laisser tomber sa cigarette pendant qu'une autre, à demi consumée, l'étouffe de son infâme parfum. C'est le repos forcé, ajouté à celui qui est voulu. Il ne faut jamais oublier le poète, disputé par des courants divers. Le voilà debout devant la vitre ; une apparition. Elle passe dans la rue. Il tousse, veut absolument que ce mannequin de chair et d'os lève les yeux, le regarde et lui sourie. Et il a soif ; il boit. Tout cela prend beaucoup de temps et le livre n'avance pas. « Si j'allais au café des Deux Magots », se dit-il. En un rien de temps son chapeau est mis. Nous le retrouvons au café. Il ricane. C'est, à coup sûr, tomber mal. Le poète veut être seul : il est piquant, hérissé, fortement ennuyé qu'on dérange sa rêverie [...].
>
> Quelqu'un parle dans le désert. Il dit : « Si vous alliez à votre chambre, travailler à votre livre. » Surprise. On n'a pas parlé dans le désert.
>
> Le poète annonce qu'en effet il retourne à sa chambre et qu'il va finir un chapitre. [...]
>
> Le poète est parti ; il revient à son texte. Il écrit trois pages sans désemparer [5].

De fait, Grandbois écrit ainsi sans désemparer près de quatre cents pages, comme il le confie plus tard à Marcel Hamel. Puisque c'est trop long, il entreprend d'abréger. Il se met alors à jeter au panier parfois des chapitres entiers qui ne lui paraissent pas valables. Il recommence ensuite deux, trois fois l'ensemble de la rédaction avant de consentir à fixer la version définitive qu'il présente enfin à son éditeur.

On pourrait s'interroger sur les raisons qui ont amené Grandbois à écrire cet ouvrage sur Louis Jolliet. On songe à la communauté des aspirations, au goût héréditaire de l'auteur pour l'aventure ; Grandbois a d'ailleurs confié un jour à André Langevin qu'il a été attiré par Jolliet « parce que son amour de la forêt le faisait se passionner pour cette épopée entièrement vécue en forêt [6] ». Mais il ne faut pas négliger une autre cause possible.

---

[5] Marcel DUGAS, *op. cit.*, pp. 51-52.

[6] André LANGEVIN, « Alain Grandbois », dans *Notre temps,* 22 mars 1947, p. 2.

En 1927, Maurice Constantin-Weyer avait publié à Paris le cinquième livre de son *Épopée canadienne* : *Cavelier de La Salle*. Ce livre avait suscité quelques réactions au Québec, entre autres celle de l'abbé Joseph-Émery Grandbois. Celui-ci aurait suggéré à son neveu de donner la réplique à l'écrivain français et de célébrer, pour sa part, le concurrent de Cavelier de La Salle, Louis Jolliet, lequel, contrairement à son rival, était issu du sol même de l'Amérique qu'il allait marquer de son passage. À l'origine, en partie du moins, il y aurait ce défi à soutenir. Nous comprenons alors le choix du titre : célébration des origines malgré l'éloignement et le chaleureux accueil de la France.

En ce qui concerne la vérité historique, il faudrait insister sur la probité d'Alain Grandbois qui s'est donné la peine d'un long travail de recherche en bibliothèque. À la fin de son livre, il dresse la liste des ouvrages qu'il a consultés, tous ouvrages réputés. Des documents d'époque, il tire parfois d'assez larges extraits qu'il intercale adroitement dans sa propre narration. Pareil contact avec le style, la vie et comme le souffle même du temps, contribue à soutenir sa tentative de ranimer une époque révolue. Il cite une lettre de Talon ; une lettre de Frontenac à Colbert, où il informe le ministre du retour de Louis Jolliet ; le récit du Tremble-Terre de février 1663 ; des propos de Champlain, de Ragueneau, de Marie de l'Incarnation. Comme en témoigne cette énumération, Grandbois n'a pas accumulé d'informations sur le seul Jolliet, mais aussi et en général sur les régions parcourues par l'aventurier, sur le climat, l'atmosphère sociale, politique et religieuse de son temps. Il a voulu faire œuvre d'historien et, pour l'essentiel, tout donne à croire qu'il y soit parvenu. Les dates sont justes ; l'itinéraire, exact. Les anecdotes sont bien celles que rapporte Jolliet lui-même dans la lettre qu'il a remise, au retour, à Frontenac.

On ne pourrait chicaner Grandbois que sur quelques points. Ce n'est pas Louis, mais Adrien Jolliet, le frère aîné du découvreur, qui fut envoyé avec Jean Péré au lac Supérieur en 1669. Le retour à Québec ne fut pas signalé par une sonnerie d'église, comme il est rapporté aux dernières pages du cinquième chapitre, mais bien plutôt par des procédures légales : des créanciers traînèrent Jolliet devant les tribunaux. En outre, les historiens sont loin d'être d'accord sur le lieu de naissance du découvreur du Mississippi, qui ne serait peut-être pas né à Québec même, mais près de Québec, sur la côte de Beaupré, dans la seigneurie de Beauport.

Reste que dans l'ensemble les faits que rapporte Grandbois sont vrais. Son livre pourrait presque passer pour un essai d'étude historique si, à un moment donné, reléguant au second plan le souci historique, le poète n'était intervenu. De sorte que le terme même de « récit » dont se sert Grandbois pour désigner le genre de l'ouvrage convient bien à l'œuvre réalisée : l'intervention des mensonges de l'art s'y trouve admise, de même que la dramatisation et les descriptions qui animent les faits et donnent l'illusion de l'invention imaginaire. Imitons ici la prudence de l'abbé Groulx selon lequel « si *Né à Québec* n'est pas à proprement parler un ouvrage d'historien, nul ne refusera d'y reconnaître l'œuvre d'un grand poète [7]. »

Œuvre de poète, et donc expression de soi, témoignage qui intéresse davantage l'auteur que le personnage de Jolliet, lequel ne sert plus que de prétexte. Au point de départ externe, si l'on peut dire, de l'inspiration de Grandbois, nous trouverons souvent des documents étrangers : les lettres de Louis Jolliet, *le Livre des Merveilles* de Marco Polo, les textes de Constantin-Weyer ou de Blaise Cendrars ou de Charles Plisnier, mais il ne procède pas ainsi dans le but de combler une déficience dans l'ordre de l'imagination. Tous les textes qui ont mérité son choix ont en commun qu'ils portent, dans leur substance même, l'expérience d'une vie dangereuse, précaire : un homme, aux prises avec un réel plein d'inconnu et de risques, se forme et se convainc de sa valeur. Et c'est peut-être ici que se trouve le motif secret du présent récit historique. Faisant la chronique des exploits de Jolliet, c'est avec soi que Grandbois se mesure. Et nous aurions dans *Né à Québec* une tentative de définition de l'auteur, une interrogation qui porte sur son existence et sur sa situation dans le monde, au même titre que les recueils encore à venir. Que cette remarque à propos de Louis Jolliet ne passe pas inaperçue : « Sa terre à lui, était inconnue. Il brûlait de la découvrir [8]. »

Lors de la parution de l'ouvrage au Québec, chez Fides en 1948, Victor Barbeau reconnaît que Grandbois projette dans un

---

[7] Lionel GROULX, compte rendu de *Né à Québec* dans *la Revue d'Histoire de l'Amérique française,* mars 1949, p. 603.

[8] *Né à Québec,* p. 82.

passé héroïque et violent ses inquiétudes, ses aspirations et ses rêves, obéissant alors, précise-t-il, à une fuite devant la vie. Victor Barbeau parle précisément d'évasion du réel, d'effort pour « échapper à la mesure du temps », et, invoquant en parallèle le livre de Chateaubriand, *les Natchez,* il termine ainsi :

> À des rythmes et sur des modes différents, tous les deux [...] sont une transposition nostalgique d'un moi insatisfait et tourmenté, d'un refus d'obéissance aux servitudes du présent, une fuite ailée dans le temps et dans l'espace [9].

Cela paraît assez juste. Récit d'aventures, *Né à Québec* ne peut pourtant être pris pour un divertissement ni pour un exercice, même brillant. Grandbois y confie en effet certains de ses rêves les plus personnels comme il y dissimule des souvenirs plus ou moins récents [10]. *Né à Québec* comporte aussi des réflexions où toute l'expérience de Grandbois se résume : ainsi celle que mène Louis Jolliet dans la solitude de son île, à la fin de sa vie :

> Il songeait encore au pays des Illinois. Mais sans regrets, et avec cette sorte de douceur nostalgique que crée le souvenir d'une femme autrefois chérie, dont la vie nous a séparé, et que d'autres amours nous ont rendue étrangère [11].

Aussi est-ce dans cette perspective d'un livre qui compte vraiment dans l'œuvre d'Alain Grandbois que j'aborde la lecture de *Né à Québec.*

Sous le signe de la force

Si l'on veut définir le climat humain de ce récit, il conviendrait de distinguer ce qui relève des conditions du temps de ce qui

---

9 Victor BARBEAU, compte rendu de *Né à Québec* dans *Liaison,* avril 1949, p. 219.

10 On pourrait considérer ainsi l'évocation de jeunes filles dansant le fandango à Saint-Jean-de-Luz ; la vue du rocher de Québec, qui se détache soudain, au crépuscule, passé la pointe d'Orléans.

11 *Né à Québec,* p. 203.

dépend de la vision même de Grandbois. Mais je ne m'attarderai pas à peser l'impondérable. Ce que l'auteur dit de l'époque qu'il recrée, c'est bien évidemment ce qu'il a choisi de dire. Et ce choix, et l'insistance avec laquelle il reprend certaines données, font qu'il s'approprie ou bien encore qu'il influence les faits neutres qui composent l'Histoire.

Sur le plan de la société, le lecteur ne tarde pas à mettre en relief la tension qui préside aux relations humaines. D'incessants conflits de toutes sortes rendent malaisés les rapports entre les hommes, contrecarrent toute velléité d'entente. L'homme vit dans un monde fractionné en factions rivales. C'est l'ambition, la soif de domination, un vif désir de gloire qui sont les principaux moteurs des actions qui édifient cette société. Ce qu'illustrent l'affrontement du pouvoir temporel et du pouvoir spirituel (mentionnons la traite de l'eau de vie, la lutte de Mgr de Laval contre M. d'Avaugour) ; les dissensions entre le clan du gouverneur (que ce soit d'Ailleboust ou d'Argenson) et celui des Jésuites ; les rivalités entre ces mêmes Jésuites et les Récollets ; entre les découvreurs eux-mêmes. Tout cela forme un réseau compliqué d'intrigues et de ruses, une sorte de toile d'araignée où le héros risque à tout moment de se prendre.

Il doit aussi se prémunir contre l'agressivité de ceux qui l'entourent et qui s'entre-déchirent à tort ou à raison. Le mépris règne, qui se manifeste par les railleries, les dénonciations, les menaces et les injures. L'injustice est la règle et l'antique loi de la vengeance commande les gestes les plus cruels et les pires destructions : songeons en particulier aux efforts, finalement inutiles, des fils Kirke en vue de venger leur vieux père, qui rumine sa haine, là-bas, dans la lointaine Angleterre — figure dérisoire que Grandbois évoque. Tous ces figurants de l'Histoire paraissent plus ou moins grotesques, pantins rageurs et vociférants, en proie au même vertige, saisis de ce mal étrange qu'on nomme l'Amok du nord, sorte de folie furieuse qui change l'être humain en bête féroce [12].

---

[12] *Ibid.*, p. 62. À propos de la férocité humaine, cet axiome d'un colon français que Grandbois a rencontré aux environs de Saïgon, et qui avait coutume de se promener sans armes dans ses plantations : « Crois-moi bien, il n'y a qu'une bête féroce au monde. C'est l'Homme. » C'est la réponse qu'il donna au voyageur qui s'étonnait de sa témérité. (*Visages du monde*, p. 212.)

À propos de l'agressivité des personnages, il importe de souligner la prédominance de la colère. Il semble que chacun soit sujet à des accès de rage. On se croirait dans un univers d'hystériques. La colère étrangle Frontenac, fait suffoquer M. d'Avaugour, M. de Courcelles ; elle dévaste M. de Queylus, Sulpicien, qui vient de se nommer lui-même curé de Québec et que l'on accuse de faire aux Jésuites « une guerre plus fâcheuse que celle des Iroquois » — voici quelle fut sa réplique, au prône du dimanche suivant :

> M. de Queylus lut l'Évangile du jour, qui était le *Cujus est imago*, et où l'on voit les Pharisiens tenter d'incriminer les paroles du Christ. La lecture achevée, l'abbé eut une longue pause. Les fidèles retenaient leur souffle. D'interminables secondes s'écoulèrent. Puis l'abbé commença de parler. Et sa voix, d'abord froide et sèche, prit de l'ampleur, vibra, s'enfla, et brusquement, comme la foudre sur une campagne endormie, sa fureur éclata [13].

Voix qui monte, s'enfle et devient clameur, c'est là l'une des constantes du récit. Ce phénomène de résonance et d'amplification se produit souvent. Ce ne sont que sourds grondements, fracas, tumultes, vacarmes qui assourdissent. À la colère des hommes répond celle des éléments. Il est question des « eaux mugissantes et furieuses » du Niagara qui, « plongeant d'un bloc entre deux murailles de granit, au fond de l'Ontario, [créent] un tonnerre éternel [14] ». Voilà qui concorde assez justement avec la description d'une société vouée au désordre, au chaos, dominée par le bruit et la fureur.

Ce monde hostile où triomphe la force, le destin de Jolliet est de le traverser. Et l'on devine vite ce qu'il représente dans ce livre où il serait vain de chercher une psychologie conventionnelle. La présence de la fatalité souveraine, l'auteur la suggère par la composition même de la première partie. Bien sûr, on lui a reproché cette première partie, longue et encombrée, qui retarderait le vrai début de l'aventure. Grandbois y survole une période de quelque quatre-vingts ans. Il y mentionne les rêves de l'aïeul, Adrien d'Abancourt, rêves suscités par les lectures qu'il faisait, enfant, de récits de voyage. Il y raconte aussi la vie de la colonie, depuis l'arrivée des Récollets à Québec. Sur les quarante-cinq épi-

---

13 *Né à Québec,* pp. 49-50.
14 *Ibid.,* p. 159.

sodes que comprend cette partie initiale, huit seulement concernent Louis Jolliet lui-même ; et encore n'est-il question que des années d'enfance et d'adolescence dans ces épisodes épars, entrecoupés par de longues narrations apparemment étrangères au récit principal.

En apparence seulement. Car ce que ce patient préambule veut signifier, c'est précisément la trajectoire rectiligne du destin de Jolliet qui ne dérogera pas du but qu'il s'est fixé, malgré les obstacles qui, tournoyant autour de lui, pourraient entraver ses projets. Cette première partie, où s'entrecroisent les fils d'intrigues nombreuses, annonce déjà la réussite future de Jolliet qui parvient, au seuil même de sa vie, à s'extirper du piège, tout entier projeté vers l'avenir.

Car Jolliet, tel que l'idéalise sans doute Alain Grandbois, n'est pas de ceux qui louvoient. Dans un monde livré à toutes les compromissions, il donne un témoignage de rectitude morale. Ce qu'il incarne, c'est précisément ce qui fait défaut à la société dont il dépend : le pardon, le besoin de justice, le désir de paix. Le seul long discours qu'il commet (il est d'habitude laconique, au contraire du Jolliet de Constantin-Weyer, bavard jovial qui s'exprime en jargon), c'est pour demander la grâce d'un prisonnier iroquois, ce que les Keinouchés lui accordent. Ses paroles, reconnaît-on, ont en effet le pouvoir de changer le cours du destin. Pour les Indiens, Jolliet est celui qui n'apporte pas le mal.

Plus simplement, dans la conduite ordinaire de la vie, la valeur de Jolliet réside pour l'auteur dans son intégrité. Il refuse de jouer le jeu mondain des courtisans. Il ne quête aucune faveur. Il n'hésite pas non plus à dire sans calculs le fond de sa pensée et juge « selon sa raison, qu'il avait forte, saine, et dépouillée de bassesse [15] ». La Salle, de son côté, n'épargne aucune démarche, et quand on vante ses voyages, Grandbois d'écrire ironiquement que « La Salle voyageait surtout en France [16] » pour y fléchir le roi. Au contraire, Jolliet ne tentera rien pour reconquérir la faveur qu'il a un jour perdue :

> Jolliet se résignait. Douloureusement. L'injustice révolte, amoindrit ses victimes. Jolliet se défendit d'être une victime. Ou un courtisan.

[15] *Ibid.*, p. 172.
[16] *Ibid.*, p. 169.

Flatter, ruser, gémir, non. Il sut se montrer plus fort que cette
force qui tuait ses plus secrets désirs, et il se tut [17].

Bel exemple du stoïcisme que vante ailleurs [18] Grandbois quand il
admire Jolliet de ce qu'aucun coup du mauvais sort ne l'ait désar-
çonné. Il est de ces indomptables qui reconstruisent sur des ruines.
   La force morale dont il dispose, Jolliet l'exerce contre les obstacles aussi bien que contre lui-même. Mais sa passion première
est celle de la connaissance. Autour de lui, ce que l'on convoite, ce
sont les richesses : les princes s'intéressent aux terres qui recèlent
du cuivre, les simples soldats, à « un magnifique et soudain
butin [19] ». Ce que veut Jolliet, au contraire, c'est surprendre les
secrets du monde. Et de lui-même. Dans cette marche périlleuse
vers sa propre vérité il force les interdits, comme le lui disent les
anciens des Hurons à l'heure du départ, il brave les dieux, qui
gardent jalousement le secret. Il encourt ainsi leur châtiment. Le
discours que tient à ce sujet le chef du peuple de la Folle-Avoine
se révélera par la suite prophétique, puisque les épreuves qu'il
annonce se réaliseront effectivement sur la route du retour : alors
que Jolliet tente de franchir les rapides de Lachine, les remous
l'entraînent, le fleuve l'emporte ; il engage une lutte forcenée, mais
il est sans recours contre la mort qui le menace à tout instant.
Ramené à une plus juste considération de lui-même, l'intrépide
conquérant n'est plus « qu'une plume dans le tourbillon fumant du
rapide [20] », « une petite chose mortelle livrée à des puissances
aveugles [21] ».
   Mais Jolliet reste sauf. La mort n'a pas prise sur lui. Il n'est
pas non plus atteint par l'action du temps qui ravage les autres
personnages. Il est d'ailleurs très rare de voir dans ce livre neutra-
lisée l'action destructrice du temps passager. Une fois seulement,
au cours de la traversée de ce lac des Eaux salées (nommé quelque
part le lac Clair) que l'on rencontre entre le lac des Hurons et le
lac Érié, le prodige s'accomplit, au cœur d'une effervescence vitale,
grâce à l'inépuisable fécondité de la nature :

---

[17] *Né à Québec,* p. 171.
[18] « Louis Jolliet », dans *le Devoir,* 23 juin 1949, p. 8.
[19] *Né à Québec,* p. 72.
[20] *Ibid.,* p. 134.
[21] *Ibid.,* p. 160.

... on navigua deux jours sur un lac à fond de roc. La pêche s'y révéla abondante : des truites à ailerons rouges, des dorées plates, des brochets gris, d'énormes saumons furent capturés. La gent volatile était innombrable. Des troupeaux de chevreuils venaient, au soir, s'abreuver aux rives du lac. On voyait des couples d'orignaux. Les nuits magnifiques reflétaient sur les eaux chaque étoile. La course des astres, la fuite du temps étaient immobilisées [22].

Mais, de façon générale, les personnages sont conscients du passage du temps et aussi de la vanité de l'homme. Acculés au désespoir, ils cherchent un réconfort qu'ils trouvent dans la religion. Ainsi, lorsque tout secours fait défaut, les habitants de la colonie se tournent vers Dieu. Ils implorent « une insensible divinité [23] ». Ils demandent protection aux Religieux, aux Jésuites :

Ils allèrent bientôt aux Religieux comme à un refuge. Ils y apprenaient à se défendre du désespoir qui jaillissait devant la menace de leur propre mort, et le songe d'éternité, aussi vaste qu'il pût paraître en regard du fragile moment humain, fournissait cependant à celui-ci ses nourritures essentielles. L'acceptation volontaire du drame repoussait le tragique du drame. Ils puisèrent le courage de vivre dans le sacrifice même de leur vie. Le collège devint le centre de la colonie [24].

L'on comprend que les vertus de l'ascèse et de l'abnégation soient souvent louées au cours de ce récit (témoin le portrait qu'on donne de Marquette : « Des yeux de feu dans un visage maigre, émacié [25] » — « son regard brûlant donnait l'impression d'une force inépuisable [26] »), car l'homme n'est rien face à Dieu, qui régit toute existence. Chaque destin est « inscrit là-haut, de tout temps, au front même de Dieu [27] ». À des niveaux divers, tout le livre rappelle la pression constante d'une volonté supérieure.

C'est ainsi que le temps arrive à humilier cruellement ceux qui, dans leur jeunesse et leur maturité, n'avaient que des préten-

---

[22] *Ibid.*, p. 104.

[23] *Ibid.*, p. 66.

[24] *Ibid.*, p. 48.

[25] *Ibid.*, p. 88.

[26] *Ibid.*, p. 97.

[27] *Ibid.*, p. 130. Voir aussi *Visages du monde*, p. 371 : « Nos jours sont comptés. Et chacun est suspendu à la volonté secrète et mystérieuse de Dieu. »

tions de gloire et de domination. Il faut voir avec quelle ironie, peut-être un peu désespérée, l'auteur met en relief l'action du vieillissement et de la maladie chez ses personnages. Ceux qui jadis détenaient l'autorité ne sont plus que de sèches caricatures d'eux-mêmes. Le corps se décompose, se désagrège, ce que souligne l'auteur sans pitié. Ainsi en est-il de Jean Jolliet, le père de l'explorateur, qu'on ramène de Tadoussac :

> L'homme grelottait de fièvre. Il avait le masque creux, les gencives violettes, le corps marqué de taches vineuses. Sa chair devint flasque et répandit des odeurs fétides. Le scorbut le rongeait, le tua [28].

Et ces vieillards, véritables loques, se tassant dans le fond des cabanes pendant que les hommes valides traquent les troupeaux de caribous. Dépossédés de tout, même des souvenirs, ils délirent, confondent dans leur impuissance les images du passé, pitoyables et ridicules :

> Égrotants, le visage séché par l'âge, les épaules tassées par le froid, des vieillards édentés ressassaient interminablement devant lui [Jolliet] de vieux lambeaux de souvenirs. Certains confondaient, dans leur mémoire abolie, les prouesses des hommes et les légendes des dieux. L'un d'eux [...] agitait ses mains tremblantes sur ses genoux perclus, et pleurait. Songeurs, les vieillards hochaient la tête. Ils se souvenaient qu'ils avaient été jeunes et tentaient, sous leurs fronts chenus, de faire revivre les scènes impossibles d'un passé mort [29].

Abjection de l'homme réduit à subir dans ses chairs les travaux de la mort [30]. L'on ne trouve un peu d'attendrissement, mêlé quand même à une certaine moquerie, que dans la description de Frontenac et de Mgr de Laval qui se croisent, tous deux vieillis :

> Frontenac se faisait vieux. Sa petite taille s'était ramassée davantage. Il portait toujours ses moustaches à la mousquetaire, mais elles avaient blanchi. Il évitait la colère pour ménager son cœur. Il ne

---

[28] *Né à Québec*, p. 39.
[29] *Ibid.*, pp. 118-119.
[30] Lire le récit de la rencontre, aux environs d'Hyères, de Paul Bourget, vieillard de près de quatre-vingts ans (*Visages du monde*, pp. 88-89). Lire aussi la description des prisonniers, *Né à Québec* ; pp. 94-95. Lire enfin dans ce même livre les pages 20, 55 et 62.

tenait plus l'indulgence pour le signe de la faiblesse. Il avait près de soixante-quinze ans.

Dans les années qui précédèrent sa mort, il rencontrait parfois un long vieillard maigre et courbé qui s'appuyait en marchant sur une canne. Alors ils se saluaient comme les vieillards se saluent, précautionneusement, avec, au fond des prunelles, cette lueur humide et vive.

M. de Laval et Frontenac se dégageaient peu à peu du monde des vivants [31].

Par contre, comme par miracle, l'action du temps ne marque pas Jolliet. Loin de le flétrir, l'âge accroît sa vigueur et sa force. Plus grand qu'aucun de ses fils, il parcourt encore la terre, et c'est au cours d'un de ses voyages qu'il disparaît, comme entré vivant dans l'éternité. Son sort est celui des héros de légendes dont l'existence se déroule tout entière hors de l'ordre commun. Le propre de Jolliet est d'ailleurs de rester toujours, pour ainsi dire, capable d'avenir. Nul regret ne paralyse son action. Et ce qui, pour d'autres, serait limite, reste pour lui ouvert, promesse de recommencement. À noter à ce propos que chaque fin de partie marque en sa faveur une sorte de nouvelle naissance — et c'est là, de la part de l'auteur, dans l'ordre de la structure de l'œuvre tout au moins, l'une des qualités formelles du récit.

Quelques mots sur la forme

Sur la qualité de l'écriture, tous les commentateurs de *Né à Québec* sont tombés à peu près d'accord. Le style correspond étroitement à la nature même du message livré. Dans son ensemble, le livre célèbre l'énergie, le dynamisme, l'action. Ce qui définit en même temps le style lui-même qui est nerveux, tendu et comme crispé. Même quand il est question de la nature, quand arrivent des moments d'apaisement, jamais le style ne se départit d'une certaine fermeté. On ne trouve pas ici ce mouvement rythmé, ces longues périodes harmonieusement balancées qui caractérisent

[31] *Né à Québec*, p. 204.

la prose de Claudel ou de Chateaubriand, par exemple. Ce serait
suggérer l'abandon à la rêverie, le consentement au vague, des
contours mal définis, diffus — et Grandbois n'aime rien tant que
la clarté, la précision, la netteté du relief et, par-dessus tout,
la lucidité.

Si le premier jet est spontané, il est bien certain qu'il ne
l'admet pas tel quel : il revoit le texte avec exigence, accorde à
chaque terme sa juste place ainsi que l'a confié Marcel Dugas qui
donne l'impression d'avoir surpris l'auteur en plein travail :

> Avec un fait historique de haute importance, [Grandbois] va cons-
> truire un récit de couleur. Il y emploie ses dons, sa rapidité, une
> sorte d'élan nerveux. S'il se laissait emporter par son souffle, il
> reviendrait sur ses pas, quitte à donner des coups de ciseaux dans
> son texte pour le raccourcir et mettre en le moins de mots possible
> ce qu'il veut dire, ce qu'il tend à faire naître dans l'esprit du lecteur.
> Les faits sont là devant lui : ils grouillent et demandent d'être
> interprétés, pressés, jugés. Il se défie de lui-même, car le sujet offre
> mille dangers. Il peut s'égarer dans la masse des suppositions, des
> hypothèses. Il se surveille, compte ses mots, leur assigne dans la
> phrase une place unique, une valeur d'émotion [32].

C'est là indiquer quelques-uns des aspects importants de la phrase
de Grandbois. Non pas un lyrisme généreux, une prose fastueuse
qui noie le lecteur dans son balancement, mais une prose qui
heurte, force l'attention à rester toujours en éveil. Et même si le
lecteur arrive à adopter le rythme haché que Grandbois confère à
la phrase, il garde conscience du pouvoir de concentration de la
parole. L'auteur juxtapose solidement ses mots les uns aux autres ;
il en comprime le sens à la limite. Et c'est cette densité de l'expression qui frappe au premier abord.

Pour y parvenir, Grandbois n'use pas de complications plus
ou moins subtiles. Ses procédés sont les plus simples. Ses phrases,
d'une structure élémentaire (on n'y trouve pas d'inversion savante),
sont brèves, bien ponctuées et comme accolées les unes aux autres.
Les liens de subordination font presque totalement défaut. Mais
l'absence d'articulation logique n'altère pas l'impression d'un enchaînement serré. Cela est peut-être dû à la rapidité de mouvement
conférée aux phrases qui se chassent l'une l'autre. Ici encore, et

[32] Marcel DUGAS, op. cit., pp. 50-51.

fortement, est rendue manifeste l'idée du temps irréversible et de la vanité des gestes, aussitôt passés que posés, qui obéissent à une loi implacable d'accélération. Quoi qu'il arrive, bonheur ou peine, le temps commande : il ne convient ni de s'attendrir ni de gémir — tel est le destin de la veuve de Jean Jolliet :

> Marie le pleura, puis sécha ses larmes. Quatre enfants. Il fallait vivre. Adrien, l'aîné, fut placé en apprentissage. Elle gardait les deux plus jeunes avec elle. Les Jésuites se chargèrent du cadet, Louis. L'année suivante, Marie épousa Geoffroy Guillot, cultivateur à Beauport. Et la vie continua [33].

Un procédé presque identique permet de marquer le passage accéléré des saisons. Ce qui, loin d'alléger la douleur de vivre, accuse encore davantage le malaise par la succession ainsi rapprochée des espoirs et des craintes. Le long passage suivant montre un emploi judicieux d'imparfaits et de passés définis, qui, selon le cas, dilatent ou resserrent la ligne du temps :

> Il apprit la nouvelle du désastre à l'automne. [Champlain vient d'apprendre que Roquemont, qui devait ravitailler la colonie, a dû se rendre en cours de route aux frères Kirke.] Déjà, la famine creusait les visages. L'hiver vint, la neige, les tempêtes. Après les tempêtes, un dur soleil jaune, des nuits pures, profondes, muettes, glacées. Le scorbut bleuissait les bouches, pourrissait le sang. Des hommes s'enfoncèrent dans le bois à la recherche d'écorces, de racines. Puis vint le printemps, la débâcle, les premiers bourgeons aux branches des arbres. Enfin l'été. Le fleuve charriait des eaux lisses, lourdes, nues. Entre Orléans et Lévis, le détroit. Les yeux guettèrent le détroit. Juillet. Un matin, trois voiles furent signalées. On accourut. La joie mouillait les yeux. On s'embrassait. On s'étreignait. La marée monta, les navires grossirent, doublèrent la pointe de Lévis. Un homme cria soudain, tendant son index vers les couleurs qui flottaient aux mâts. La joie sombra d'un coup. Des Anglais [34] !

Dans ce passage, on note surtout l'économie des moyens : énumérations, phrases sans verbe, purement de constatation ; ou encore succession de verbes qui rend bien la fébrilité de l'animation. À cela toutefois est jointe une certaine variété, en ce qui concerne les émotions successivement éprouvées, la proximité ou l'éloignement des choses vues. À noter que les transitions manquent absolument.

---

[33] *Né à Québec,* p. 39.
[34] *Ibid.,* p. 27.

Le passage d'un fait à l'autre comme d'une partie du texte à l'autre ne se fait pas selon une évolution continue mais de façon soudaine. L'auteur procède par bonds. Rupture, plutôt que liaison.

Cette façon d'écrire dramatise le récit. On peut créer ainsi sans trop d'efforts des effets d'étonnement ou de surprise. Il suffit d'opérer des raccourcis violents ; ou même, entre deux phrases, de supprimer l'idée de liaison ou les circonstances explicatives. L'imagination du lecteur doit alors combler le vide créé. On sent bien que l'enchaînement de cause à effet n'est pas tel que l'auteur le dit. On a l'impression d'une sorte de jeu mécanique selon lequel les personnages règlent leur vie, par exemple lorsqu'est décrite l'évolution de l'amour d'Adrien d'Abancourt pour Simone d'Orgeville, dès les premières pages du récit :

> Il interrompit cependant ses éclatantes campagnes pour épouser une jeune fille du comté de Vaux, Simone d'Orgeville. Elle était blonde, pâle, douce. Il l'aima. Il oublia ses mondes chimériques. Il caressait sa chevelure d'or, contemplait longuement sa bouche tendre, rose. Ses baisers avaient la fraîcheur du lait. Elle devint grosse, lui donna une petite fille. Ils la nommèrent Marie. Adrien retourna à ses lectures [35].

Une telle façon de raconter donne une allure insolite à ce qui n'aurait pu être autrement que romantisme banal.

Il y a d'ailleurs quelque chose de narquois dans le ton qu'adopte Grandbois. Il prend plaisir à s'attaquer, sans l'air d'y toucher pourtant, à certains ridicules aussi bien qu'aux illusions que l'homme nourrit sur lui-même ou sur les autres. L'impassibilité du récit fait alors mieux apparaître la disproportion entre le rêve et la réalité. C'est le père Paul Lejeune qui croit encore, bien naïvement, au mythe du bon Sauvage. Voici quel contact il prend avec la réalité dès son arrivée en Amérique :

> Le premier spectacle qui lui fut offert lorsque son navire mouilla devant Tadoussac fut la torture de trois Iroquois. La plus jeune des victimes avait à peine quinze ans. M. de Caen plaida sa grâce. Les indigènes refusèrent. Révolté, le Jésuite se répandit en violents reproches, invoqua les foudres de Dieu, menaça des châtiments éternels. On le regarda d'un œil torve [36].

---

[35] *Né à Québec*, p. 14.
[36] *Ibid.*, p. 28.

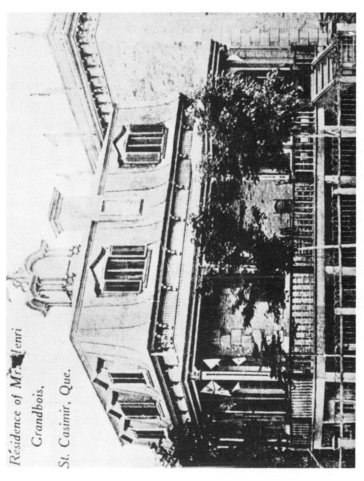

Résidence of Mr. Henri Grandbois,

St. Casimir, Que.

La maison des Grandbois, à Saint-Casimir, vers 1900.
(Collection Jeanne Drouin)

Le parc. *(Collection Jeanne Drouin)*

De l'autre côté de la rue : le kiosque, surplombant la rivière Sainte-Anne.
(Collection Jeanne Drouin)

Vue générale de Saint-Casimir. *(Collection Luc Lacourcière)*

Henri Grandbois et sa femme, Bernadette Rousseau.
(Collection Jeanne Drouin)

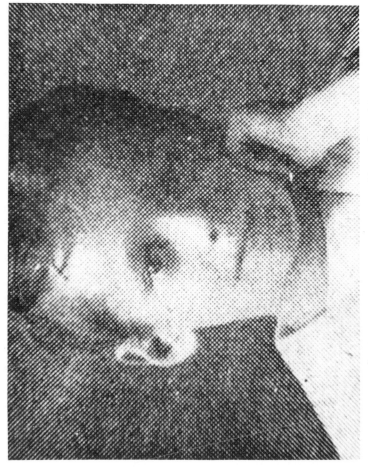

À l'âge d'environ sept ans. (*Revue* Digeste français)

Alain, à gauche, accompagné de l'un de ses frères et de ses soeurs :
Gabrielle, Madeleine, Louis et Jeanne.
(Collection Jeanne Drouin)

Le lac Clair. (Collection Michel Giguère)

Jeanne, debout devant Gabrielle, Catherine penchée au-dessus de la fontaine,
et Madeleine, entourant le jeune écolier Alain, vers 1915.
(Collection Jeanne Drouin)

À l'époque de ses études au Petit Séminaire de Québec.
(Archives du Séminaire de Québec)

Les premiers mots d'un devoir inscrit dans le
Cahier de l'Académie Saint-Denys.
(Archives du Séminaire de Québec)

Vers 1925. *(Collection Jeanne Drouin)*

Quelque part près de la Méditerranée, en 1930.
(Collection Luc Lacourcière)

L'auteur ne livre aucun de ses sentiments quant au fait raconté. Tout relent de sentimentalisme est minutieusement retranché du discours. L'auteur joue l'indifférence comme si, d'emblée, il avait pris le parti de la neutralité. Aussi souvent que possible, il évite ainsi de mentionner les détails les plus compromettants ou les plus triviaux. Il se contente seulement de suggérer ce qu'il supprime. Nous voyons cette façon d'agir dans le texte suivant qui se situe au moment où des Hurons, au Long-Sault, décident de se rendre aux assaillants :

> Ce matin-là fut salué, chez l'ennemi, par d'immenses clameurs. On vit monter de la forêt les colonnes fumeuses d'un gigantesque bûcher. Le jour passa sans offensives. Et la nuit fut peuplée du chant barbare de la victoire [37].

Avec la même discrétion il réussit à dire la complaisance des femmes qui s'approchent, les nuits de fêtes, des compagnons de Dupuys :

> La plus belle entente régnait. Le soir, au repos, les Français s'assemblaient autour des feux, chantaient. Certains, par les nuits de lune, s'enfonçaient dans les bois. On vit luire des verroteries au cou des sauvagesses [38].

L'utilisation de ces divers procédés révèle la maîtrise que l'auteur exerce d'habitude sur le discours. Grandbois, c'est évident, est conscient de la valeur et du rôle des mots. Il les manie avec prudence et cherche à limiter la portée de répercussions possibles. Sans toutefois y parvenir jamais tout à fait. Par la mention de visions instantanées et de notations subtiles, par l'inscription de détails que seule une vigilante attention permet d'observer, il donne à son récit un rayonnement étonnamment suggestif qui incite à considérer dans ce livre, parallèlement au rôle de la lucidité, la part du rêve.

---

[37] *Ibid.*, p. 60.
[38] *Ibid.*, p. 44.

La part du rêve

Il n'est peut-être pas inutile de signaler quelques-unes des images que l'œuvre à venir reprendra de la façon la plus monotone, avec toutefois d'heureuses et nécessaires variantes. Ne voyons dans ce qui suit qu'une simple reconnaissance sans aucune espèce de commentaire ou d'interprétation — ce qui serait peut-être prématuré.

L'option pour la vie s'accompagne d'un décor chargé d'éléments multiples. Sous le signe du pluriel, si l'on peut dire. C'est ce qui paraît définir surtout le contact stimulant avec la substance. Une végétation luxuriante, le mélange de la terre et de l'eau, la possibilité d'une épaisseur et d'une profondeur, un foisonnement de matières diverses, voilà qui suggère fortement la fécondité de la vie. Par contraste, la pensée de la mort impose un décor tout à fait différent : le désert, une solitude hostile et froide, des effets de stérilité et de dureté.

Apparaît en effet une tendance à matérialiser, et partant, à dévitaliser le monde naturel. Il est entendu que ce procédé n'a pas toujours ainsi un sens négatif. Il est des matières incorruptibles qui sauvegardent en quelque sorte la durée de l'existence de ce qui est par définition fugitif. Mais l'action de matérialiser a souvent pour résultat de déprécier. On parle d'énormes nuages de cendre. On dit de la tête feuillue des cèdres qu'elle est rigide, pareille à un rideau minéral. Un sous-bois est fermé comme un mur. Quand il s'agit de poser le décor naturel, l'auteur procède d'ailleurs comme s'il édifiait une structure, une architecture. De sorte que ce qui, dans la réalité de la nature, est disjoint, plus ou moins distant de la partie voisine, se trouve de cette façon hermétiquement soudé. Nous ne sommes plus à l'air libre, mais enfermés dans un réduit sans fissure. En témoigne cette partie de description d'une tempête :

> La mer durcissait. Elle devint livide, se gonfla. Des murailles d'eau sombre se dressèrent. La mâture vacilla, traça des arcs. Des pans de ciel gris croulèrent, et le navire, soulevé par de prodigieuses forces, accrocha le plafond bas des nuages [39].

---

[39] *Né à Québec*, p. 17.

D'où ces décors pétrifiés que Grandbois affectionne, hautes murailles qui bloquent tout passage — signes de l'agressivité de la
nature à l'endroit des voyageurs. Cela suffirait à montrer que si la
nature est présente dans ce récit (forêt, îles, lacs, fleuve, etc.), ce
n'est pas en tant que simple décor pittoresque. Ce qu'elle représente
compte bien davantage.

Le fleuve, par exemple, devient presque un personnage. Saint-
Laurent ou Mississippi (exception faite des modifications nécessaires), c'est toujours le même être, sauveur et meurtrier, protecteur
et despotique — il effraie et fascine à la fois, comme il est dit dans
le récit. S'il apparaît parfois comme un adversaire redoutable
(par ses courants, remous et récifs), s'il faut lutter contre sa
violence, s'acharner à le vaincre, il représente aussi pour l'homme
un modèle : autonome, poursuivant sa route de conquête en dépit
des obstacles, le fleuve enseigne la maîtrise de soi en même temps
qu'il éveille l'idée de progrès, de permanence, d'éternelle jeunesse.
Aussi cet être mystérieux suggère-t-il comme une invitation au
voyage. Grandbois mentionne d'ailleurs l'obsédante musique de
son appel, appel que les enfants du charron Jean Jolliet entendent,
de leur petite maison au pied de la falaise :

> Les enfants grandirent devant le fleuve. Les spectacles qu'il leur
> offrait variaient à l'infini. Il représentait la joie, le mystère, le danger,
> le jeu. Il les poursuivait dans la nuit de leur sommeil, se mêlait à
> leurs songes, les pliait à son rythme puissant, imposait la présence
> de son éternelle aventure. Les enfants aimaient le fleuve, le crai-
> gnaient. Ils savaient mesurer leur faiblesse à sa prodigieuse force [40].

Nous pourrions presque parler d'envoûtement. C'est aussi ce que
produit la parole : quand Adrien d'Abancourt tente de persuader
sa femme de traverser les mers ; quand les enfants Jolliet écoutent
les récits de Guillaume Couture ; quand, avidement, Louis Jolliet
lui-même écoute le P. Dablon, qui relate les péripéties d'un
voyage ; quand il cause longuement avec Allouez, chaque fois les
sortilèges de la parole agissent et font naître confusément des
désirs de départ et de gloire. Dès la première page, c'est du reste
ce que ressent le jeune Adrien d'Abancourt, l'imagination avivée
par la lecture du voyage de Colomb :

---

[40] *Ibid.*, p. 31.

Un sortilège opérait. Le jeune garçon quittait les Amériques pour les mondes fabuleux de Jean de Mandeville, de Marco Polo. Son imagination tissait des rêves héroïques. Il se voyait à la proue d'une caravelle, droit et fier, les poings aux hanches, remontant parmi des îles d'or le cours d'un fleuve bleu. Et des princes vêtus de lin blanc, sur des jonques de porcelaine, l'acclamaient ; et ils lui offraient des palais, des richesses, des armées. Lui passait, dédaigneux, et il s'enfonçait dans les profondeurs des continents. Là, il livrait d'effroyables batailles, il soumettait des empires. Il avançait toujours, nimbé d'une gloire fulgurante. Et son nom rougeoyait comme un incendie... [41]

Comme son personnage, Alain Grandbois quittera les Amériques et même l'Europe, Montparnasse, Port-Cros, pour s'embarquer à destination de l'Extrême-Orient dans l'intention d'y suivre les traces de Marco Polo, le héros favori des lectures de son enfance [42].

---

[41] *Né à Québec,* pp. 13-14.

[42] « Marco Polo, mon grand favori, dont j'ai tenté de suivre les traces en Orient » (*Visages du monde,* p. 107).

CHAPITRE IV

LE LIVRE D'HANKÉOU

Peu avant la parution de *Né à Québec,* un itinéraire capricieux aurait mené Grandbois de Londres à Marrakech, de Moscou à Madrid, de Cannes à Constantinople. Et donc par toute l'Europe, sillonnée en tous sens, jusqu'aux portes de l'Afrique et de l'Asie. C'est peut-être l'un de ces printemps d'avant 1933 qu'il se serait rendu jusqu'en Terre Sainte. Il aurait d'abord pris à Smyrne un boutre arabe qui devait le conduire à Jaffa. La traversée de la Méditerranée orientale est agrémentée d'incidents de toutes sortes : l'équipage, composé d'Arabes et de Noirs, est nerveux ; le capitaine, rieur à ses heures, est parfaitement ivrogne. Et puis voici, incident plus cocasse que fâcheux, que l'éclatement d'une chaudière fait bouger la cargaison mal arrimée (il s'agit d'armes de contrebande) : le bateau se couche sur le flanc. On atteint tout de même Jaffa. De là, par voie de terre, Jérusalem. Enfin, Bethléem, où il se trouve fin mars. La ville l'émeut profondément. Il retient surtout l'effet de surprise réservé au visiteur de la Basilique de la Nativité, « toujours ce lent et prodigieux acheminement vers le lieu du miracle [1] », c'est-à-dire vers la crypte, située dans le grand chœur, à l'intérieur de laquelle repose la chapelle de la Nativité.

Il ne cessait cependant d'entendre l'appel de l'Extrême-Orient. Il avait pu, peut-être, parcourir les Indes. Mais c'était encore plus loin, toujours vers l'Est, que le portait sa curiosité. Au début de l'hiver 1933, il quitte Marseille à bord d'un navire qui le mène à

---

[1] *Visages du monde,* p. 370.

Suez. Navigation sur la mer Rouge jusqu'à Djibouti [2], petite ville de la côte française des Somalis. Les premières pages d'*Avant le chaos* décrivent l'oasis d'Ambouli : c'est, un soir de fête, le délire et les danses des guerriers Danakils. Et puis, dès le lendemain, de nouveau la menace d'un soleil oblique, implacable, car Djibouti, au creux des « dunes de feu », est cette cuve torride dont parle Supervielle :

> Il fait à Djibouti si chaud,
> Si métallique, âpre, inhumain,
> Qu'on planta des palmiers de zinc
> Les autres mourant aussitôt.
>
> [...] Mais vous possédez l'avantage,
> Sous la palme au fracas de train,
> D'imaginer d'autres voyages
> Qui vous mènent beaucoup plus loin [3].

« Beaucoup plus loin », pour Alain Grandbois, ce sera le pays du Soleil Levant, le Japon, mais d'abord la Chine, où paraîtra son premier recueil.

O voyageurs

Aux environs de 1930, au groupe croissant de touristes internationaux, se joignent des écrivains. Vingt ans plus tôt, d'illustres devanciers leur avaient montré la voie. Citons d'abord Valery Larbaud qui a connu, en voyage, la douceur de vivre : instants d'illumination ou d'émerveillement entre Wirballen et Pskov, dans la cabine du Nord-Express ; en yacht, dans la nuit de poix et de chaos du Pont-Euxin ; à Elseneur, à Kharkov, à Mers-el-Kébir. Et Cendrars, ce vivant prodigieux qui bourlingua le vaste monde, et d'abord, du temps de son adolescence, l'Orient, de la Perse à la

---

2 *Visages du monde*, p. 373. Voir aussi la nouvelle intitulée « Le 13 » dans *Avant le chaos*, pp. 11ss.
3 Jules SUPERVIELLE, *Gravitations, précédé de Débarcadères*, Paris, Gallimard, NRF, coll. Poésie, 1966, p. 83.

Mandchourie, équipée solitaire qu'il a recréée dans cet interminable chant d'inquiétude et de conquête qu'est *la Prose du Transsibérien*. C'est dire toute l'attirance de l'Est, que Claudel avait déjà célébré, que Segalen burine dans ses *Stèles,* où séjourne Alexis Léger qui publiera une œuvre poétique toute de ferveur et de passion à la gloire de la terre.

À noter que ces précurseurs dans la connaissance du monde moderne sont en même temps des inventeurs dans le domaine précis de l'écriture. Avec eux débute en effet un nouvel âge de l'expression. C'est à ces Occidentaux, dont la plupart furent des témoins à la fois émerveillés et lucides de l'Orient, qu'il appartenait de juger fallacieuse l'opposition prose et poésie. Peut-être leur expérience de voyageurs impénitents leur avait-elle appris à confondre les multiples dimensions du rêve et du réel ? Quoi qu'il en soit, la même intégration des deux langages se rencontre dans les œuvres de Paul Morand, d'Henry de Monfreid, de Marc Chadourne, qui prennent la relève à leur époque de raids, de croisières, d'expéditions de toutes sortes. Ils tracent les itinéraires les plus fantaisistes, empruntent parfois les routes interdites, chacun menant pour son compte et à sa manière la quête, que poursuit en même temps Malraux, des secrets de la condition humaine. Aucun de ces écrivains-voyageurs n'est un chercheur d'évasion.

L'expression « chercheur d'évasion » évoque la vaine agitation des dilettantes. Si l'on s'interroge sur les raisons du voyage, on a vite fait d'indiquer la simple curiosité de tout ce qui n'est pas habituel. Cette première signification, Grandbois l'admet [4]. Mais il n'en reste pas là :

> J'avais la curiosité des êtres humains, de quelle façon ils vivaient, et des différents groupes sociaux. Par exemple, j'étais aussi à l'aise dans les bas-fonds d'un petit port quelconque du Proche-Orient, Alexandrie, le Caire, que dans un grand hôtel international. Je me mêlais aux gens : j'allais dans un petit bistro, un petit bouis-bouis quelconque, ou bien j'étais au bar du Ritz de l'endroit. J'aimais changer [5].

---

[4] En particulier dans la série *Visages du monde,* que je n'hésite pas à paraphraser ou à démarquer aussi souvent qu'il le faut.

[5] *L'Histoire comme ils l'ont faite,* émission radiophonique de Radio-Canada, 4 février 1967. Voir aussi *Visages du monde,* p. 336, et *Avant le chaos,* pp. 147 et 189.

Le changement, la nouveauté perpétuelle, la succession variée des visages et des paysages du monde, tout cela corrige et détruit l'habitude à peine acquise ou depuis longtemps entretenue. Il est entendu que la soumission au hasard aussi bien que l'accueil de l'imprévu favorisent la mobilité des sentiments et des impressions. En cours de route, Alain Grandbois reste disponible à tout ce qui peut renouveler le sentiment de la vie : des voyages improvisés, d'envergure restreinte, contrarient soudain les grands itinéraires, brisent davantage la ligne hachée, le rythme comme saccadé de ses parcours. Magnifique désordre que la narration même qu'il en fait reproduit d'ailleurs admirablement : on peut y voir ce même besoin de fragmenter les récits, le bouleversement presque systématique du temps et de l'espace.

Considérer le voyage comme un désordre établi, ce ne serait peut-être pas abusif. Tout voyage est le refus global de l'ordre et tout voyageur, si l'on en croit Paul Morand qui en sait long à ce sujet, un insoumis, un révolté [6]. Le voyageur proteste contre les traditions familiales, les cadres sociaux et les codes de toute nature et son désir d'affranchissement le porte à être n'importe où, pourvu que ce soit loin de ce qui tyrannise. N'est valable que ce qui diffère du pays d'origine et du passé : ce qui est neuf, et ailleurs. Conditions idéales pour tâcher de construire un nouvel être qui ne doive qu'à lui-même les heurs et malheurs de son destin. Ainsi la liberté se fonde sur cette entreprise de connaissance de soi. C'est le cas de Jan Félix Caërdal, le Condottiere, qui voyage pour sentir et pour vivre, chaque jour plus riche de tout ce qu'il découvre : « À mesure qu'il voit du pays, c'est lui-même qui vaut mieux la peine d'être vu », assure André Suarès [7], qui complète ainsi sa pensée :

> Le Condottiere rêve d'être conquis en conquérant. Ce qu'il a fait jusqu'ici ne peut donner l'idée de ce qu'il va faire. Il ne sait jamais lui-même où sa passion le mène, mais toujours où il se refuse d'aller : il est celui qui ne se laisse pas mettre en prison : être captif, plutôt cent fois ne pas vivre. [...] Le Condottiere y voit trop clair pour répondre à ce qu'on attend de lui. [...] Son premier instinct est de contredire. Mais, dans le fond, il n'obéit

---

[6] Lire, de Paul MORAND, *le Voyage. Notes et Maximes.*
[7] André SUARÈS, *Voyage du Condottiere*, Paris, Éd. Émile-Paul, 1956, p. 9.

qu'au désir de vaincre ; et il n'a d'autre loi que la grandeur. Il est donc toujours seul [8].

Une solitude revendiquée comme la preuve irréfutable d'une existence hors de l'ordre commun, voilà qui reste la vérité du Condottiere et qui aide à voir les mérites en même temps que les décevantes limites du voyage. La fuite des contraintes par la poursuite indéfiniment reprise de cet insaisissable bien que serait une identité enfin maîtrisée et reconnue, ne mène souvent qu'à des constatations désabusées. L'exil où entre le voyageur recompose les conditions d'existence du pays délaissé. Le vieil être rappelle ses droits et le malaise à vivre se fait de nouveau sentir. C'est donc à la conscience de la solitude que le voyageur se voit ramené au terme d'essais bien dérisoires de dépaysement.

À la conscience de la solitude, comme à celle de l'inutilité de tout. Çà et là, au long de ses poèmes bavards et exclamatifs, Valery Larbaud échappe des réflexions amères. La drogue du voyage s'est révélée inefficace. Cet homme dispersé aux quatre horizons, rien ne le représente mieux que cette vision, qu'il propose à la fin d'un poème, d' « Enfants perdus parmi la foire aux vanités [9] ». Vanité des voyages, incapables de divertir des préoccupations obsédantes, tout juste aptes à aggraver l'angoisse que provoque la pensée du temps passager. La vie change tout : ce moment de bonheur que j'ai connu autrefois, ma mémoire ne parvient pas à le recréer exactement ; et même si elle y parvenait, je suis déjà autre que celui que j'étais alors, et cet autre est déjà passé, remplacé à son tour, tout aussi méconnu. Tels sont les regrets de Larbaud, qui imprègne ses poèmes de « Cette douleur qui n'a pas de causes [10] » et qui tente de jouer l'indifférence. Indifférence à l'égard même de son être propre, comme il le dit douloureusement dans « Le don de soi-même » :

> Prenez donc tout de moi : le sens de ces poèmes,
> Non ce qu'on lit, mais qui paraît au travers malgré moi :
> Prenez, prenez, vous n'avez rien.
> Et où que j'aille, dans l'univers entier,

8 André SUARÈS, *op. cit.,* p. 195.
9 Valery LARBAUD, « Vœux du poète », dans *Oeuvres,* Paris, NRF, Bibliothèque de la Pléiade, 1957, p. 57.
10 ID., « Yaravi », *op. cit.,* p. 56.

Je rencontre toujours,
Hors de moi comme en moi,
L'irremplissable Vide,
L'inconquérable Rien [11].

Il n'est pas d'aveu plus net de la vanité de la quête par les chemins du monde. L'enivrement au spectacle toujours renouvelé de la terre rend plus aigu le désenchantement. La conquête à laquelle on aspire ne mène à rien d'autre qu'à rendre plus tragique encore un intense sentiment de privation. L'implacable désir d'être ailleurs en exagère l'impossibilité : la frénésie de mouvements imprévisibles et d'émotions variées laisse intacte, en définitive, l'idée d'une existence monotone, bloquée par des structures psychologiques aisément repérables, épuisée dans le même circuit hermétiquement fermé. Le voyageur serait un faux évadé (voyageurs traqués, voyageurs truqués, selon une heureuse formule de Claude Roy [12]), présent alors qu'il se croit absent, en son propre pays alors qu'il se croit en exil [13].

Alain Grandbois a souvent tâché de discerner les motifs qui l'incitaient à partir. Ses allégations touchent alors rarement le fond du problème, comme lorsqu'il s'adresse au journaliste Claude Daigneault :

> L'inconnu, sans doute, m'attirait. Mais sans doute le besoin d'être entièrement libre, délié de toute obligation. Pouvoir rencontrer des gens différents peut-être... J'ai connu beaucoup de monde. Mais non ! C'était véritablement l'ivresse d'être libre qui me poussait. J'ai toujours été amoureux de la nature ; j'aimais son calme, sa solitude [14].

---

11 Valery LARBAUD, « Le don de soi-même », *op. cit.*, p. 61.

12 Claude ROY, *Jules Supervielle*, Paris, Pierre Seghers, coll. Poètes d'aujourd'hui, 1958, p. 74.

13 Se rappeler cette réflexion d'Anne Hébert prononcée au cours d'une interview qu'elle accorda à propos de *Kamouraska* : « Le recul que je prends en vivant en France me permet probablement de mieux voir mon pays, de le voir d'une façon plus détachée, plus nette aussi. Mais j'y retourne très souvent me retremper, et vérifier si j'y suis toujours. » (*Femmes d'aujourd'hui*, émission télévisée de Radio-Canada, mercredi 2 déc. 1970.)

14 Claude DAIGNEAULT, « Hommage à Alain Grandbois », dans *le Soleil*, 11 septembre 1965, p. 28.

L'attrait superficiel de l'exotisme ne vaut en réalité que pour une partie de l'œuvre de Grandbois. Si les voyages sont de tous ses propos, s'ils composent même la trame des récits en prose, il en est fait très peu mention dans les poèmes proprement dits. C'est que les poèmes seraient, de par leur nature propre, des coups de sonde dans le mystère profond de l'être, autant d'efforts pour dénouer l'énigme essentielle. Il est inutile de se fuir, reconnaît Grandbois, on ne peut éviter la confrontation avec soi-même [15]. Il dit lui-même presque inexistante l'influence anecdotique ou pittoresque des voyages dans l'ordre de la poésie :

> Les rapports avec la poésie, je ne crois pas qu'il y en ait, sauf certaines choses inévitables, par exemple dans un des poèmes que j'ai écrits, je parle de Shangaï, mais c'est tout à fait par hasard. Je crois que j'aurais écrit, je ne sais pas, de la même façon ? on ne sait jamais, n'est-ce pas, mais je crois que j'aurais fait le peu que j'ai fait si j'étais resté tout simplement au lac Clair [16].

Ce serait une grave erreur que de voir dans ce propos un aveu de défaite. Grandbois ne balaie pas d'un coup vingt années de sa vie. Tout simplement, il fait ici l'éloge des pouvoirs de l'imaginaire. Habitant précaire et toujours en exil de tant de lieux épars, il demeure le seigneur incontesté de ces domaines de la rêverie et de la création poétique que symbolise le lac Clair.

Par rapport à l'élaboration de la poésie, les voyages ont donc une influence fort restreinte. Mais voyages et parole poétique relèvent également du même dessein : celui de surprendre les secrets, de voir et de toucher ce dont des frontières défendent l'accès. Ce désir de franchir le seuil de l'inconnu trouve un accomplissement de choix quand Grandbois pénètre en Extrême-Orient.

L'Extrême-Orient

Le trajet que je propose ici est problématique. Les renseignements que Grandbois a livrés sur son voyage en Extrême-Orient

---

15 *Visages du monde*, p. 376.
16 *L'Histoire comme ils l'ont faite*, émission radiophonique de Radio-Canada, 4 février 1967.

manquent la plupart du temps des précisions de date et de fait indispensables à qui en veut faire l'histoire. Il faut alors procéder par recoupements, rassembler des tronçons que l'écrivain a égarés çà et là. Sur la durée même du voyage, on demeure perplexe. Tout porte à croire qu'il n'a pas duré plus de neuf mois. Mais une durée de dix-huit mois (ou de bien davantage) serait tout aussi possible, entrecoupée de nombreux séjours en ses lieux de retraite préférés. C'est dire avec quelle prudence j'aborde la description de ce parcours, puisque les moindres détails en sont sujets à caution. Mais je n'hésite pas à le faire malgré tout, puisque ce voyage demeure, sinon le plus cohérent de tous ceux qu'ait accompli Grandbois, du moins sans doute le plus significatif. Je laisse à d'autres le soin de rétablir les faits.

Noël 1933. Alain Grandbois se trouve à Djibouti. Quelques jours plus tard, il s'embarque à destination de Colombo. Il passe le jour de l'An en mer. La connaissance de Ceylan lui fait voir un saisissant contraste entre l'Afrique « bon-enfant, parfois barbare, toujours rieuse malgré la cruauté, les lances, les torses peints, et les danses de la mort [17] », et le Ceylan aux habitants subtils, racés, harmonieux. Comme toutes celles où il a séjourné, cette île étrange, douce et cruelle, le captive. Elle rassemble selon lui ce que l'on peut trouver de plus extraordinaire et de plus séduisant sur la terre. Une nature à la fois exubérante et mystique. Le sol pourpre. L'agonie du surrya, qui « flambe toute la nuit comme une aurore [18] ». Au cœur de l'île, la ville de Kandy, le temple, le lac. Il s'embarque enfin à Colombo à destination de Singapour [19]. Il publie dans une revue de la ville une série d'articles sur les Juifs, ce qui lui vaut l'inimitié à la fois des Juifs et de leurs ennemis. Il prend à Singapour un modeste vapeur, vieux sabot à classe unique, qui le conduit, après plusieurs jours de navigation à travers les eaux vertes de la mer de Chine, à Saïgon, porte d'entrée en Indochine. Il ne tardera pas à reconnaître dans l'Indochine « le plus pur, le plus dur joyau de l'Empire français [20] ». À Saïgon, on

---

[17] *Visages du monde,* p. 340.
[18] Cité dans *Visages du monde,* p. 346.
[19] L'inscription d'une photographie publiée dans la revue *Digeste français* (janvier 1951, p. 70) mentionne la date de janvier 1934.
[20] *Visages du monde,* p. 203. Formule presque identique dans « Terres étrangères », dans *la Revue populaire,* mars 1946, p. 13.

l'invite à donner des conférences. Devant la colonie française de la ville qui en entendait parler pour la première fois, il expose les problèmes et les œuvres de la poésie du Québec. Les invitations pour la soirée affluent, qu'il ne peut éviter qu'en prétextant la malaria [21].

Il a tôt fait de quitter Saïgon. Et voici qu'à proximité de la ville, du côté de Cholon, il se trouve plongé dans une végétation prodigieuse, comme atteinte de gigantisme. Les mots dont il se sert pour décrire la traversée de cette forêt évoquent un cérémonial initiatique :

> Parfois le sentier devient sombre, et si étroit, que l'on imagine s'enfoncer dans quelque jungle maléfique et sans issue. D'énormes banyans la bordent : élevées très haut au-dessus du sol, leurs racines sont plus tortueuses et plus lisses que les serpents de marbre sculptés par les artistes anonymes de l'Inde primitive. En plein jour, je me trouve dans une sorte de nuit épaisse et verte, irréelle et glauque, de la couleur qu'on prête à certaines profondeurs de la mer. Et, soudain, au détour de ce couloir étonnant, la lumière jaillit d'un jet, trop forte, trop aiguë, et ce sont, bordés de hauts palmiers, des marécages couverts de lotus [22].

À Cholon, il profite durant une quinzaine de jours de l'hospitalité d'un planteur de caoutchouc, d'origine française. C'est ensuite le départ pour Pnom-Penh, la capitale du Cambodge.

Aucun pays de l'Indochine française ne l'a plus fortement ému que le Cambodge, « par sa fragilité, par sa faiblesse, et par son impuissance devant ces grands pays voraces qui l'entourent et le cernent, et aussi à cause de son rythme de vie qui nous reporte à des siècles depuis longtemps révolus [23] ». À cette sensation de complet dépaysement ou de totale projection hors du monde réel qu'il éprouve le long de la route qui mène à Pnom-Penh, entre le fleuve Mékong et la forêt, se mêle le regret que l'Occident ait perdu le secret de l'équilibre, c'est-à-dire, pour lui, du pacte qui s'établit, dans ce lieu privilégié, entre la nature et l'homme [24]. Il

---

[21] Alain PONTAUT, « Alain Grandbois, du Québec aux rivages de l'homme », dans *le Devoir*, 30 oct. 1965, p. 18.

[22] *Visages du monde*, pp. 207-208.

[23] *Ibid.*, pp. 216-217.

[24] Par contraste, Malraux voit la forêt cambodgienne hostile. C'est au cœur d'une jungle maléfique, étouffante, que ses héros de *la Voie royale* accomplissent leur raid tragique.

est possible en outre que l'attrait qu'a exercé le Cambodge sur son imagination provienne de la réalisation d'un vœu d'enfance. Alors qu'il apprenait les rudiments de la géographie ou à l'occasion de la lecture de récits de voyage, des termes exotiques servaient d'aliments à ses rêves :

> ... le nom d'un petit royaume asiatique me semblait contenir et renfermer tous mes désirs d'exotisme et d'évasion. C'était le mot *Cambodge*. Et je me jurai, d'une façon très solennelle, de visiter un jour ce royaume. Il est possible que l'on tienne ses serments d'enfant plus que ses promesses d'homme mûr. L'homme que nous sommes devenu se trouve bien loin de l'enfant que nous avons été. Quoi qu'il en soit — et mon propos n'est point de philosopher — je me suis tenu ma promesse, je suis allé au Cambodge, et mes rêves d'enfant, miraculeusement, n'ont pas été déçus. J'y ai trouvé ce que j'espérais y trouver, ce dont j'avais rêvé, et plus encore [25].

Il se souviendra en particulier de sa visite aux ruines d'Angkor et de l'enchantement ressenti, un soir de fête, quand « les danseuses du Roi vinrent danser sur la première terrasse du Temple [26] ».

De retour à Saïgon, quelques heures à peine de chemin de fer le séparent du pays annamite. Il séjourne d'abord durant une semaine à Dalat, station climatérique de grande classe, pour y soigner une malaria. Passé Dalat, puis Nha-Trang, suivant toujours la route mandarine [27], il se rend en voiture à Tourane, port franc, cosmopolite, dont il refuse de décrire les nuits pour des raisons de décence... C'est du moins l'excuse qu'il donne :

> Je puis cependant dire que ce sont des nuits de front de mer, à lanternes rouges, à petits bouges de mauvais opium et de lamentables prostituées, à rixes de couteaux et de revolvers [28].

Depuis Nha-Trang, il a un compagnon de voyage, un certain Philippe — un homme seul, hargneux, pas fait pour courir le monde. Ce grincheux lui gâche une quinzaine de jours de son voyage, mais ce qu'il ne regrette pas. Car Grandbois prétend que la rencontre continue d'êtres agréables, comme celle de l'art et de

---

25 *Visages du monde*, p. 213.
26 *Ibid.*, p. 232.
27 Que venait d'illustrer Roland Dorgelès en 1929.
28 *Visages du monde*, p. 238.

la beauté, rendrait vite le voyageur blasé. Ensemble, ils vont visiter les célèbres grottes de marbre, au sud de Tourane. Mais voici qu'à Hué le dénommé Philippe se montre un compagnon irremplaçable : il prend soin d'Alain Grandbois, que la malaria terrasse de nouveau, puis il organise une promenade en sampans sur la rivière des Parfums. La remontée de la rivière jusqu'aux tombeaux des rois posés aux flancs des montagnes sacrées laisse en Grandbois un souvenir vivace, de même que les étranges visions de l'opium auquel il goûte pour la première fois :

> Avec l'enchantement de la drogue, c'était l'enchantement de ce paysage lunaire, fantomatique, de la vieille Asie. [...] Et nous allions, par une nuit d'une extrême douceur, vers les tombeaux des rois défunts [29].

Quelques jours plus tard, il rend visite au Résident. Il a la surprise de constater qu'il le connaît déjà. C'est au Maroc qu'il a en effet rencontré, quelques années auparavant, le baron Robert Surcouf. À l'issue d'un dîner de grand style, le baron lui propose de retrouver, le lendemain, des compatriotes missionnaires qui ont fondé un juvénat dans la région. L'accueil des missionnaires est chaleureux. Un jeune religieux apprend soudain que le voyageur et lui-même sont issus de villages voisins du comté de Portneuf. Des propos enjoués suivent cette révélation. Alain Grandbois observe qu'il fut heureux, cette journée-là, comme il l'avait rarement été :

> C'est mon plus cher souvenir d'Annam, le plus émouvant, et ni l'art mélancolique des tombeaux des Chams, ni les doux sortilèges de la Rivière des Parfums ne peuvent lui être comparés. Car par la magie d'une réunion imprévue, sous le ciel implacable des Tropiques, ces hommes barbus, sacrifiés, et moi qui tentais sans cesse de m'échapper d'une cage illusoire, nous étions revenus soudain à une enfance à odeurs de trèfles mûrs et de sapins, à couleurs fraîches de neige et de rubis d'automne, à une enfance dont l'innocence de cristal est irremplaçable comme nos mères mortes, comme les temps abolis [30].

Quittant Hué, il pénètre à l'intérieur des terres pour franchir ensuite la frontière tonkinoise et atteindre Hanoï. Nous sommes

---

[29] *Ibid.*, p. 246.
[30] « Terres étrangères », dans *la Revue populaire,* mars 1946, p. 64.

vers la fin de janvier. Les fêtes du Thêt débutent à peine. Pour une fin de semaine, Grandbois est l'invité d'un couple de Français : lui, banquier, elle, peintre amateur qu'il avait connue à Paris. Il les accompagne à un bal que donne le représentant du Gouvernement français. Mais il trouve plus de plaisir à se rendre au centre de la ville où repose un petit lac qu'entourent plus de cent pagodes. Et c'est là, à l'intérieur d'un de ces temples déserts, qu'il aperçoit, « immobile, assise à la turque, devant une immense idole d'ivoire [31] », cette jeune femme qui porte le nom de Tania dans *Avant le chaos.*

Le rythme des événements se modifie ensuite. Une tentative de pénétrer en Chine, par voie de terre, en suivant une caravane de contrebandiers qui devait passer par Yunnan-fou, se solde par un échec. Une dysenterie amibienne d'une extrême violence l'épuise et l'exténue. Il est contraint de retourner à Hanoï. Séjour d'une quinzaine de jours à l'hôpital, suivi d'une convalescence au cours de laquelle, pour tromper l'ennui, il lit tout ce qui lui tombe sous la main, écrit des poèmes [32]. Il récupère rapidement, et, contre l'avis des médecins qui lui recommandent de rentrer en Europe ou en Amérique, il part pour le Laos, se rend jusqu'à la capitale, Lhang-Prebang, et c'est l'accueil cordial de l'Empereur, la douceur de ce pays où il aurait voulu vivre des mois, des années. Il n'y reste cependant que fort peu de temps. De nouveau Hanoï, puis Haïphong où il monte à bord d'un petit caboteur qui conduit une cargaison de buffles à Canton. Les îlots rocheux qui hérissent la baie d'Along forment l'un des paysages les plus hallucinants qu'il lui ait été donné de voir.

Enfin, la Chine, livrée aux tumultes de la guerre civile. À Canton, où il se trouve encore le 1er mars, ce ne sont qu'émeutes et manifestations. Il est forcé de s'isoler avec « une vingtaine de blancs dans le salon de l'hôtel Victoria, au cœur de la petite île de Shameen [33] ». Enfin, après cinq jours de réclusion, on obtient

---

31 *Visages du monde,* p. 271. Voir *Avant le chaos,* p. 66.

32 *Visages du monde,* p. 282. Sur les poèmes vraisemblablement écrits par Grandbois durant ses voyages, voir *Avant le chaos,* pp. 99, 139, 233 et 235.

33 *Avant le chaos,* p. 26. Voir aussi *Visages du monde,* p. 291. Sur le voyage en Chine (ou plutôt : les voyages), lire « Voyages », dans *Huit conférences,* pp. 130-131 ; voir aussi Fernand OUELLETTE, « Il est d'étranges destins... », dans *Liberté,* mai-août 1960, p. 152.

l'autorisation de rejoindre le *Ngao-men,* qui fait la navette entre Canton et Macao. C'est alors une étrange navigation nocturne :

> Nous voguions sur une mer sans commencement ni fin. Une mer d'espace éternel. Rien n'existait. Ni Canton, ni Macao, ni Noordwijk, ni Paris, ni Québec. Rien, ni personne. Une sorte de marche lente à travers des limbes fantomatiques [34].

De Macao, Grandbois passe à Shangaï. Cette ville de contrastes et d'excès [35] devient en quelque sorte son port d'attache. Point de départ des longues randonnées qu'il entreprend à l'intérieur du continent, Shangaï le verra partir en direction de l'ouest, du côté des Marches Tibétaines. À bord du *Fou-tian,* il remonte le Yang-tsé-Kiang et fait escale à Hankéou.

Les poèmes d'Hankéou

Hankéou est la plus importante de trois villes resserrées au confluent de la rivière et du fleuve Bleu. Au cœur même de la Chine, cette agglomération de quelque deux millions d'habitants constitue, vers 1930, une sorte de plaque tournante. Lieu de rencontre du rail, qui draine l'Empire du sud au nord, et du Fleuve, la grande artère qui va d'est en ouest, c'est une ville-carrefour où se croisent des voies de communication d'un intérêt primordial, soit politique, soit économique. À cette ville de grand commerce, le plus grand port intérieur de la Chine, aboutissent de nombreux produits qui proviennent de tous les horizons : la soie du Setchouan, le thé du Hounam et du Houpé, les fourrures du Tibet, le pétrole des États-Unis et de Londres. Des jonques, chargées de marchandises, se pressent aux quais. Une foule affairée grouille dans le labyrinthe inextricable des ruelles de la ville indigène. Sans doute attirés par la position stratégique de la ville, de nombreux négociants, euro-

---

34 *Avant le chaos,* p. 203.
35 Dans « Voyages », *op. cit.,* on trouvera, pp. 136-141, une remarquable description de Shangaï.

péens et japonais, s'y sont établis. Parmi lesquels un certain Vernet qui représente une maison d'export-import de Bombay [36].

Ce Vernet est l'ami d'André Le Douël, le capitaine du *Foutian*. Comme le bateau doit rester plusieurs jours à quai pour réparer quelques avaries, Le Douël emmène son passager chez Vernet, qui se conduit en parfait amphitryon :

> Nous passâmes chez lui des heures agréables. Nous eûmes de la musique, des danses chinoises, des repas composés de jeunes pousses de bambou, de porcelets rôtis à la broche, de congres bouillis, de canards laqués, de faux nids d'hirondelles, d'ailerons de requins. Un alcool de riz, à la chaleur généreuse, parfumait les différents services [37].

Ancien colonel à la retraite, Vernet, c'est du moins le nom que Grandbois lui prête dans son récit, avait pris les habitudes de la vie chinoise. Mais il gardait la nostalgie de la vie européenne et française. Il offre l'hospitalité à Grandbois.

Un soir, par hasard, voici que la conversation porte sur la poésie. À peine Grandbois laisse-t-il entendre qu'il lui arrive d'écrire des poèmes, que Vernet l'invite à lui confier ceux de son choix. Il les fera publier et les rendra au voyageur quand celui-ci, revenant du Tibet, passera de nouveau par Hankéou. Grandbois lui cède bien volontiers les quelques textes qu'il peut rassembler sur-le-champ. Au fond, peu lui importe que Vernet tienne ou non parole [38].

L'expédition au Tibet devait durer un an. Elle se termine en fait au bout de trois mois. En cours de route, les incidents n'ont pas manqué. Déjà, en face d'Itchang, les troupes d'un général communiste forcent le navire à s'immobiliser. Les négociations en vue de la libération du navire durent huit jours. Ensuite, six jours durant, c'est la descente des rapides, « le chaos dantesque des gorges du Yang-tsé-Kiang [39] ». À Chung-King, on essuie une fusillade. On

---

[36] *Avant le chaos,* p. 169.

[37] *Ibid.*

[38] D'après des propos tenus à Fernand SEGUIN lors d'une émission télévisée à Radio-Canada, *le Sel de la semaine,* le 7 février 1969. Dans l'entrevue qu'il accordait à Marcel HAMEL (*la Nation,* jeudi 30 avril 1936). Grandbois donne une tout autre version des faits. Lire ce texte en appendice.

[39] *Avant le chaos,* p. 175.

parvient enfin à Tchentou, la capitale du Setchouan, « la province la plus populeuse et la plus riche de Chine [40] ». Pour décrire Tchentou, Grandbois se sert de ce vocabulaire qu'il emprunte chaque fois qu'il juge un objet parfait :

> Huit provinces l'entourent, la cernent, font ressortir son opulente beauté comme, au chaton d'une bague, huit pierres précieuses font soudain jaillir l'éblouissant et pur diamant central [41].

Vers la fin de son séjour à Tchentou, Alain Grandbois passe une huitaine de jours en compagnie d'un certain Mantoni, lequel, étendu sur une natte, fume l'opium, lui tient de longues conversations désabusées sur la vanité de tout, sur l'illusion du bonheur et de l'Amour. Au sortir de Tchentou, droit vers l'ouest, se déroule « la route légendaire de Lhassa [42] ». Mais le paysage s'assombrit. Le sol se fait aride et dur. On traverse Kanting, une ville « morne, froide et grise [43] », tassée au pied des hautes montagnes. Alors même qu'il est parvenu au seuil des Marches Tibétaines, le voyageur ne peut franchir la frontière du pays interdit. Le guide et les porteurs s'affolent. Ils prennent la fuite. Grandbois doit se résigner à bifurquer en direction du sud-ouest. Après deux mois de pérégrinations, il atteint Siufou, sur le Haut-Yang-Tsé. De là, il reprend la route du retour vers Shangaï.

La présentation matérielle du recueil en fait un objet unique. Le cahier est d'assez grand format. Les pages sont faites de papier de riz, lourd, très épais. Le nom de l'imprimeur, en langue chinoise,

Passant par Hankéou, il constate avec surprise que Vernet a tenu parole. Les poèmes ont paru. Des cent cinquante exemplaires qui constituent le tirage, Grandbois prend avec lui une douzaine qu'il donne sur place ou fait parvenir à des amis. Le reste est confié à une jonque qui met le cap sur Hong-Kong, ou sur Saïgon, on ne sait trop. Qu'importe, d'ailleurs, puisque la jonque ne parvient pas à destination, soit qu'un typhon l'ait engloutie corps et biens, peut-être en pleine mer de Chine, soit que des bandits s'en soient emparé pour ensuite jeter les livres à la mer. De cette édition hors commerce, il ne reste donc que très peu d'exemplaires.

---

[40] *Ibid.*
[41] *Avant le chaos*, p. 176.
[42] *Ibid.*, p. 188.
[43] *Ibid.*, p. 189.

paraît dans les marges de chacune des pages. La couverture est de carton souple recouvert de soie bleue. Le frontispice représente un fumeur d'opium : on le voit de profil, étendu sur une natte, la tête appuyée sur des coussins, le regard tourné vers le mur ; à ses côtés, l'attirail nécessaire. Sous le nom de l'auteur et sous le titre, *Poëmes,* dans l'angle supérieur droit, s'alignent verticalement cinq caractères chinois de couleur rouge. C'est l'exergue : « Dès l'instant où surgit l'inspiration, le poème est fait [44]. » Comme dédicace, ces simples mots : *Pour l'autre.*

Achevé d'imprimer le 25 août 1934, le recueil d'Hankéou ne comprend que sept poèmes, tous repris dans *les Îles de la nuit* mais non pas, toutefois, dans le même ordre. Le tableau suivant indique les rangs respectifs des poèmes :

Poëmes		*Les Îles de la nuit*
1	Ce feu gris...	5
2	Les mains coupées...	7
3	Que le soir...	22
4	C'est à vous tous...	6
5	Ces murs protecteurs...	19
6	Parmi les heures...	4
7	O tourments...	1

D'un recueil à l'autre, les sept poèmes ont subi certaines modifications. On peut noter de nombreuses variantes de toutes sortes, qu'il s'agisse de vers coupés différemment ou carrément supprimés, de mots ajoutés, remplacés ou retranchés. Peu de ces variantes altèrent profondément le sens. Il y a tout de même de curieuses substitutions de personnes. C'est ainsi que « Tu savais ta souffrance » devient, dans *les Îles de la nuit,* « Tu savais sa souffrance » [45] ; même modification : « ce dur couteau dans mes mains » devient « ce dur couteau dans tes mains » [46]. Le contexte aidant, on note que les variantes des *Îles de la nuit* atténuent l'angoisse de celui qui dit « Je » dans les *Poëmes* d'Hankéou. Ces quelques indices corroborent l'impression générale que laisse la lecture successive des deux recueils, à savoir que *les Îles de la nuit* sont d'une tonalité moins noire que le livre d'Hankéou, où l'on peut lire ces vers :

---

[44] Traduction de Michel Tao.
[45] « Ce feu gris... », *Poëmes* d'Hankéou, p. (2) ; IN, p. 28.
[46] « Les mains coupées... », *Poëmes* d'Hankéou, p. (4) ; IN, p. 33.

Frontispice des *Poëmes* d'Hankéou. *(Collection Jacques Rousseau)*

Et nous avons construit mur à mur
La noire enceinte de nos prochaines solitudes
Et ces chaînes de fer rivées à nos chevilles
Que nous avons forgées du métal le plus dur

Que parfaite soit la nuit où nous nous enfonçons
Nous avons détruit tout bonheur et toute détresse
Et nos cris désormais n'auront plus que le tremblant écho
Des poussières perdues aux gouffres des nèants (*sic*) [47].

Terribles aveux de désolation dont des formulations voisines avaient paru déjà dans *Né à Québec* avant de figurer à nouveau dans *les Voyages de Marco Polo*.

En dépit des apparences, le récit historique *Né à Québec,* dont on vantait les mérites dans les journaux du pays durant les premiers mois de 1934, offre un climat mental proche de celui des *Poëmes* d'Hankéou. On peut même noter que l'écriture, quoique par des moyens différents, aboutit au même résultat. La prose de *Né à Québec* est sèche, incisive ; le souffle y est court, l'élan, toujours brisé par une ponctuation minutieuse. Une telle discontinuité morcelle la vision, fragmente le message. Dans la plupart des poèmes d'Hankéou, on estime d'abord qu'il en est autrement. Sans se dilater jusqu'à prendre l'amplitude du verset, du moins le vers épouse-t-il les divers accents de la passion qui ne tolère ici nulle entrave. Voici toutefois que, d'un vers à l'autre, la liaison manque souvent. Quand les vers sont joints, c'est souvent bien arbitrairement à l'aide de conjonctions de coordination ou même de prépositions identiques, de sorte que la phrase, qui paraît s'étendre à la dimension d'une strophe, se ramène seulement à un modèle fort simplifié, structure fondamentale que le poète reprend sans relâche, opérant chaque fois d'indispensables variations. Cela prend vite l'allure de litanies, mais sans jamais le ton des mélopées, plutôt celui, véhément, de l'impatience ou de la revendication :

C'est à vous tous que je fais appel
O beaux visages de mon passé
C'est à vous tous et à chacun de vous
Je sais que vous entendrez ma voix de pierre sourde
Je sais que ma voix ébranlera les voiles de plomb
Je sais que vous surgirez de l'ombre aux destins engloutis

---

[47] « Que le soir soit parfait... », *Poëmes* d'Hankéou, pp. (6-7).

Je sais que vous secourez (*sic*) les cendres de vos chevelures mortes
Et que vos ardentes prunelles viendront incendier mes ultimes nuits [48]

Presque sans exception, ces poèmes sont une suite de provo-
cations, autant de cris de détresse d'un captif qui entend bien
intéresser à son destin les êtres qui l'entourent. Sur le mode excla-
matif ou interrogatif, le poète interpelle, invoque, apostrophe,
force par tous les moyens l'intérêt, la sympathie ou tout au moins
l'attention. Mais ces appels à l'aide sont posés de telle façon qu'on
en pressent la vanité. D'avance, on devine que les défis ne seront
pas relevés :

O vous mon souci d'épouvante
O mes étoiles de clarté
Et vous tous flots noirs du Léthé
Et toi ma ténébreuse attente

O Belle qu'adouçit (*sic*) le soir
Sauras-tu nourrir mes désastres
Chercheras-tu parmi mes astres
L'ombre chère à mon soleil noir [49]

Les plus désespérés peut-être de toute l'œuvre de Grandbois,
ces chants posent les questions essentielles. Un poète, mûri par de
cinglants échecs, proclame gravement la vanité de toutes les
quêtes. Les derniers vers de chaque poème ne suggèrent-ils pas
autant d'impasses [50] ? Nous sommes dans une sorte d'univers en
creux, où tout porte le signe de la négation. D'où une désolation
qui se donne pour définitive, celle même qu'expriment ces vers du
dernier poème d'Hankéou, « O tourments... », qui occupera le
premier rang dans *les Îles de la nuit* :

O tourments plus forts de n'être qu'une seule apparence
Angoisse des fuyantes créations
Prière du désert humilié

---

[48] « C'est à vous tous... », *Poëmes* d'Hankéou, p. (8).
[49] « Les mains coupées... », *Poëmes* d'Hankéou, p. (4).
[50] Ainsi : « Ce délire où veille le froid brûlant de la dernière solitude » ;
« l'écho des poussières perdues aux gouffres des néants » ; « tout votre
silence se dresserait comme un grand cri emplissant ma nuit » ; « ne
trouvant dans mes cris que la nuit décédée » ; « cherchant en vain [...]
ce mortel instant d'une fuyante éternité ».

La tempête bat en vain vos nuques bleues
Vous possédez l'éternelle dureté des rocs
Et les adorables épées du silence ont en vain battu vos feux noirs

Tourments sourdes sentinelles
O vous soutes gorgées de désirs d'étoiles
Vos bras d'hier pleins des bras d'aujourd'hui
Ont fait en vain les gestes nécessaires
Vos bras parmi ces éventails de cristal
Et vos yeux couchés sur la terre
Et vos doigts tièdes sur nos poitrines aveugles
N'ont créé pour notre solitude qu'une camisole d'acier [51]

La fin des voyages

L'existence libre du voyageur est à la veille de prendre fin. Il ne reste plus que six années de voyages coupées d'escales et de rapatriements, toujours ces mêmes voyages fantaisistes, avec des allées, des reprises, des retours et des venues, ainsi que Grandbois les définit lui-même avec amusement dans l'une des causeries des *Visages du monde* [52].

Suite et fin du voyage d'Extrême-Orient. Grandbois quitte Shangaï à bord d'un petit cargo qui se rend jusqu'à Tien-Tsin, occupé deux ans auparavant par les Japonais qui avaient créé l'Empire indépendant du Mandchoukouo. Un train le conduit alors à Pékin. Il y rencontre une jeune femme Mandchoue, veuve d'un diplomate chinois. Comme il aime Pékin [53], elle s'offre à lui servir de guide. De grandes randonnées les mènent par toute la Capitale : ils visitent la Cité impériale, ils parcourent les hutungs, « ces rues poussiéreuses et malodorantes dont les noms sont les plus poétiques

---

[51] « O tourments... », *Poëmes* d'Hankéou, p. (17). C'est de ce poème que se souviendra Marcel DUGAS, le seul critique à rendre compte du recueil d'Hankéou, dans *Approches* (1942) et dans sa conférence de la revue *Liaison* (avril 1947).

[52] Manuscrit des *Visages du monde,* émission du 7 janvier 1952. Archives de Radio-Canada.

[53] Dans sa conférence de 1953, « Voyages », Grandbois nous apprend qu'il a publié un poème très exalté sur Pékin dans un hebdomadaire de la ville.

du monde [54] ». Dix fois, vingt fois, ils vont ensemble contempler le Temple du Ciel [55].

Revenu sur ses pas jusqu'à Tien-Tsin, Alain Grandbois prend place dans le train qui se dirige, au nord, vers Moukden. À cette époque, précisément, ce voyage était loin d'être sûr. À deux reprises, Alain Grandbois parle d'une lettre qu'il avait reçue d'Olivar Asselin. Des dépêches avaient appris à Asselin que des Soviétiques ou des Japonais, des Chinois ou des agents américains ou même tout simplement des bandits de la steppe, nul ne le savait trop, sabotaient deux ou trois fois la semaine la ligne du chemin de fer, dynamitaient les trains de Mandchourie. Grandbois ne fait aucun cas de la mise en garde d'Asselin. Il poursuit sa route, entre à Moukden où, en cette deuxième semaine de juillet, il fait une chaleur intenable. Il va voir la ville interdite. Puis il découvre le spectacle de « la plus pitoyable misère humaine qui existe sur la surface du globe [56] ». Mais il rencontre le poète mandchou Sen-Lao : ensemble, ils se rendent jusqu'à la Grande Muraille.

L'expédition orientale est sur le point de prendre fin. Par chemin de fer, Grandbois passe par Tsien-King, la capitale inventée par les Japonais [57] ; de là, il bondit à Kharbine. Après quoi il aurait bifurqué en direction de Vladivostok, point de départ d'une incursion au Japon par quoi se serait achevé le long périple d'Extrême-Orient.

L'année suivante, 1935, Grandbois aurait passé quelques jours (ou quelques mois !) au Québec, dans sa famille. En 1936, alors que vient d'éclater la guerre civile espagnole, il aurait cherché à s'engager dans les rangs des républicains [58]. Mais sans succès. Un an plus tard, à Berlin, il entend, à l'écart de la foule hypnotisée, un discours hystérique de Hitler. Puis il parcourt le centre africain.

---

[54] « Voyages », *op. cit.*, p. 144. Voir aussi *Visages du monde*, p. 304.
[55] *Visages du monde*, p. 308.
[56] *Ibid.*, p. 318.
[57] L'empereur fantoche Henry Pu Yi, intronisé quelques mois plus tôt, le reçoit et lui dédie l'une de ses photographies. Pour plus de détails sur cette anecdote, lire « Le 13 », dans *Avant le chaos*.
[58] En Espagne, Grandbois aurait été mis en prison durant quelques jours. Privé de tous ses papiers, il aurait dû sa liberté à la complicité du gardien puis au courage de quelques amis qui, au risque de leur vie, l'auraient conduit jusqu'à la mer.

C'est peut-être à ce moment, vers la fin de 1937, qu'il entreprend de remonter le Niger jusqu'à sa source [59].

L'hiver de 1938 le ramène en France, en Bretagne, dont il longe le littoral en cette période tranquille de la morte saison. Ultime voyage qui lui réserve encore quelques spectacles admirables (les plages de Saint-Cast, la proue du cap Fréhel qui s'avance au-dessus de la mer) mais qui demeure éminemment nostalgique. C'est de fait le dernier hiver qui pouvait laisser encore quelques illusions de paix. L'imminence de la guerre le force bientôt à rentrer au pays.

---

[59] Expédition qu'il évoque dans *Visages du monde,* manuscrit de l'émission du lundi 17 mars 1952 : « Ceylan » (Archives de Radio-Canada).

CHAPITRE V

LES VOYAGES DE MARCO POLO

Rapatrié, en 1939, par la force des choses, Alain Grandbois est un homme démuni. La situation du monde étant ce qu'elle est, sans doute redoute-t-il de ne pouvoir reprendre ses explorations avant longtemps. Cette vie libre qui fut la sienne pendant près de vingt ans, la quête par quatre continents de paysages fraternels, l'observation attentive de multiples sociétés, les plaisirs de l'amour et de l'amitié, le recours toujours possible à des refuges de choix, tout cela est désormais révolu. Il ne reste plus qu'à dresser un bilan :

> J'ai toujours adoré le voyage. J'ai commencé dès ma tendre enfance à aimer être ailleurs que là où j'étais [...]. Pour moi, eh bien ! ce n'était pas une évasion, parce qu'on ne s'évade jamais de soi-même [...]. J'étais mû par un besoin de curiosité intense ; les êtres m'intéressaient ; beaucoup plus que les musées, j'aimais les êtres vivants, [...] j'aimais voir comment les êtres vivaient, s'exprimaient, et puis s'ils se sentaient bien dans leur peau. En général, ils ne se sentent pas bien [1].

En quittant la France, il a perdu les témoins de cette époque. Dans ses appartements de Paris et de Juan-les-Pins, il a dû abandonner une grande partie des souvenirs qu'il avait accumulés au jour le jour. Il déplore souvent la perte de la plupart des carnets où il avait pris l'habitude de noter des poèmes, des souvenirs d'entretiens, des impressions de voyage. Privation assez douloureuse pour qui aime par-dessus tout l'exactitude. Rien ne l'afflige

---

[1] *Des livres et des hommes,* émission radiophonique de Radio-Canada, 27 décembre 1966.

autant que de se voir ainsi livré aux caprices d'une mémoire
défaillante :

> Ma mémoire est fidèle, sans les détails. Quand je voyageais dans ces
> pays, je notais mes impressions sur de petits carnets. Les hasards
> des voyages subséquents, les chambres d'hôtel, les guerres civiles,
> l'Europe, Madrid ou Barcelone, les déménagements successifs, m'ont
> fait perdre beaucoup de ces carnets, qui fixaient le jour, l'heure,
> la couleur, comme me l'indiquent ceux que j'ai su conserver. Je
> peux voir, apercevoir, sans carnets, et respirer encore l'atmosphère
> d'une ville, sentir son grouillement, mais je ne puis apporter de
> précision, et par exemple, vous donner le nom de ses rues et de
> ses avenues [2].

Dépossédé jusque dans la mémoire de ce monde où il avait pu
bénéficier d'une indépendance presque totale, Alain Grandbois
affronte maintenant une réalité contraignante. Celle de la vie à
gagner dans un Québec qui ne lui est cependant pas tout à fait
étranger, puisque ses séjours annuels lui ont permis d'en suivre
l'évolution. Les premiers moments d'incertitude passés, il entreprend d'écrire un nouvel ouvrage. Le choix du sujet, les circonstances de composition en feront un événement insolite, du moins
aux yeux de ceux qui connaissaient mal l'écrivain. Car l'insolite
plaît à Alain Grandbois. Il a publié à Paris un récit exaltant
l'héroïsme d'un aventurier né à Québec ; à Hankéou, un recueil
déjà légendaire qui ne tient nul compte des conditions de temps et
d'espace ; enfin, à Montréal, il publie à l'époque de la guerre un
récit qui passe pour un divertissement de dilettante, celui des
aventures en Chine d'un explorateur du XIIIe siècle, d'origine véni-
tienne, Marco Polo.

Préliminaires

On suppose généralement qu'Alain Grandbois est rentré de
France en 1939 [3]. Complètement ruiné, sans emploi, il profite

---

[2] *Visages du monde,* pp. 270-271.

[3] Gabrielle Roy serait revenue au pays presque en même temps que
Grandbois, soit au printemps 1939. D'autres Québécois se trouvaient
en France au moment de la déclaration de la guerre et n'en partiront
qu'en juin 1940 ; ils ont raconté les péripéties de leur retour, Marcel
DUGAS, dans *Pots de fer,* Simone ROUTIER, dans *Adieu Paris.*

heureusement des secours de l'amitié. Dès son arrivée à Montréal, le patron d'un hôtel accepte de le loger. Jamais Grandbois n'a eu à régler la note durant les huit mois qu'il séjourna dans cet hôtel. Il s'installe ensuite à Québec. Il passe l'été 1940 dans le comté de Charlevoix, entre le fleuve et la montagne, à Saint-Irénée [4]. Il y reçoit Marcel Dugas, encore ébranlé par les événements qu'il vient de vivre.

Grandbois aurait rédigé *les Voyages de Marco Polo* au cours de l'hiver de cette même année [5]. La rédaction n'aurait pris que trois mois, d'un travail patient, régulier. C'est que l'information requise était déjà recueillie : intéressé depuis son enfance à cet explorateur dont il avait pu à l'occasion suivre les traces lors de ses propres voyages en Chine, il avait rassemblé au cours des années une abondante documentation sur Marco Polo et son temps, sur les expéditions occidentales en Orient. Mais ses multiples déplacements ne lui avaient pas permis de mettre les documents au point ni de mener à bien la rédaction, tâches qui ne cessaient de le préoccuper. Les circonstances étant maintenant propices, c'est à Deschambault [6], dans un hôtel dont il était à l'époque l'un des seuls clients, qu'il aurait parachevé l'adaptation du récit que Marco Polo avait lui-même dicté de ses voyages, *la Description du monde,* récit dont voici un bref résumé.

Vers la fin de l'année 1271, le jeune Marco Polo (il a alors 17 ans) quitte Layas, en Silicie, en route pour Pékin, où se trouve le palais du petit-fils de Gengis Khan, Khoubilaï, qui règne sur la Chine. Il accompagne son père, Nicolas, et son oncle, Matteo, qui venaient tous deux d'achever une première expédition dans ces

---

[4] Grandbois aurait passé quelque temps, l'été, à Saint-Irénée, alors qu'il était enfant. Si l'on en croit ce qu'il rapporte dans un bref article sur Laure Conan : « Je me souviens de l'avoir aperçue, dans ma tendre jeunesse, trottiner sur la crête des monts de Saint-Irénée, et ses cheveux blancs, échevelés, flottant autour de sa tête, lui donnaient l'air d'une vieille sorcière moyenâgeuse. Mais d'une sorcière ravagée non par les démons, mais par les anges. » (« Prosateurs et poètes du Canada français », dans *le Petit Journal,* 15 sept. 1963, p. A-37.)

[5] En avril 1936, il déclarait à Marcel Hamel qu'il terminait un livre sur la Chine...

[6] Pourtant, Luc Lacourcière se rappelle fort bien l'avoir rencontré dans le train de La Malbaie précisément en ce temps-là, et Grandbois lui aurait dit demeurer chez Mme Marie Tremblay, au Castel-de-la-Mer, à Saint-Joseph-de-la-Rive.

territoires encore mystérieux de l'Extrême-Orient, en vue d'y engager des opérations commerciales. Leur mission avait été couronnée de succès. Au moment de leur départ de Pékin, le Grand Khan Khoubilaï leur avait transmis une requête à l'intention du Pape, pour que celui-ci lui envoie « cent docteurs, savants dans les sept arts ». Grégoire X reçut la requête. Comme il n'avait pas les docteurs sous la main, il chargea les Polo de remettre à Khoubilaï une lettre et des présents.

Les trois Polo quittent donc Layas, gagnent Tabriz (Tauris), traversent ensuite en diagonale l'Iran occidental, atteignent Ormuz. Ils avaient l'intention de s'embarquer là pour la Chine du Sud. Mais comme les ports de cette région étaient occupés par les empereurs Song, ennemis des Mongols, ils changent d'avis, prennent plutôt le parti de remonter vers la Haute Asie et d'emprunter l'ancienne voie commerciale qu'avait été la Route de la Soic. Ils franchissent tour à tour le pays de l'Arbre sec, le Pamir, la région de Kachgar, et aboutissent à la ville de Lop (peut-être l'actuelle Tcharlik), située proche du désert de ce nom, « peuplé de fantômes qui font entendre des roulements de tambour ». Voici d'ailleurs ce qu'en raconte Marco Polo :

> Parfois, dans la nuit, on entend comme une ruée de monde en autre direction, et croyant que ce sont les compagnons, les gens vont où ils entendent la marche de la cavalcade, et lorsque le jour vient, ils se trouvent ravis par ces esprits en cette voie ou une autre ; et beaucoup n'étant point avertis de ces esprits périssent de male mort. [...] Et on en a vus pour qui, lorsqu'ils voyageaient, les esprits ont pris la forme d'une armée et les les ont chargés d'assaut ; eux pensant que ce fussent voleurs, se prirent à fuir, et ayant quitté la bonne route, ne surent plus la retrouver et périrent donc misérablement de faim, car il s'étend à l'infini [7].

Passé le désert maléfique, les Polo poursuivent leur route. Ils traversent la Perse, la Tartarie, l'Asie centrale, toutes régions qui devaient rester inconnues des Occidentaux durant encore six cents ans. Après avoir franchi le Tenduc, ils pénètrent en Chine.

Ils parviennent à la résidence d'été de Khoubilaï, à Chang-tou, en mai 1275 :

---

[7] Marco POLO, *la Description du monde,* texte intégral mis en français moderne par Louis HAMBIS, p. 66.

... le Grand Can a fait pour son habitation un grand palais tout de bambou sur de beaux piliers dorés et vernis ; et au sommet de chaque pilier est un grand dragon tout doré qui enroule sa queue autour du pilier et soutient le plafond de sa tête, et il écarte aussi les bras, le droit pour soutenir le plafond et le gauche pour la même chose. Tout est doré en dedans et dehors, et peint de bêtes et d'oiseaux très habilement travaillés. Le toit aussi est tout de bambous dorés et vernis si épais que l'eau ne les peut gâter, et que les peintures ne peuvent être délavées. C'est la plus merveilleuse chose du monde à entendre pour qui ne l'a point vue [8].

L'accueil du Grand Khan est fastueux. S'étant pris d'amitié pour Marco Polo, il l'emmène avec lui à sa résidence d'hiver, c'est-à-dire Khanbaliq (l'actuel Pékin), et lui accorde des postes dans l'administration mongole. Ce sont des fonctions subalternes, qui permettent néanmoins à Marco Polo de visiter les principales villes de la Chine. À partir de Pékin, ses parcours dans les vastes territoires tenus sous la juridiction du Grand Khan se réduisent à deux itinéraires : le premier, longue descente vers le sud-ouest, vers la province du Yunnan que les Mongols viennent de conquérir ; le second, descente vers le sud-est, et, cette fois, ce qui le frappe d'admiration, c'est l'intense activité commerciale des grands ports sur la Mer de Chine, où circulent des quantités énormes de ces marchandises que l'Occident a tant de peine à se procurer, même en quantité minime : épices, poivre, sucre, cotonnades de l'Inde, diamants et perles. Tout intéresse et émerveille le jeune Marco : le charbon que l'on extrait des montagnes de la Chine du Nord ; l'amiante ; la cour de l'Empereur, les dignitaires, l'organisation des chasses, des transports, du courrier ; les prêtres des religions les plus diverses ; les luttes entre les différentes branches de la famille du Grand Khan, les rivalités entre les factions religieuses et les coteries des ministres. À l'occasion d'ambassades dont il aurait fait partie, Marco Polo se serait rendu par voie maritime jusqu'au sud de l'Indochine, peut-être aussi jusqu'à Ceylan.

Ce qui surprend surtout Marco Polo, c'est le haut niveau de la situation culturelle et sociale. Partis à la rencontre des Barbares, les Vénitiens se voient eux-mêmes Barbares parmi les civilisés. La Chine de Khoubilaï se révèle en effet, à beaucoup d'égards, comme une anticipation de notre monde actuel. On y connaît la

---

[8] *Ibid.*, pp. 94-95.

monnaie de papier, cinq siècles avant Law ; l'obligation de déclarer ses revenus... Les vieux travailleurs sont recueillis par la collectivité ; les orphelins, malades et infirmes, protégés ; les agriculteurs victimes de la grêle ou d'autres sinistres, secourus et dédommagés.

Le séjour en Extrême-Orient durait depuis près de seize ans quand, au printemps de 1291, une occasion se présente de rentrer en Europe. Pour satisfaire à la demande de son petit-neveu, Arghoun, souverain de Perse, Khoubilaï décide de lui destiner la princesse Koekèdjin (Cocacin). Mais comment la reconduire jusqu'en Perse ? Impossible de traverser le continent puisque les routes de terre sont coupées par suite d'un conflit qui continue de faire rage entre Khoubilaï et Khaïdou. Marco Polo propose de passer par les Mers du Sud, qu'il connaissait déjà. Khoubilaï confie donc la princesse aux trois Vénitiens. Mis à la tête d'une flotte de quatorze navires, ils partent pour l'Azerbaïdjan qu'ils atteignent trois ans plus tard, par Sumatra, la côte des Indes et le golfe Persique. Enfin, en 1295, après vingt-quatre ans d'absence, c'est de nouveau Venise, où les trois voyageurs, vieillis, curieusement accoutrés, ont peine à se faire reconnaître.

Peu de temps après leur retour, une guerre se déclare entre Gênes et Venise, villes traditionnellement rivales. Marco Polo prend part à la bataille de Curzola, le 7 septembre 1298. Fait prisonnier par les Gênois, pour tromper l'ennui de sa captivité et comme à la fois sa mémoire et son don de conteur sont prodigieux, il dicte ses souvenirs à l'un de ses co-détenus, Rusticello de Pise. Le récit publié, le succès est immédiat et considérable. Plus de cent manuscrits, des dizaines d'éditions en de très nombreuses langues. Mais pendant longtemps on prend ces histoires pour des contes d'enfants. La tendance de Marco Polo à exagérer le nombre et la valeur des richesses lui vaut le sobriquet de Messire Millione, l'Homme aux millions. On prend à la légère l'ensemble de ses propos, dont la rare exactitude est pourtant assurée aujourd'hui. Une légende, toutefois, est prise au sérieux, celle qui parle de Cipango aux toits d'or, du Japon aux fabuleuses richesses. Inspiré par les descriptions qu'en donne Marco Polo et qu'il tient pour véridiques, Christophe Colomb croit possible d'atteindre le Japon à partir des rivages d'Europe, à travers l'Atlantique. Destin curieux que celui de ce livre : les vérités restent stériles ; seul le mensonge est créateur, à l'origine de la découverte de terres nouvelles.

Tel est, sommairement, le contenu de ce livre au destin unique dont Grandbois avait entrepris de donner une adaptation. L'ouvrage parut aux Éditions Bernard Valiquette au cours du mois de juillet 1941. Dès la toute fin du mois de septembre, l'auteur recevait pour ce livre le premier prix David pour l'année 1941. Ce qui allait provoquer en certains milieux quelque mécontentement.

Savoir adapter

> *Les Voyages de Marco Polo* : Ouvrage que tout homme cultivé se doit d'avoir dans sa poubelle. Et les boueurs, au nombre des pages découpées, pourraient apprécier la complaisance du lecteur.

C'est en ces termes que débute le compte rendu du critique de la revue *Amérique française,* en novembre 1941. On pourrait croire que l'auteur en est Claude-Henri Grignon. Il s'agit plutôt de Pierre Elliott Trudeau, qui n'a pas du tout goûté qu'on accorde un prix à un écrivain qui, selon lui, n'a rien inventé :

> En somme, on n'a rien fait ici que compulser cette partie de l'Histoire afin d'en dégager les coups merveilleux, les anecdotes intéressantes, les mœurs curieuses ; il a suffi de tout précipiter ensemble, de mentionner ici et là les Polo, de citer en masse, de combler les failles par quelque anachronisme sur Mahomet, et voilà votre livre. C'est ainsi qu'on fait le chocolat [9].

On trouverait difficilement meilleure caricature d'un ouvrage. Victime de ses préjugés, le jeune critique de la revue *Amérique française* n'a su discerner les mérites réels du livre ni remarquer les passages où Grandbois intervient, s'appropriant en quelque sorte les données que l'Histoire lui fournit. Il lui aurait fallu retourner au texte même de Marco Polo, ce que d'autres commentateurs ont pris la peine de faire, Louis Dantin, par exemple [10]. La

---

9 Pierre Elliott TRUDEAU, compte rendu des *Voyages de Marco Polo,* dans *Amérique française,* nov. 1941, p. 45.

10 Louis DANTIN, compte rendu des *Voyages de Marco Polo,* dans *le Jour,* 20 sept. 1941, p. 7.

comparaison des deux documents, l'original et l'adaptation, l'aurait peut-être engagé à s'interroger sur les raisons qui ont poussé Grandbois à rejeter telle anecdote ou au contraire à appuyer avec insistance sur telle autre, à noter les détails de certaines descriptions de lieux que Marco Polo a tendance à escamoter. Conséquence de cette analyse, il n'aurait pu discourir avec tant de légèreté, ainsi quand il parle de « ce récit peu cohérent, à l'écriture facile, riche en lieux communs, avec quelques timides essais de description [11] ». Autant de mots, autant d'erreurs. Pour Marcel Dugas : « Ce dépiautage appliqué est le contraire de la critique [12]. »

En fait, la valeur des *Voyages de Marco Polo* réside principalement dans la technique de l'adaptation. À l'exemple d'Antonio Aniante, qui publiait au Mercure de France, en 1937, *Vie et aventures de Marco Polo,* Grandbois reste fidèle au récit original dont il suit d'assez près les péripéties. S'il n'a pas tenu à rétablir logiquement l'itinéraire à multiples ramifications que les explorateurs ont suivi, c'est qu'il voyait là tâche d'historien. Il n'a pas non plus encombré son texte de notes explicatives, estimant avec raison que quiconque désire des éclaircissements sur les sites, les villes, les mœurs, n'a qu'à se reporter aux savants travaux des médiévistes et des sinologues. Il s'est seulement permis d'émonder le récit original des détours, répétitions, naïvetés que les circonstances de composition expliquent aisément : comme Marco Polo dictait ses souvenirs de vive voix, nous retrouvons dans ses propos les maladresses en même temps que les qualités du discours oral, les reprises de celui qui ne sait plus très bien où il en est dans sa narration, qui commet parfois de longues digressions, qui répète les mêmes propos à de longs intervalles. Dans ce domaine, Grandbois a donc réduit la part des procédés les plus apparents, soucieux seulement de ne pas déroger du but qu'il expose dès les premières lignes de son avant-propos : donner le « simple récit des voyages du Vénitien et des événements qui touchent plus particulièrement son époque [13] ». L'ouvrage de Grandbois n'est donc pas un traité scientifique ni une biographie de Marco Polo.

---

[11] Pierre Elliott TRUDEAU, *loc. cit.*
[12] Marcel DUGAS, *Approches,* p. 58.
[13] *Les Voyages de Marco Polo,* p. 13.

Sur ce dernier point, cependant, quelques réflexions s'imposent. Dans son témoignage, Marco Polo ne livre aucune confidence sur les événements qui le mettent en cause directement. On se représente mal quelle espèce d'homme il a été. Grandbois a respecté cette part d'inconnu, avec plus de soin d'ailleurs que dans *Né à Québec* où le caractère de Louis Jolliet arrivait quand même à se définir, n'était-ce que par contraste avec le comportement ou les manœuvres de ceux qui l'entouraient. Rien de cela dans le cas présent. Mais il arrive que cette ignorance de l'intimité du héros serve Grandbois. Prétendre démêler les méandres d'une personnalité est chimérique. La seule liberté qu'Alain Grandbois s'accorde concernant son personnage, c'est de le faire apparaître à quelques reprises dans une évocation qui interrompt soudain la narration des événements :

> Marco se révélait de sang chaud et vif. Il négligeait les jeux de ses camarades, fuyait vers l'arsenal où rougeoyaient les forges, vers le port où, battant tous les pavillons d'Occident, grouillaient les felouques, les tartanes, les galiotes, les gabares, les caravelles. Il rêvait d'une galère déchirant soudain la mer des mâts et qui s'avançait, lentement, avec, debout, en tête de proue, un homme fabuleux qui lui tendait les bras [14].

L'intensité de ces évocations nous invite à garder l'image d'un héros pour qui le réel reste toujours marqué des prestiges du rêve. Alain Grandbois voit en Marco Polo l'un de ces rares privilégiés qui ont vécu leur rêve.

Le pouvoir du rêve, dans ce récit, c'est sans doute ce que Grandbois manie avec le plus de maîtrise. Non la rêverie pittoresque, divertissante que procure le discours premier de Marco Polo. Mais un rêve qui fait affronter d'autres dimensions de l'existence, qui creuse d'un coup des abîmes d'inconnu. Qui crée comme une zone imprécise où la méditation se forme. Cela se produit chaque fois que l'auteur modifie une description par l'addition de détails qui correspondent à ses préoccupations propres, par la mise en relief de l'énigme de vivre. Un simple fragment de phrase lui suffit parfois. Ainsi, quand il parle du doge Dandolo, aveugle : « ce regard éteint de Dandolo, plus froid, plus dur, plus impérieux, du

---

14 *Ibid.*, p. 29.

fond de sa nuit [15]. » En d'autres endroits, les transformations que Grandbois apporte au texte original sont plus importantes. Il arrive même que dans certaines descriptions aucun élément n'ait été suggéré par Marco Polo. Un exemple entre plusieurs : la description de la ville située au-delà du fleuve de Caramoran. Grandbois nomme cette ville Hoa-tcheou, Marco Polo, Cacionfu. Voici d'abord ce qu'en dit Marco Polo :

> Et quand on a passé ce fleuve et chevauché deux journées vers le Ponant, on trouve une noble cité appelée Cacionfu. Les gens y sont tous idolâtres, comme dans toute la province du Catai [16].

Et c'est tout. L'idée de religion est seulement mentionnée ; pas de description du visage concret de la ville. Pour sa part, en quelques mots, Alain Grandbois nous en indique le site de façon saisissante :

> Le fleuve franchi, Marco pénétra dans la ville de Hoa-tcheou, située au pied d'une haute montagne sacrée dont le sommet, perdu dans les brouillards, était défendu par des parois lisses et verticales. Un temple s'y dressait, garni de stèles de marbre noir, parmi les sombres fuseaux des cyprès funèbres. Des prêtres taôistes, vivant dans l'étude et la méditation, habitaient de petites pagodes voisines ; ils ne descendaient jamais dans la vallée, et s'alimentaient des offrandes que les fidèles déposaient au pied du roc, dans des paniers, et qu'ils tiraient à eux par le moyen de longues cordes [17].

Cet extrait nous fait assister au passage graduel d'un climat de dureté à un climat de sérénité. De fait, la mise en évidence de la rigidité d'un décor ou de l'austérité de l'existence est assez souvent suivie, dans *les Voyages de Marco Polo,* d'un certain abandon. Et cette alternance se vérifie de temps à autre dans le style même. La plupart des commentateurs ont remarqué avec justesse que le style des *Voyages...* est moins elliptique que celui de *Né à Québec.* Les phrases s'allongent, les circonstances se multiplient. Mais il reste tout de même des passages où violence est faite à la parole. À coups rageurs, l'auteur dit l'hostilité du monde pour ensuite en suggérer les possibilités d'accueil en un mouvement plus soutenu. L'exemple le plus significatif est encore

---

15 *Les Voyages de Marco Polo,* p. 19.
16 Marco POLO, *la Description du monde,* p. 158.
17 *Les Voyages de Marco Polo,* p. 120.

le premier paragraphe du récit où l'auteur décrit le site de la ville d'où sont issus les Polo :

> Les premiers Polo, les ancêtres, tiraient leur origine de la Dalmatie. Ils étaient nobles, gens de mer, et habitaient Sebenico, petite ville indépendante et suspendue, comme un nid d'aigle, aux sombres falaises de la Kerka. Derrière la ville, une immense plaine brûlée par le siroco rejoignait les premiers vallonnements des montagnes. On y eût en vain cherché une mare, un brin d'herbe. L'eau des rares pluies qui tombaient en violence était aussitôt aspirée par un sol goulu et s'y volatilisait instantanément. Des montagnes arides bornaient l'horizon. Mais l'Adriatique s'étendait au pied de Sebenico, et seule, la trouée d'acier du gave de la Kerka partageait, pour un moment, la splendeur pâle et verte et sans fin de la mer [18].

Placé au seuil même du livre, ce paragraphe en annonce le rythme essentiel. L'alternance de resserrement et de détente, de crispation et d'expansion, on la retrouve en effet à tous les niveaux de signification. Il reste à étudier les deux aspects de ce mouvement alternatif.

De la captivité

Les propos qui suivent n'ont pas la prétention de donner la signification profonde de l'ouvrage. Il est d'ailleurs assez hasardeux de s'aventurer dans ce domaine, surtout qu'il s'agit de l'adaptation consciencieuse d'un document déjà existant, adaptation qui laisse à l'auteur moins de liberté d'invention que dans le cas de *Né à Québec*. Grandbois intervient surtout dans le domaine de l'écriture. Il émonde le texte original, isole la parole de toute scorie, comprime, resserre le sens. Il choisit les détails les plus significatifs, élimine ce qui relève notoirement du merveilleux et de la fantaisie, donne à l'ensemble plus de raideur et plus de gravité. Et si, pour l'essentiel du voyage en Chine des trois Vénitiens, l'original est respecté, il n'en reste pas moins qu'Alain Grandbois, réduisant des deux tiers le récit de Marco Polo, a su par ce procédé de

---

[18] *Ibid.*, p. 15.

concentration modifier le ton général de l'ensemble. Au lieu de la naïveté, des nombreuses digressions, de la bonhomie du conteur qui interpelle son auditeur, nous avons un récit implacable, l'enchaînement précipité de multiples actions qui se suivent sans répit, imposant fortement cette idée de la poursuite nécessaire et comme acharnée d'un rêve obsédant. C'est d'ailleurs cette notion de bloc monolithique qui a surpris Grandbois lui-même, relisant, vingt-cinq ans après, *les Voyages de Marco Polo* :

> J'ai été un petit peu effaré en le relisant parce qu'il est assez difficile. Trop de choses se passent dans ce livre-là, et puis je crois que ça effarerait le lecteur de lire ça sans connaître un peu la Chine ou les Indes. [...] Je suis resté fidèle à cette forme d'écrire. Seulement, je crois qu'il est un peu étouffant, ce livre-là. Enfin, c'est un peu l'impression que cela m'a donné. Il y a trop de choses, n'est-ce pas. Il faudrait qu'il y ait plus d'espace [19].

Le livre devenu pour lui en quelque sorte étranger, Grandbois a pu voir alors, non sans malaise, quel ensemble compact il forme, quelle lecture difficile il impose du fait de la rareté des pauses. Les dix-huit chapitres se suivent sans interruption. Même les titres, qui auraient servi de points de repère, manquent tout à fait. Au contraire, Rusticello de Pise avait intitulé soigneusement chacun de ses deux cent trente-quatre épisodes, à la manière si savoureuse des récits médiévaux : « Ci commence le livre de l'Inde, qui décrira toutes les merveilles qui y sont et les manières des gens ; Ci devise de la fille du roi Caidu, et comme elle est forte et vaillante ; Comment le Grand Can se fait garder par douze mille hommes à cheval. » Chez Grandbois, rien de tel n'aère le récit. Pénurie d'espaces libres, articulation rigoureuse d'épisodes encombrés d'événements nombreux. La narration est placée sous le signe de la nécessité et, sous ce même signe, l'existence de l'humanité qu'elle présente.

Quel que soit le pays parcouru, la vie de l'homme ne compte guère dans la balance des puissants qui en disposent à leur gré. Coutumes et codes règlent les conduites. Certes, il est des malheurs extrêmes : on vit sous la menace constante des incursions des Barbares et des atrocités qu'ils commettent comme à plaisir.

---

[19] *Des livres et des hommes,* émission radiophonique de Radio-Canada, 27 décembre 1966.

Appréhendant le pire, le massacre des siens, les sévices les plus cruels, l'homme vit dans la terreur. Mais d'autres contraintes se manifestent, presque à chaque page, et voici sans doute celle qui domine : un mécanisme bien rodé, que le lecteur ne décèle qu'après coup, fait voir, par l'influence des désirs de suprématie qui entrent en conflit à tous les niveaux en agrandissant à mesure leur champ de rayonnement, de quel ordre global l'individu n'est qu'un rouage infime. Partout se fait sentir la pression d'une autorité appuyée sur la force. Vulgaire chef de bande ou noble conquérant, quiconque représente l'autorité règne en maître inflexible et réduit tout sous sa loi. Qu'on en juge par les circonstances qui ont fait, de Temudjin, Gengis-Khan :

> Temudjin se voyait désormais maître absolu de la steppe. Dans l'automne, il convoqua les chefs des tribus alliées et soumises. Il y avait là des Merkites, des Kéraïtes, des Kirghiz, des Tartares, des Turcomans, d'autres encore. Le grand-prêtre chamanite ouvrit l'Assemblée — le Kouraltaï — en déclarant qu'il venait de recevoir une communication des dieux, qui lui commandaient de choisir Temudjin comme prince de toutes les hordes du désert. Son nom devait être Genghis-Khan, c'est-à-dire le plus puissant des Khans [20].

Le pouvoir s'organise ainsi par tous les moyens. Par le cynisme, quand le baron Ahmed usurpe la confiance de Koubilaï. Par la ruse, quand les Lamas arrivent à détenir des pouvoirs réels. L'efficacité de l'organisation gouvernementale et judiciaire de Koubilaï est admirable :

> Les décisions prises étaient irrévocables. Nulle mesure importante, et qui tînt d'intérêt général, ne pouvait être adoptée sans l'approbation de l'Empereur. Koubilaï était le maître absolu [21].

L'humanité est partagée en despotes et en captifs. Et même, tout paradoxal que cela paraisse, il arrive que les despotes se découvrent prisonniers (et Grandbois ne manque aucune occasion de le laisser entendre) : de leurs passions, de leurs ambitions, de leurs convoitises. Eux non plus ne s'appartiennent pas. Forcés d'agir, ils obéissent à des déterminismes. Un symbolisme presque toujours semblable exprime ces contraintes diverses. Soit que le

20 *Les Voyages de Marco Polo*, pp. 75-76.
21 *Ibid.*, p. 102.

personnage subisse « l'étroite étreinte de fers [22] », soit qu'il sente rétrécir le cercle qui l'entoure, l'homme est lié, piégé, assailli de toutes parts, réduit à se terrer en des refuges qu'il espère imprenables, forteresses ou cavernes :

> Des collines de loess bordaient la vaste plaine d'alluvions que commandait P'ing-yang, où vivaient, dans des cavernes de troglodytes, de farouches indigènes que nulle force n'avait pu réduire [23].

Villes et villages élèvent autour d'eux des enceintes pour assurer leur défense :

> Des villages apparaissaient de loin en loin, murés, silencieux, figés dans la même forme immobile depuis le fond des âges [24].

L'homme se retranche dans la solitude et dans le silence. Ainsi muré, pétrifié, comme envoûté par un rêve secret, il incarne le refus de communiquer. Peine perdue. Il a beau vouloir se protéger, il est malgré tout rejoint et possédé, et souvent soudainement, comme l'indique l'image récurrente des oiseaux de proie dont il sera question plus loin.

    L'identité même de l'homme est minée. Tel que nous le présente Alain Grandbois au seuil de son aventure, Marco Polo n'est pas vraiment identifié, reconnu pour ce qu'il est, mais pour ce dont il dépend, ce qu'il porte d'autre en lui. Pendant que son époux, Nicolas Polo, voyage en Orient, Béatrix vit seule à Venise, « claustrée dans son étrange veuvage [25] ». Elle cherche, dans le visage de son fils, celui de Nicolas, qui s'efface peu à peu de sa mémoire :

> Elle se penchait parfois sur son fils, le pressait violemment contre elle. Puis s'agenouillant, elle écartait de sa main les mèches bouclées de Marco, scrutait ce front lisse, ce regard étonné, ces tendres joues, ces lèvres entrouvertes, cherchant le trait furtif, la ressemblance profonde [26].

---

22 *Les Voyages de Marco Polo,* p. 167.
23 *Ibid.,* p. 119.
24 *Ibid.,* p. 50.
25 *Ibid.,* p. 28.
26 *Ibid.*

Apprécié ici pour ce qui en lui ressemble à l'autre, dont il est appelé à refléter l'image, le jeune Marco l'est encore, à peine quelques pages plus loin. Mais le mouvement est alors inverse : Béatrix est morte déjà depuis quelques années quand Nicolas rentre à Venise :

> Nicolas s'avança vers son fils, posa ses deux mains sur ses épaules, le tint longuement ainsi, immobile, silencieux, cherchant à son tour, avidement, sur ce visage, les traits perdus de la morte [27].

Les observations de cette nature et de cette qualité sont rares dans *les Voyages de Marco Polo,* surtout celles qui mettent en cause le personnage principal. Aussi importait-il de les souligner.

Objet, l'homme s'insère sans effort dans un décor où abondent les objets. La manière même d'écrire appelle cette constatation. L'organisation des phrases suggère l'altérité, la successivité : mention de suites de gestes comme en autant de séquences différentes ; énumération mal liée de nombreux éléments. L'attention porte rarement sur la fusion ou sur la synthèse qui harmonise, plus souvent sur la diversité qui sépare. La longueur des phrases ne doit pas nous tromper sur l'impression que laisse le style. On a dit, parfois avec raison, qu'il était moins haletant que celui de *Né à Québec.* Mais le discours reste impatient, nerveux, surtout formé de fragments juxtaposés, architecture mal jointe comme ces décors pétrifiés que le voyageur croise souvent sur son passage. Entre les amoncellements de blocs granitiques, qui s'élèvent parfois en de hautes parois vertigineuses, forçant à effectuer de fréquents détours, le voyageur est contraint de s'engager. Couloirs étroits et compliqués comme des labyrinthes à parcourir, ou simplement murs à franchir, tels sont les obstacles habituels.

L'exemple le plus significatif à ce sujet est sans aucun doute le récit de la traversée, passé la contrée de l'Arbre sec, de la province de Wakham (ou Vocan), et du pénible franchissement du Pamir, zone montagneuse de haute altitude, le Toit du Monde, frontière naturelle au-delà de laquelle s'ouvre enfin la Chine inconnue. De cette longue narration du chapitre VI, j'isole seulement quelques passages, particulièrement expressifs :

---

[27] *Ibid.,* p. 32.

Les Polo suivaient une piste sinueuse et raide, tracée parmi d'énormes blocs de rocs amoncelés dans un désordre excessif, qui dressaient leurs arêtes aiguës comme une immense forêt pétrifiée. Un vent rageur soufflait, s'engouffrant d'une seule haleine dans les crevasses avec un bruit infernal. Ils voyaient au loin, plus haut encore, la monstrueuse masse des montagnes que coupait le plafond blanc des nuages.

[...] Ils côtoyaient des précipices, traversaient des passes, franchissaient des cols, prisonniers minuscules des montagnes géantes. Les jours passaient, d'autres montagnes les cernaient, ils se retrouvaient au centre du même encerclement, les mêmes névés bordaient les mêmes moraines, les mêmes parois glacées se succédaient, gris d'acier, bleu de fer, violet sombre (parfois, à l'aube, pour un moment, teintées du rose des roses de Perse), surplombant une piste suspendue sur des ravins ténébreux comme des puits, les mêmes plateaux nus se chevauchaient, refuges précaires corrodés par le gel, tremblant sous les avalanches, le même silence extraordinaire habitait l'espace que seuls rompaient le cri d'un caravanier, le roulement des cailloux sous le pied des chevaux, et toujours ce cirque inépuisable des montagnes vallonnant l'horizon dressé, vertical, qui se dépliaient avec lenteur, comme un éventail gigantesque et sans fin.

[...] Ils atteignirent enfin un grand plateau désertique. C'était Pamir. Le Toit du Monde. [...] L'air était raréfié. [...] Nuls vestiges de bêtes, de végétation. Le Plateau n'était qu'une morne solitude refusant la vie, livide, oppressante et froide au paysage pareil à celui des planètes éteintes qui roulent dans l'infini des espaces [28].

À elle seule, cette description méticuleusement circonstanciée de la traversée d'un paysage hostile résume la plupart des notions qui suggèrent l'idée de captivité ou d'emprisonnement dans l'univers du délire et du chaos. Je mentionne tour à tour la notion de démesure ou d'excès (la fréquence de termes d'unicité ou d'absolu : désordre *excessif, immense* forêt, d'une *seule* haleine, un bruit *infernal,* un éventail *gigantesque, monstrueuse* masse des montagnes — et ce violent contraste : « Prisonniers minuscules des montagnes géantes ») ; le jeu mécanique des répétitions, des perspectives d'infinis recommencements (« ils se retrouvaient au centre du même encerclement », « les mêmes parois se succédaient », « les mêmes plateaux nus se chevauchaient », « toujours ce cirque inépuisable des montagnes ») ; la verticalité, la dureté, le métallisme implacable d'un tel décor ; et, par-dessus tout,

---

28 *Les Voyages de Marco Polo,* pp. 58-59.

l'étonnante précarité de l'homme voué à une solitude définitive, menacé par la matérialité ambiante, point grotesque d'un infini chaotique.

À un seul passage de ce texte surgit une possibilité d'oubli des contraintes : quand Alain Grandbois, mettant du reste cette bribe de phrase entre parenthèses, parle du « rose des roses de Perse » qui teinte parfois les parois du défilé, pour un moment, à l'aube. Instant de libération bien éphémère, pause à l'intérieur même de la phrase où l'on pourrait dire que le texte respire. C'est comme si le personnage passait enfin, même provisoirement, d'une zone rétrécie à un horizon déployé — ce qui suggère l'idée d'une nouvelle naissance.

De la liberté

On peut considérer *les Voyages de Marco Polo* comme un récit dont le déroulement est constitué en très grande partie par l'imbrication des contraintes qu'exercent le temps et l'espace. Le récit voit donc son cours, apparemment inexorable, rompu par des haltes, même très brèves : images imprévues, allusions à des rêveries, élargissement du champ de vision. Et ces pauses, qui intéressent l'imagination, distraient du récit jusqu'alors méthodique, conduit par l'analyse et par la réflexion et donc étroitement dirigé et fermé. Elles garantissent des possibilités d'évasion, de rêve, et donc d'ouverture et d'avenir. Le texte, naguère fixé, s'ébranle, et la tension fond en apaisement. Soudaineté de cette métamorphose que, l'instant d'avant, rien ne laissait prévoir.

Ces pauses, dans l'ordre de l'espace, équivaudraient à des oasis dont la rencontre est ménagée au cours de la traversée des déserts. Sur le plan du temps, à des extases où est connu le sentiment de la permanence. Dans l'un comme dans l'autre cas, elles sont signalées comme des miracles. D'un coup, l'être est transporté hors du monde habituel de la force, de la nécessité et de la mort. Utilisant le vieux symbolisme du voyage initiatique, Grandbois conduit ses personnages au-delà de labyrinthes inextricables, par-delà les enclos, à des seuils qui donnent accès à des paysages d'accueil et d'apaisement :

> Après trois mois d'une marche extrêmement pénible, les Polo retrouvèrent avec joie la plaine, ses herbes grasses, ses arbres verts, ses rivières chantantes, et le splendide repos d'un horizon calme [29].

Lieux que représente bien le jardin où le Vieux-de-la-montagne conduit ses disciples [30]. Que représente bien encore Venise, la ville natale des Polo, qu'ils retrouvent au terme de leurs exploits, jouissant alors « de la vie comme d'une paix enfin retrouvée [31] ».

Ce qui importe, c'est d'échapper aux exigences du temps. D'où la mortification de ce qui lie au temps et à la matière. Marco Polo fut profondément intéressé par le boudhisme qu'il présente souvent comme la religion de l'ascétisme. Alain Grandbois prend à son compte cet intérêt. C'est la vision fascinante de ces mendiants du royaume de Kirman, détachés des biens de ce monde selon le vœu du poète Hadji Ali :

> Des mendiants accroupis, leurs mains sèches et nouées croisées sur leur bâton, se tenaient immobiles, comme pétrifiés, le regard perdu dans un rêve sans fin [32].

Et c'est la légende de ce prince de Ceylan que bouleverse la rencontre d'un vieillard dont l'image lui impose la conscience de la précarité de sa jeunesse : il décide de se livrer à une vie ascétique dès le moment où un ermite lui dit vivre dans un monde qui n'est pas soumis à la loi de la mort.

D'autres détails indiquent le désir de maîtriser le destin. C'est peut-être ce que signifie le goût pour les joyaux (pierres précieuses qui gisent au flanc des rocs ou dans les couches souterraines) puisque la propriété de la pierre précieuse (et c'est là l'une des constantes de l'imagerie de Grandbois) est non seulement de résister, par sa dureté et par sa solidité, à la corruption, mais aussi, par sa nature de lumière et de feu rendus solides ou matérialisés, de constituer un puissant foyer d'intimité. D'autre part, un autre symbole illustre bien le désir de transcendance : celui de l'aigle, chargé d'exprimer la souveraineté de

---

[29] *Les Voyages de Marco Polo*, p. 63.

[30] Grandbois insiste particulièrement sur ce passage, citant presque intégralement trois longs épisodes (41 à 43) de *la Description du monde*. (*Les Voyages de Marco Polo*, pp. 51-53.)

[31] *Les Voyages de Marco Polo*, p. 165.

[32] *Ibid.*, p. 47.

l'esprit et de la raison. On se rappelle les armes de la famille d'Abancourt, gravées sur la bague de l'aïeul de Louis Jolliet. Elles prophétisaient, selon Grandbois, un merveilleux destin : « Elles étaient d'argent à un aigle de gueules, becqué et membré d'or, les ailes étendues [33]. » Dans *les Voyages...*, tous ceux qui sont issus de la dynastie des Bagratides, qui règnent sur la Georgie, naissent « avec le signe de l'aigle sur l'épaule droite [34] ». Et comme le repaire des aigles est souvent suspendu au sommet de rocs ou de falaises, surplombant des précipices ou de vastes espaces, ce poste d'observation devient un centre où se précise la volonté de puissance et se satisfait la soif de conquête.

Tout cela sert de nouveau à définir l'homme tel que le voit Grandbois : captif de sa propre condition, jeté vulnérable dans l'univers de la destruction et de la mort. Indompté, il s'acharne toutefois à reculer les limites de son pouvoir, comme le conquérant repousse chaque jour davantage les limites des territoires connus, ne cessant d'agrandir le champ de la connaissance. Mais l'échec reste encore menaçant. De retour dans leur patrie, les Polo souffrent d'un intense sentiment d'étrangeté, ne voyant rien de commun entre le présent et le passé, déjà en partie miné par l'oubli. À remarquer la nostalgie prenante de ce passage :

> C'était la nuit. Les Polo s'acheminèrent vers leur palais de San-Felice. Seuls, tous les trois, ils longeaient les canaux obscurs, voyaient la trouée pourpre des torches, entendaient le clapotis des eaux, le cri d'un gondolier, le rire d'une femme jaillissant soudain parmi les notes grêles des mandolines, se sentaient perdus dans un monde étrange qui les enveloppait d'un mystère incommunicable et glacé. Ils cherchaient confusément un lien qui pût les rattacher à un passé que trop de choses mortes refoulaient sous des ténèbres trop épaisses [35].

Mais Marco Polo, le captif des prisons de Gênes, trouvera une délivrance symbolique par le rappel réussi du passé fabuleux. De même, le poète des *Îles de la nuit* évoquera de nouveau, pour son propre compte, les visages de son passé. Il cherchera à repêcher ses propres jours, comme il le dit dans l'avant-propos d'*Avant le chaos*.

---

[33] *Né à Québec,* p. 16.
[34] *Les Voyages de Marco Polo,* p. 40.
[35] *Ibid.,* p. 163.

CHAPITRE VI

AVANT LE CHAOS

La parution des *Voyages de Marco Polo,* suivie de l'attribu-
tion du prix David, attirent l'attention du public et de certains
critiques influents sur l'œuvre d'Alain Grandbois. Dès le printemps
de 1942, il commençait à publier nouvelles, récits, articles de
toutes sortes, dans plusieurs périodiques. Il prononce des causeries
à la radio ainsi que des conférences [1]. S'il ne publie pas le roman
qu'il annonce dans *les Voyages de Marco Polo, les Pharisiens* [2],
en revanche, il se décide à faire paraître un recueil de poésie :
les Îles de la nuit, dont l'achevé d'imprimer est de mai 1944.

S'il joue un rôle de premier plan dans l'histoire de notre
poésie (ce recueil détermine en effet la vocation poétique de
plusieurs jeunes lecteurs tout en s'affirmant résolument comme un
ferment de modernisme), *les Îles de la nuit* est avant tout le
maître-livre de l'œuvre de Grandbois. Dérogeant pour une fois à
l'ordre chronologique, je n'en aborderai le commentaire que dans
le prochain chapitre, ce qui me permettra de présenter sans
interruption les trois recueils qui constituent jusqu'à ce jour
l'œuvre poétique d'Alain Grandbois.

Pour le moment, suite nécessaire, me semble-t-il, des propos
antérieurs sur l'expérience du voyageur « dilettante et passionné »,

---

[1] On parle d'une conférence qu'il aurait donnée le 23 février 1943 à
l'Hôtel Windsor, sous les auspices de la Société d'études et de conférences : *Visages de Chine.*

[2] Roman terminé en mars 1947. Mais Grandbois se propose d'y faire
encore des corrections avant de le publier. (*Notre temps,* 22 mars
1947, pp. 1-2.)

je prends le parti d'étudier brièvement *Avant le chaos*. Une fois exprimées quelques remarques d'ordre anecdotique, je me propose d'analyser le rôle de Grandbois dans ce livre, au double titre de l'écrivain et du témoin. Son action s'y exerce en effet sur deux plans différents mais complémentaires : il y a celui qui utilise l'écriture d'une certaine façon pour construire tel type de nouvelle ; il y a aussi celui qui intervient dans le récit, se fait le témoin et même l'interlocuteur de ses propres personnages, totalement engagé lui aussi dans ce mécanisme des passions et des évasions dont il traite. Après quoi, je ferai un bref commentaire de la nouvelle qui s'intitule « Grégor ».

Approches

Alain Grandbois publie donc *les Îles de la nuit* en mai 1944. Il vient tout juste alors de faire paraître, dans le numéro de mars-avril du *Bulletin des études françaises,* publication éphémère du collège Stanislas, un appel en faveur du comité France-Canada, constitué « pour soulager les souffrances de la population civile de la France [3] ». Plus tard, durant cette même année, il participe à deux événements publics. En août 1944, pendant la campagne électorale dont Duplessis sortira vainqueur, on raconte que Grandbois aurait prononcé quelques causeries à la radio, en faveur d'on ne sait au juste quel parti. En outre, le 7 décembre 1944, il compte parmi les dix-sept membres fondateurs de l'Académie canadienne-française.

Mais le fait dominant de cette période réside dans la publication, en octobre 1944, d'une nouvelle, « Le rire », dernière d'une série qu'il avait commencé de faire paraître deux ans plus tôt dans *la Revue moderne.* Ces nouvelles, qu'il aurait rédigées à

---

[3] Texte à lire, ne serait-ce que pour le portrait que Grandbois y trace de la France, qui devient pour lui « une belle grande femme ardente et pure [...] aux mille visages d'étonnante lumière [...] tous extraordinaires, et d'un seul jet, comme l'étincellement bleu du diamant », cette femme que les dernières lignes du texte disent maternelle. (« N'attendons pas que ses veines se vident », dans *le Bulletin des études françaises,* mars-avril 1944.)

la Bibliothèque Saint-Sulpice [4], les voici dans l'ordre de leur publication : en mai 1942, « Le 13 » ; en septembre, « Tania » ; en novembre, « Ils étaient deux commandos [5] » ; en décembre, « Le Noël de Jérôme ». Obéissant au désir de quelques amis, il réunit en volume quelques-uns de ces textes (« Le 13 », « Tania », « Le rire »), auxquels il joint « Grégor ». Sous le titre *Avant le chaos,* le livre paraît à Montréal aux Éditions Modernes [6].

Avant le chaos, comme *Né à Québec* et *les Voyages de Marco Polo,* procède du désir de rejoindre les origines, de pénétrer les périodes révolues. L'avant-propos témoigne de la mainmise du passé sur l'univers imaginaire :

> Les temps pleins d'angoisse que nous traversons nous défendent d'ajouter aux profondeurs du drame la note sacrilège des jeux de l'insouciance et de la désinvolture. Aussi dois-je sauter par-dessus cinq ans de guerre pour rejoindre une époque singulièrement révolue. Les hommes de ma génération ont vécu des jours que leurs cadets ne connaîtront jamais. Le monde qui se dessine aujourd'hui, et qui sera celui, plus dur encore, de demain, ne nous échappera peut-être pas entièrement. Mais il sera bien neuf pour nos yeux fatigués.
>
> J'ai écrit ces nouvelles pour retrouver ces parcelles du temps perdu, pour ressusciter certains visages évanouis, pour repêcher mes propres jours [7].

Il s'agit donc de retrouver un monde fini, sorte d'étrange paradis d'avant la chute, extraordinaire époque propice à tout épanouissement comme à tout apprentissage d'indépendance et de liberté. Il arrive alors que les évocations du passé récent se confondent

---

[4] Il habite alors Montréal. Il loge au 1452, rue Union.

[5] Quelques mois avant la parution de cette nouvelle, soit le 19 août 1942, avait eu lieu le raid de Dieppe. Grandbois, lui, parle du début de juin (p. 269) et mentionne la ville de Larfleur (pour Harfleur ?).

[6] Presque vingt ans plus tard, les éditions HMH feront paraître une deuxième édition d'*Avant le chaos,* qui reprendra « Ils étaient deux commandos » et « Le Noël de Jérôme », auxquels on ajoutera « Fleur-de-mai » (*Liaison,* juin 1947) et « Julius » (t. IV des *Cahiers de l'Académie canadienne-française,* 1959). Les deux dernières nouvelles appartiennent en propre à l'univers d'*Avant le chaos,* ainsi qu'une autre parue en mai 1945 sous le titre « Illusions », mais jamais reprise en volume depuis. — Je me sers de l'édition HMH.

[7] *Avant le chaos,* p. 7.

dans le rayonnement de certaines pages, à ceux d'un passé antérieur, celui de l'enfance, dont Grandbois sait tout le prix :

> ... au moins j'aurai eu ma part d'émerveillement, d'insouciance, de joie, de liberté à peu près totale que seul peut fournir un petit village sillonné de rivières et cerné par la forêt [8].

Intimement mêlés, tous ces grands souvenirs remontent d'un passé proche ou lointain à l'heure de l'homme qu'il est devenu :

> Je me retrouve [...], seul, avec une gerbe de souvenirs qu'il est assez difficile de dénouer, car les ans l'ont faite épaisse, touffue, et délicate de traitement [9].

En guise de protestation contre l'immobilité et la solitude qui lui sont imposées, Alain Grandbois entreprend donc de ranimer par l'écriture les heures heureuses désormais révolues. Ambition qui présente quelque analogie avec celle du poète et romancier belge Charles Plisnier, auteur d'un recueil de nouvelles paru en 1937 sous le titre *Faux Passeports*.

La vie intense de Plisnier ne pouvait manquer de fasciner Alain Grandbois. Ce rebelle, cet hérétique promis au feu de toutes révoltes, s'engagea totalement dans les luttes sociales du temps précis que décrit *Avant le chaos*. Il milita durant au moins neuf ans dans le parti communiste, pour ensuite en être chassé et poursuivre seul une quête de vérité et d'absolu, dans les déchirements et les contradictions les plus tragiques. Toute sa vie fut une ardente poursuite de l'homme, comme le confirme *Faux Passeports* où l'agitateur qu'il fut pendant quelque temps évoque les figures de ses compagnons de lutte :

> Héros durs et faibles, partisans, croyants malgré eux à la poursuite d'une lumière qu'ils mourraient plutôt que de nommer, matérialistes familiers avec le martyre et raillant les saints, pauvres hommes, pauvres femmes : fantômes perdus et très aimés.

> Je veux les retrouver en retrouvant ces pages blanches, — ce triste paradis auquel on m'a rendu. Si je pouvais faire lever ces ombres, vives ou mortes et, dans cette solitude où me voici reclus, retrouver leur compagnie [10] ?

---

[8] *Visages du monde*, p. 58.

[9] *Ibid.*, p. 215.

[10] Charles PLISNIER, « Souvenirs d'un agitateur », dans *Faux Passeports*, p. 16.

De ces déracinés d'après la Révolution d'octobre qui errent, chargés ou non de mission, dans l'Europe de l'entre-deux-guerres, nous retrouvons les frères dans *Avant le chaos*. L'un et l'autre recueils de nouvelles (dont certaines ont pour titre le seul nom du personnage principal : « Ditka », « Carlotta », « Iégor », pour *Faux Passeports*, « Tania » et « Grégor » pour *Avant le chaos*) présentent en effet des héros pareillement excessifs et violents, dévastés par leurs passions, blessés par les tourments de leur temps, tenus sous le coup d'une fatalité intraitable. Comme exemple de cette parenté, voici d'abord Daria, de *Faux Passeports* :

> Alors seulement j'aperçus une femme assise dans l'immense bergère qui faisait face à la cheminée. Elle était incroyablement mince et menue. Visage assez large mangé par des yeux sombres qui regardaient fixement. [...] Daria Vladimirovna demeurait taciturne. [...] Elle semblait d'ailleurs avoir quitté ce monde où sa face, ses mains, son corps, demeuraient visibles [...] Parfois, [Iégor] se penchait sur elle, lui parlait en russe d'une voix extrêmement douce [11].

Retenons les principaux traits de ce personnage : son mutisme, la fixité du regard, le retrait du monde ambiant, l'indifférence aux propos de l'interlocuteur. Nous retrouvons ces mêmes traits chez Tania, héroïne d'*Avant le chaos* :

> Quand j'arrivai, elle était assise à la turque, sur le sol, dans un coin de la petite pièce [...], et elle n'en bougea point jusqu'au moment où nous nous levâmes tous pour nous rendre au restaurant. Personne de nous n'entendit non plus ce jour-là le son de sa voix. Elle regardait droit devant elle, immobile, comme une idole. [...] Elle passait des heures sans prononcer un mot. Je lui parlais, elle me répondait par un sourire. Rien ne paraissait l'atteindre. Elle était comme une petite citadelle fermée [12].

L'originalité de Grandbois réside en particulier dans les images qu'il insère çà et là et qui correspondent étroitement à la symbolique globale de son récit. C'est là une dimension que l'on ne retrouve pas dans les textes de l'écrivain belge. Reste que l'écriture fiévreuse, la précipitation et les soubresauts du récit, la métamorphose occasionnelle du narrateur en protagoniste, apparentent les deux livres.

---

11 Id., « Iégor », *op. cit.*, pp. 304 et 316.
12 « Tania », *Avant le chaos*, pp. 43 et 68.

L'écrivain

S'il y a parenté entre *Faux Passeports* et *Avant le chaos,* cela n'atteint pas l'essentiel du livre de Grandbois. En dépit de similitudes superficielles, *Avant le chaos,* comme du reste chacun des ouvrages de Grandbois, demeure une expérience résolument originale. Même rattaché à une sorte de tradition, à un exemple dont il reprend les meilleurs éléments, Grandbois transfigure le modèle et donne un témoignage probant d'inventeur et de novateur. Grandbois ne s'est-il pas toujours moqué des caprices de la mode ? Aussi les premiers lecteurs d'*Avant le chaos* n'ont-ils pu cacher leur étonnement ni parfois leur embarras. Rien dans notre littérature à quoi relier *Avant le chaos,* qu'un commentateur agacé déclare servir davantage la littérature française que la nôtre. Il faut reconnaître que la première lecture, et le malheur veut que la plupart en restent là, ne révèle guère toutes les virtualités du texte. Seules de nouvelles lectures permettent de pressentir l'heureuse et rigoureuse ordonnance de l'ensemble, dissipant d'un coup les étonnements que suscitent la composition, le style, la nature des personnages.

Il y a d'abord l'allure sporadique de la composition. La suite des épisodes offre un aspect approximatif. Absence d'intrigue ou intrigue très lâche. Juxtaposition de scènes, de rencontres, d'incidents, de portraits, de dialogues, de récits dans le récit. Insertion de poèmes, de chants, de télégrammes ou de lettres. Longs monologues, confidences. Tout cela, mal agencé, disjoint, avec de soudaines ruptures qui ont l'air gratuites. L'auteur opère comme à plaisir de brusques déplacements dans le temps et l'espace, sans rien justifier :

> D'autres mois passèrent. Je me trouvais l'année suivante à Cannes, dans un petit cabaret qui s'appelait le *Dolphin.* Hildegarde chantait. Ses beaux bras nus ondulaient comme le cou des cygnes. Elle était vêtue d'une longue robe blanche, et elle évoquait de sa voix triste les grands désirs perdus. [...] Je vis soudain entrer Bill [13].
>
> Soudain, devant moi, Kyrov. Surpris par la pluie, j'étais entré dans ce petit cabaret, près de la gare Montparnasse. [...] En face de

---

[13] « Le 13 », *Avant le chaos,* p. 35.

moi, de l'autre côté de la petite salle, un homme, les coudes nus sur le marbre, le visage enfoui dans les mains, paraissait dormir [14].

Ces aléas de la composition ont l'avantage d'imiter les rythmes imprévisibles des voyages ou encore d'illustrer la nature d'existences régies par le hasard. Mais pareil va-et-vient surprend le lecteur qui a peine à se retrouver parmi ce chassé-croisé de personnages qui partent, reviennent, se perdent et se retrouvent — toujours à point nommé. Les personnages eux-mêmes échappent facilement à toute analyse. Jamais ils ne sont donnés d'un bloc. Peu concrétisés, du moins extérieurement, construits sans l'aide d'une psychologie conventionnelle, cela seul qui nous les rend présents tient à la fascination qu'ils exercent. L'ardeur qui les anime, leur intensité, arrive ainsi à corriger l'effet malencontreux de dispersion des petits traits hâtifs qui servent à les décrire. Il en est ainsi pour Bill Carlton, le principal protagoniste du récit « Le 13 » :

Il ne parlait plus et j'entendais encore, comme chevauchant sur les notes du silence, le son de sa voix enrouée. Nous étions étendus sur nos chaises longues. La clarté de la lune dessinait sur la véranda un grand rectangle mauve. Puis avec une véhémence surprenante :
— Mais je te dis la vérité ! Mais tu ne me crois pas ! Mais avoue donc que tu imagines que je te raconte des bobards...

La lune le frappait en plein visage. Je haussai les épaules. Il avait beaucoup bu durant tout le jour. Il n'était pas ivre, — je ne l'ai jamais vu ivre — mais une petite étincelle bizarre jouait dans ses prunelles, et ses mains tremblaient imperceptiblement. La fièvre, ou l'alcool. Ou les deux ? Je savais qu'il souffrait de paludisme. Puis il se mit à rire [15].

Séduisants et tourmentés, ces personnages habitent la tragédie comme leur lieu propre. Tissus de contradictions, tantôt ils ne peuvent s'oublier eux-mêmes, tantôt ils paraissent toujours prêts à prendre congé d'eux-mêmes. Noués ou décentrés, ils sont rarement doués d'harmonie intérieure. Ce drame moderne de désunion intime garantit l'authenticité et la densité de ces personnages qui sont, analyse faite, de faux frivoles, des écorchés vifs que ravagent

---

14 « Tania », *op. cit.*, p. 59.
15 « Le 13 », *op. cit.*, p. 22.

à la fois le monde réel et leur besoin dévorant d'évasions, par le voyage, l'opium, le rêve ou toute autre sorte de drogue.

Une autre difficulté de lecture provient de l'intervention du narrateur comme protagoniste [16], avec cette nuance qu'il est à la fois présent et insaisissable, réticent, tâchant de ne pas paraître plus compromis qu'il ne faut par ce qu'il raconte mais n'y parvenant pas toujours, comme l'indiquent certains passages révélateurs. Ainsi l'aveu de l'amour qu'il éprouve pour Tania :

> C'est alors que je crus aimer Tania. Je la parai de l'auréole d'un destin mystérieusement fatal, elle vint habiter mes songes, j'imaginai bientôt qu'elle avait été le sommet définitif d'un bonheur que j'avais laissé sottement échapper, elle prit dans ma pensée l'importance d'une créature irréelle et diaphane dont la miraculeuse beauté, nourrie de mille lumières secrètes et douces, me torturait sans répit [17].

Mais le narrateur prend d'habitude bien soin de se tenir à distance sous le couvert de généralités ou de maximes.

Dernier élément d'étrangeté, le style. Une écriture correcte, volontaire. Des mots qui tranchent comme des traits acérés ; des énoncés clairs et directs, mesurés. Des contours exactement découpés. Un style de lumière et de lucidité. Un exemple, cet extrait de « Grégor » dont l'action se situe dans les environs de Constantinople :

> Nous nous rendîmes une autre fois à Eyoub, en caïque. Nous flânâmes tout ce jour-là dans le cimetière où des amoureux, sous les cyprès, entre des colonnes de marbre jauni, patiné par les siècles, à l'ombre même des morts oubliés, criaient leur jeunesse et leur joie. Nous allâmes à Scutari, sur la rive d'Asie, et quand nous revenions, au crépuscule, l'enchantement de la lumière qui jouait parmi les dômes et les minarets de Stamboul nous faisait des cœurs véhéments et parfaits [18].

Le style pour ainsi dire froid et distant de ce passage, comme s'il faisait partie lui aussi du décor, justifierait l'impression première des lecteurs superficiels qui gardent le souvenir d'un livre de

---

[16] L'omniprésence du narrateur a l'avantage de conférer aux récits une unité de sens et de ton qu'ils n'auraient guère autrement.
[17] « Tania », *Avant le chaos*, p. 58.
[18] « Grégor », *Avant le chaos*, pp. 134-135.

distraction écrit à l'intention de passagers de paquebots en croisières snobs aux Bermudes ou ailleurs. Mais nous arrivons vite
à percer ce vernis, à pénétrer la surface miroitante qui recouvre un
domaine souterrain d'une étonnante richesse. Alors l'image banale
ne vaut plus d'un monde inoffensif, celui de riches oisifs ou de
privilégiés qui vivent à fleur de peau et qui se construisent à
coups d'argent de petits paradis artificiels, cosmopolites béats
hors du chaos, à l'abri des contrecoups de l'agitation sociale.
Cela n'est que façade. Au cœur de cette pleine lumière où l'auteur
tâche de nous tenir d'habitude, il suffit soudain d'une hésitation,
d'un détail bizarre, d'une image insolite, pour pratiquer une
trouée vers l'obscur et le trouble des profondeurs de la conscience.
D'où la conviction que ces extravagants sont marqués par l'amour,
par la mort, défaits par le passage du temps. Du message que ces
faux désinvoltes nous livrent, l'on ne peut nier la gravité.

Le témoin

N'allons pas inconsidérément déclarer que celui qui dit « Je »
dans *Avant le chaos* est l'écrivain, ni chercher à identifier les
autres personnages comme si ce livre était à clef. Tout n'est pas
si simple. Il peut arriver que des êtres réels, ceux mêmes que
le voyageur a observés dans les milieux où il vécut, aient servi de
modèles pour certains personnages. Mais ils ne servent plus
que de prétextes à la méditation qu'il mène sur la vie. Alain
Grandbois avait beau tenter de s'immiscer dans le secret de la
conscience de ceux qui, comme lui, furent engagés dans la poursuite de la vie et dont il fut, selon le cas, le témoin, le confident, le
complice : la vanité de cette recherche est vite reconnue. Il n'est
pas de solution définitive. Aux personnages comme à celui qui
dit « Je », est laissée intacte une certaine part de mystère.

L'examen de l'univers de l'homme a tout de même lieu.
Quel en est le bilan ? En général, les conclusions de l'enquête
sont pessimistes. Chacun vit dans la privation de toute certitude.
Impossible d'accorder sa confiance à quiconque. Tout être est
imprévisible. Motifs insoupçonnés ou tares secrètes risquent toujours de modifier le comportement. Qu'est-il arrivé à Tania ?

> Elle était devenue bolchévique ardente...
>
> Ensuite je n'ai jamais très bien compris ce qui s'est passé. Chez elle, en elle, j'entends... Les êtres sont si complexes, il suffit de si peu de chose pour les précipiter dans une voie, ou dans une autre [19] !

Impossible de définir la justice, de distinguer le vrai du faux. La déficience la plus commune est de se voir soumis aux pouvoirs de l'illusion.

Surtout en ce qui concerne l'amour. Car nous trouvons dans *Avant le chaos* la première étude soutenue de l'amour dans l'œuvre d'Alain Grandbois. S'il circulait quelques personnages féminins dans les récits historiques antérieurs, ce n'était que de façon épisodique — assez tout de même pour que s'y manifestent les tendances opposées du réalisme et de l'idéalisme, avec une nette préférence déjà pour le domaine de l'idéal, comme en font foi les personnages de la mère et de la fiancée, Simone d'Abancourt, Béatrix, ou la jeune Claire au regard d'étoiles. Dans *Avant le chaos,* il semble que la femme ait pleins pouvoirs sur le bonheur ou le malheur de l'homme. La vie, qui jette tout dans l'oubli, crée le désespoir. En même temps, elle rend possible l'espoir d'au moins quelques instants de bonheur parfait : « *il n'y a pas d'êtres perdus qui ne puissent ressusciter...* [20] », écrit Kyrov. Le bonheur, toujours de courte durée, n'apparaît que dans des conditions particulières, sous le signe de l'abstraction ou de l'isolement. C'est toujours un espace et un temps tenus en marge des conditions habituelles. Nous sommes dans le domaine de l'irréel. Une zone magique se crée, celle même qu'instaure tout enchantement. Si les quelques semaines de voyage du couple Christian-Tania sont des semaines de bonheur [21], l'enchantement cesse dès la fin du voyage, ce qui coïncide avec le retour au réel.

Un tel amour n'est rien moins que mystique. Il résiste mal aux sarcasmes de ceux qui, parce qu'ils se réfèrent à la simple

---

[19] « Tania », *op. cit.*, p. 47.
[20] *Ibid.*, p. 77. C'est Grandbois qui souligne.
[21] *Ibid.*, p. 71 : « C'est immense, dans une vie, vingt-trois, vingt-quatre jours de bonheur... » ; dans « Le rire », à propos des amours du Major D..., p. 188 : « Il a eu quelques mois de bonheur parfait. Ce qui est d'une extrême rareté. »

psychologie [22], n'y voient que duperie. La seule duperie que redouteraient les amants, ce serait de croire aimer alors qu'il n'en est rien. Allusion ici surtout à l'amour artificiel que le narrateur reconnaît, après coup, avoir cultivé pour Tania :

> Peut-être ai-je aimé Tania ? Je ne le sais pas. Je sais cependant que, selon la formule de Stendhal, ce sentiment ne s'est jamais *cristallisé*. Elle m'a peut-être aimé ? Je l'ignore. Nous n'avons point fait les gestes de l'amour, ni prononcé les mots de l'amour. Mais il y eut parfois entre nous certains regards qui franchissaient d'un bond les parois du cœur, et une sorte d'entente pleine de douceur et de mystérieuses complicités, et cette grande paix confiante qui nous unissait soudain, pour des instants, pour des instants seulement, comme si nous étions éternels, et seuls, et glorieux, et alors le reste du monde n'existait plus [23].

Mais nous apprendrons plus tard que cet amour, le narrateur ne l'a éprouvé qu'à partir du moment où Tania semble ne plus pouvoir lui appartenir. L'amour n'est possible que si la femme est inaccessible, interdite ou absente. L'imagination a beau jeu alors de l'idéaliser, pour en faire une sorte d'idole. Et d'ailleurs, les héroïnes, stéréotypées, rejoignent toutes le même type de la femme idéale. Elles rappellent les princesses d'amour lointain que célébraient les troubadours, épris de mysticisme. Immobile ou distante, déjà ravie au monde réel, la femme appelle volontiers des images de perfection, de grâce et de pureté (ange, neige, cygne), des images aussi de délivrance : elle est vue parfois comme l'aurore qui délivre des ombres de la nuit [24]. Processus d'idéalisation que « Tania » décrit avec une lucidité à laquelle l'ironie n'est pas étrangère [25] :

> Je cultivai avec obstination tous les éléments d'une mélancolie que je ne cessais de provoquer, par ce singulier besoin que possède tout être ardent et jeune de souffrir, chaque fois que je sentais qu'elle allait m'échapper. J'en vins même à croire — car tel est le pouvoir

---

22 Ou physiologie. C'est l'hypothèse du récit intitulé « Le rire », que des appétits physiologiques d'une simplicité navrante font que les hommes sont les mêmes partout, dans la vie, devant la mort.

23 « Tania », *Avant le chaos*, p. 39. L'italique est de Grandbois.

24 C'est Hélène, dans « Tania » ; Geneviève, dans « Le Noël de Jérôme » ; Marie, dans « Ils étaient deux commandos ».

25 À noter que l'ironie, absente des livres précédents, se retrouve ici presque à chaque page. Tout un récit en dépend : « Le rire ».

magique de l'imagination, — qu'elle était ma fiancée, — je n'avais jamais effleuré ses lèvres ! — qu'elle était morte par ma faute, à la suite de mon abandon, je portais un deuil secret et je me jurai un veuvage éternel. Je souffris alors vraiment, comme de la mort d'une véritable fiancée [26].

Mais Tania vit. Elle préfère au narrateur un certain Christian, et nous trouvons des exemples de cette sorte de rivalité dans plusieurs autres récits : dans « Illusions », Josyka, Étienne et le confident ; dans « Ils étaient deux commandos », Marie et les cousins Roland et Marc Granger ; dans « Le rire », le triangle composé de Mantoni, du Major D... et de la femme de ce dernier.

Si l'on considère le couple, l'échec de l'amour provient de ce que l'un des amants tait le sentiment qu'il éprouve pour l'autre. La révélation de l'amour compromettrait-elle la perfection de cet amour ? Il y a Jérôme, qui craint de n'être jamais digne de l'amour de Geneviève. Il y a Hélène, qui, atteinte d'un mal incurable, refuse de confier son amour à Kyrov, de peur de l'entraîner, comme elle dit, au seuil de son tombeau et de le laisser là, dans sa solitude, plus misérable qu'elle ; aussi disparaît-elle sans alerter Kyrov, qui se désolera de tout ce temps vécu en pure perte :

> Elle m'aimait, tu sais, elle m'aimait. C'était moi qu'elle aimait... Personne de nous ne l'a deviné. Mais elle m'aimait. Je ne le voyais pas moi-même... Et je désespérais... Je l'aimais dans le désespoir, et elle m'aimait, et chaque fraction du temps, pour nous, pour notre amour, était perdue... Chaque moment du temps tombait dans ce gouffre sans nom, dans cet effroyable côté de l'éternité qui s'appelle le passé, que personne, que nulle force au monde ne peut repêcher... Pas la moindre petite fraction, pas la moindre petite parcelle... [27]

Contre la pensée du temps irréversible, contre les incertitudes de l'amour, contre l'angoisse que provoque l'imminence de la confrontation avec la mort, il faut se prémunir. D'où l'usage de drogues diverses qui atténuent la détresse et livrent aux sortilèges du rêve. L'emprise du rêve et celle de la magie relient l'être aux forces vives du passé. C'est l'effet que produit du moins la magie

---

[26] « Tania », *Avant le chaos*, pp. 58-59.
[27] *Ibid.*, pp. 61-62.

incantatoire de la parole (quand Bill Carlton psalmodie de son étrange voix des vers de Cendrars ou de Supervielle) ou celle du chant (on se rappelle l'extraordinaire nostalgie que suscite le chant rauque, haletant des Danakils, ou la voix triste d'Hildegarde, qui évoque les grands désirs perdus ; il y a surtout la chanson triste qu'interprète une réfugiée russe dans un petit cabaret de Shangaï, chanson qui mime la détresse de l'amour). Dans le rappel nostalgique du passé perdu, il faut voir l'un des principaux ressorts de la nouvelle qui s'intitule « Grégor ».

« Grégor »

Même si « Grégor » n'est pas de tout le recueil d'*Avant le chaos* la nouvelle la mieux réussie (on peut lui préférer selon son goût « Tania » ou « Le 13 »), elle n'en contient pas moins des éléments dignes d'intérêt : je songe tout spécialement à la structure, aux circonstances de temps et de lieu, aux préoccupations qui rapprochent ou séparent les divers personnages, au rôle du narrateur, lequel se livre ici davantage. Peut-être se trouve-t-il plus engagé à l'égard de ses personnages que dans tout autre texte, peut-être ses habitudes et ses activités nous sont-elles décrites avec plus de précision : on sait qu'il a quelque notion de droit ; qu'il rédige un roman, *Samiah* ; que, poète, il écrit à cette époque des poèmes extrêmement échevelés ; qu'il rêve souvent devant des lieux qui disent l'excessif ou l'impossible accès, le ciel, la mer, ce dont on lui fait reproche ; qu'il éprouve une joie curieuse à explorer le Bazar de Stamboul ; enfin, qu'il se juge lui-même avec la plus grande rigueur.

L'action se situe tour à tour dans quatre villes et dans leurs environs plus ou moins immédiats : Cannes, Paris, Constantinople, Toulon. Elle couvre une période dont on a du mal à déterminer les limites. On hésite à l'affirmer, mais il semble bien que l'auteur ait suggéré à tort 1927 comme année où débute le récit. Si l'on tient compte des indications qu'il donne çà et là sur le passage des saisons, sur l'époque à laquelle l'action prend fin, presque au terme de l'année 1929, l'on peut supposer que l'action couvre une période de trois ans, de l'automne 1926 à l'automne 1929.

Durant ces trois années, l'intérêt dramatique, si l'on peut dire, change plus d'une fois d'objet. Au début et à la fin du récit, nous trouvons les mêmes personnages : le narrateur et Nancy. Dans l'intervalle, il a fallu compter sur les jeux de l'amour et du hasard qui ont fait en sorte que soit modifié plusieurs fois, comme à plaisir, le système des relations entre les personnages. Dans chaque cas, il s'agit de déplacements massifs de sentiments, sans que jamais la raison y puisse élucider quoi que ce soit. Une simple maxime a cours : « La vie, c'est ainsi : elle fait écoper, chacun à son tour [28] ... »

Au moment où débute le récit, le narrateur est épris de Nancy, une jeune habituée des fêtes de la côte d'Azur. Celle dont on ne compte plus les conquêtes se joue des manœuvres du narrateur. Il se sent méprisé, croit comprendre qu'il n'est pas à la hauteur de son adversaire. Il se résigne à la perdre insensiblement. Il tâche de se distraire, mais, peine perdue, le beau visage de Nancy ne cesse de le hanter. Un jour, il prend part au concours de nage du Cercle nautique. Or, il se trouve que le vainqueur du concours est celui qui l'a remplacé auprès de Nancy, Grégor Garinov [29]. Ils se lient d'amitié, se retrouvent un peu plus tard à Paris, tous deux loin de Nancy car Grégor se garde de l'amour « comme d'une lèpre [30] » : sa règle est de fuir dès qu'il se sent lié. Pendant plusieurs mois, fréquentant les bars parisiens et discourant à vide, ils vivent « l'existence de jeunes hommes pour qui la vie n'est qu'un jeu perpétuel [31] ». Vers la fin de l'hiver, poussé par la nostalgie du soleil, le narrateur part pour Cannes. Il y rencontre Nancy, qui lui confie quel amour total et sans espoir elle éprouve pour Grégor. Il s'aperçoit alors que ce n'est pas lui qu'elle voit, mais Grégor, qu'elle cherche à rejoindre à travers lui :

> Je lui racontai ce que Grégor m'avait confié à propos d'elle, de l'amour. Elle ne m'interrompait pas. Ses doigts pressaient les miens comme si elle avait voulu, à travers moi, atteindre sa pensée à lui, toucher son cœur, le rejoindre, s'y fondre [32].

---

[28] « Grégor », *Avant le chaos*, p. 103.
[29] Pour retrouver l'un des modèles possibles de Grégor, voir *Visages du monde*, pp. 96-97.
[30] « Grégor », *Avant le chaos*, p. 105.
[31] *Ibid.*, p. 107.
[32] *Ibid.*, p. 117.

Ce passage, qui confirme le narrateur dans la certitude que son identité propre ne vaut plus aux yeux de Nancy, constitue comme la plaque tournante du récit : il est d'ailleurs placé à un endroit stratégique, au cœur de la partie médiane. Désormais, le jeu se joue exclusivement entre Grégor et Nancy — et cela malgré les apparences.

Voici que Grégor prie le narrateur de l'accompagner à Constantinople où l'attend l'héritage d'une parente éloignée « que les hasards de la révolution avaient forcée de se réfugier en Turquie, où elle était morte [33] ». Dans un petit cabaret, ils font la connaissance de deux sœurs, Livadia et Natalie Mérakine. L'attrait qu'elles exercent sur les compagnons de voyage agit diversement : Grégor, selon son habitude, connaît un brusque désir de fuite ; le narrateur, pour sa part, se voit enfin libre de toute influence de Nancy.

Un soir, les deux sœurs leur présentent une cousine : Nariska. Entre Grégor et Nariska, c'est aussitôt l'amour absolu. Quelque temps plus tard, alors que le couple séjourne à Toulon, Grégor fait cette confidence au narrateur :

> — Quand je suis auprès d'elle, c'est comme si je me trouvais tout à coup transporté au milieu d'une clairière enchantée. Les flûtes, les parfums, les chants de la fontaine, la lumière, tout. Je rêve tout éveillé. Mon émerveillement ne cesse pas. Quand je me sépare d'elle, c'est comme si j'allais vers la mort. Ah, comme tu avais raison ! L'amour existe. Nariska me baigne d'une sorte de lumière... comment pourrais-je dire... d'une sorte de lumière céleste, sacrée [34].

Exaltation qui effraie Nariska, elle-même habitée par la pensée de Grégor. Elle craint que l'intensité excessive de leur amour ne l'empêche de durer (d'autres récits mentionnent cette hantise de la destruction qui menace l'amour à l'instant de l'ultime perfection, quand il se porte au paroxysme). Elle le dit au narrateur : « Notre amour a atteint les plus hauts sommets, les plus purs. Il n'est pas possible d'aimer davantage sans que l'âme éclate [35]... » Enfin Nariska meurt, loin de Grégor qu'elle a fui, et lui-même trouve la mort, qu'il a d'ailleurs quasi volontairement provoquée, lors d'une mission périlleuse contre une tribu dissidente du Maroc.

[33] *Ibid.*, p. 120.
[34] *Ibid.*, p. 139.
[35] *Ibid.*, p. 145.

Enfin, le narrateur n'ose dire à Nancy la vérité qui la tuerait : il la laisse dans l'illusion que celui qu'elle attend toujours lui reviendra.

Tout compte fait, la seule victime de ce drame bizarre, c'est Nancy, que Grégor n'a jamais aimée. Littéralement possédé par le souvenir de sa mère, c'est elle que Grégor a retrouvée en Nariska. Des propos récurrents, sortes de leitmotive, le confirmeraient — c'est d'ailleurs ce procédé du leitmotiv fondé sur une imagerie symbolique en accord avec le sentiment profond des personnages, qu'Alain Grandbois adopte avec le plus d'originalité dans ses nouvelles : c'est ainsi que la plage au sable d'or de Prinkipo, l'île des Princes où Grégor et le narrateur vont en compagnie des deux sœurs, rappelle la petite plage au sable d'or proche de la demeure de Nancy, en face des îles de Lérins, qui surgissent, « fantastiques, de l'incroyable bleu méditerranéen [36] ». Un autre leitmotiv évoque, par-delà Nariska, la mère de Grégor, et ce sera par le biais du thème de l'oiseau et surtout de celui de la neige. On le voit dans le délire de Grégor qui aspire, dit l'auteur, à la délivrance du jour :

> Alors la voix de Grégor reprenait son timbre normal. Il poursuivait :
>
> — ... La neige ! Au fond, c'est ce qui me manque le plus, la neige... Pas de neige des montagnes, des sommets, mais la belle neige brillante des plaines, la neige indifférente et merveilleuse, la neige qui se confond avec l'horizon [...]. Et puis cette neige de l'enfance ! Cette neige d'avant le déluge [37] !

Par l'emploi de quelques-uns des mots clés que la poésie reprendra sans relâche, par la mise en évidence des thèmes de l'amour et de la mort, par l'importance qu'y prend la femme par rapport à la poursuite du bonheur, il est facile de reconnaître qu'*Avant le chaos* est, de tous les livres en prose d'Alain Grandbois, celui qui correspond le mieux à l'univers de la poésie :

> ... il est passionnant d'y voir sourdre, écrit Gilles Marcotte, contemporains des événements qui les ont provoqués, quelques-uns des grands thèmes de l'œuvre de Grandbois [38].

---

[36] « Grégor », *Avant le chaos*, p. 83.

[37] *Ibid.*, p. 131.

[38] Gilles MARCOTTE, compte rendu d'*Avant le chaos*, dans *la Presse*, 25 avril 1964, p. 6.

CHAPITRE VII

LES ÎLES DE LA NUIT

La publication en 1944 des *Îles de la nuit* est un événement dont on a du mal à mesurer l'ampleur et la profondeur des répercussions. Acte à la fois nécessaire et gratuit, en ce double sens qu'il est appelé par l'esprit du temps et qu'il ne répond à aucune prévision, ce livre, moderne sans effort, où il appert que formes et contenus dépendent du même geste créateur, donne à ses premiers lecteurs l'impression de constituer un phénomène de subversion, tant la mise en question des valeurs humaines et spirituelles y est intensément exprimée. On conçoit l'étonnement du lecteur heurté par de telles confrontations, et cela dès le poème liminaire, constat d'échec dont voici les derniers mots :

> Pourquoi le mur de pierre dites-moi
> Pourquoi ce bloc scellé d'amitié
> Pourquoi ce baiser de lèvres rouges
> Pourquoi ce fiel et ce poison
> Les minutes du temps me marquent plus
>   que vos trahisons
> O navires de hauts-bords avec ce sillage
>   de craie
>
> Vos voiles déployées votre haine se gonfle
> Pourquoi creuser ces houles comme une
>   tranchée de sang
> Pourquoi ces hommes penchés sur la mer
>   comme aux fontaines de soif
> Si les morts de la veille refusent de ressusciter [1].

---

[1] « O tourments... », IN, pp. 13-14. Ce sont aussi les derniers mots du recueil d'Hankéou.

Avec lucidité, le poète analyse le mécanisme subtil de l'illusion. L'homme se définit par un intense désir d'absolu (« O vous
soutes gorgées de désirs d'étoiles [2] »), par le rêve ambitieux d'une
condition supérieure d'existence. Mais quelque geste de maîtrise
qu'il pose, il demeure aussi démuni qu'avant. Tout s'effrite sous
l'action du temps. Ne reste que l'angoisse — mais ce tourment
pourrait bien être imaginaire, de sorte que le poète entretient dans
son esprit des chimères si tyranniques qu'elles prennent l'allure de
divinités inflexibles, sortes de démons particuliers ou de génies
déterminés par le subconscient. La seule certitude est celle de la
mort inévitable :

> Bientôt l'ombre nous rejoindra sous ses
> paupières faciles
> Et nous serons comme des tombes sous la
> grâce des jardins [3]

Dans ce poème, vide de toute référence à l'au-delà ou à quelque
refuge que ce soit, un homme dénonce l'imposture de toute quête,
transmet, sans faux-fuyant, la révélation qu'il a eue de sa « solitude d'acier [4] », condition qu'il déclare commune à tous. Sous
l'emprise de la douleur, il cherche à rester stoïque — il y parvient
sans doute. Seul l'usage de l'ironie révèle à quel point il est
désespéré.

Avec les nuances qui s'imposent, on peut dire que le poème
initial des *Îles de la nuit* condense le message du recueil entier.
Inutile de dire qu'à l'époque où le livre paraît, ce message va à
l'encontre du mouvement de confiance et d'aisance que connaît
alors notre société. Les atrocités de la guerre qui se passe ailleurs
nous parviennent tamisées par les chroniques des journalistes : ce
ne sont que des récits d'aventures comme tant d'autres, noyés dans
le flot des nouvelles locales. La guerre a donné du travail à tous,
l'argent circule, chacun s'efforce de consolider sa propre situation,
ce qui donne le loisir aux garants du conservatisme et de la tradition inerte de raffermir leur autorité — pourtant déjà secrètement

---

2 « O tourments... », IN, p. 11.
3 *Ibid.*, p. 13.
4 *Ibid.*, p. 12.

compromise par l'activité de ceux qui, profitant du tumulte que cause la guerre, tâchent de préparer les voies du renouveau. C'est au cœur d'un fervent mouvement en faveur de l'art abstrait que s'inscrit la publication des *Îles de la nuit,* à l'heure même où, selon Charles Doyon, peinture et musique pratiquent « une brèche vers l'irréel [5] ». Sept ans après *Regards et jeux dans l'espace* [6], le recueil de Grandbois apparaît, par son message d'inquiétude et de révolte latente, par une écriture qui laisse affleurer sans cesse l'inconscient, comme un puissant agent de subversion dans le domaine de la poésie.

La modernité des *Îles de la nuit*

Au printemps 1944, aux Éditions Lucien Parizeau et Compagnie, Alain Grandbois publie *les Îles de la nuit,* recueil de quelque cent trente-cinq pages orné de cinq dessins d'Alfred Pellan.

Remarquable exemple de la solidarité des arts durant cette période, *les Îles de la nuit* naît de la vision commune d'un peintre et d'un poète :

> J'étais à Montréal, dit Alain Grandbois, de retour de mes voyages ; Pellan revenait d'un long séjour en Europe ; nous étions bons copains. J'avais montré des poèmes à Pellan, qui s'était senti inspiré pour un tableau, *les Îles de la Nuit,* justement. Puis d'autres tableaux

---

[5] Charles DOYON, dans *le Jour,* 4 janvier 1941, p. 7.

[6] Pierre GÉLINAS : « Sauf Saint-Denys Garneau, nul ne s'est rendu aussi loin par la sûreté du métier et l'intensité du message [...]. Depuis Saint-Denys Garneau, je ne vois personne qui se soit montré davantage en possession d'une telle technique, au service d'un souffle plus authentique. » (*Le Jour,* 27 mai 1944, p. 5.) André GIROUX : « Nous qui pleurions la mort de Nelligan et de St-Denys Garneau comme la mort de la poésie chez nous n'avons plus aucune raison de douter. Alain Grandbois a fait la relève et a placé la poésie à un sommet qu'elle n'avait jamais atteint avant lui. » (*Culture,* 1945, p. 501.)

ont suivi, puis l'idée du livre, avec des dessins de Pellan : malheureusement, Parizeau n'a pas fait un travail très propre [7].

De fait, si la typographie et la disposition des poèmes dénotent beaucoup de soin, il n'en est pas de même pour les dessins : tableaux d'assez grande dimension à l'origine, réduits pour la publication, ils sont desservis par la mauvaise qualité de l'encre ou du papier qui en a épaissi les lignes.

Mais c'est pour d'autres motifs que certains critiques cherchent la formule la plus cinglante pour les définir : « hilarant grotesque », « singeries pour snobs [8] », « géométrie loufoque [qui] fera se pâmer d'aise les snobs [9] ». L'imprévu des dessins rebute particulièrement le critique patenté de la revue *Lectures,* Théophile Bertrand :

> ... nous n'hésitons pas [...] à regretter sans restriction les dessins qui ornent l'édition. Ils sont de cet art cauchemardeux [*sic*] dans lequel un monde affolé manifeste son détraquement et prostitue sa soif d'infini [10].

---

[7] « Rencontre avec Alain Grandbois », dans Guy ROBERT, *Littérature du Québec,* tome I : *Témoignages de 17 poètes,* p. 48. — L'écrivain Parizeau était en passe de devenir l'un de nos éditeurs les plus avertis. Tout juste après la publication des *Îles de la nuit,* René Garneau loue son flair à dépister les belles et bonnes œuvres, « ses qualités d'artiste du livre ». C'est d'ailleurs à ce moment que Parizeau fait paraître plusieurs récits de qualité (ceux de Jacqueline Mabit, de Pierre Baillargeon, de Madeleine Grandbois), met au point une collection d'auteurs français (un Baudelaire, *le Spleen de Paris,* un Aloysius Bertrand, *Gaspard de la nuit*) et annonce une anthologie des nouveaux écrivains de la Résistance (cette anthologie paraîtra sous le titre *Poésie 46* en collaboration avec Pierre Seghers, Grandbois y insérant un poème en compagnie de ceux d'Éluard, de Pierre Emmanuel, de Guillevic, de Patrice de La Tour du Pin). Voir René GARNEAU, « Servitude et grandeur littéraires », dans *le Canada,* p. I du supplément littéraire du 22 oct. 1945.

[8] ARISTOCRITOS, compte rendu des *Îles de la nuit,* dans *les Carnets viatoriens,* oct. 1944, p. 292.

[9] Roger DUHAMEL, compte rendu des *Îles de la nuit,* dans *l'Action nationale,* oct. 1944, p. 139.

[10] Théophile BERTRAND, compte rendu des *Îles de la nuit,* dans *Mes Fiches,* 5 et 20 sept. 1944, nos 149-150, p. 43.

De la même façon, le modernisme de l'écriture en déroute plusieurs. L'on ironise sur les « puzzles [11] » symbolistes, sur les « ismes de la nuit [12] » (surréalisme, cubisme, futurisme) ; on se déclare agacé par le rejet de la ponctuation, l'allure anarchique du vers, l'hermétisme. Ainsi René Chopin déplore que le poète, ayant sacrifié « aux idoles ténébreuses », ait produit certains vers qui « nous paraissent abstrus encore plus qu'abstraits [13] ». Pour un certain Egmont (j'ignore encore qui se cache sous ce pseudonyme), Grandbois, qui a modifié l'ordre ordinaire des mots, laisse surgir des images libres, hardies, donne l'impression de rédiger « la transposition d'un rêve [14] ».

À noter que Grandbois ne pratique pas systématiquement l'écriture automatique ou onirique. Il revise les dictées de l'inconscient. L'élimination de l'arbitraire confère au poème une unité de climat, de sentiment et d'émotion, une sorcellerie évocatoire ou incantatoire [15] fondée sur une science du nombre et des sonorités aussi bien que sur des procédés de répétition qui déterminent l'ossature du poème ; l'envoûtement tient parfois à des effets litaniques, parfois à un dosage des pauses, nombreuses, mais toujours à la souveraine profondeur et transparence d'une sensibilité poétique partout reconnaissable.

---

[11] Jean GENEST, compte rendu des *Îles de la nuit*, dans *Relations*, sept. 1944, p. 251.

[12] « Ce livre s'intitulerait fort à propos *les ismes de la nuit ;* il reflète en multiples éclats l'époque émancipée du très-moderne, activée par le dynamisme vers le futurisme, après avoir été frappée par l'impressionnisme, enivrée de surréalisme, équarrie grâce au cubisme, balancée sur l'acrobatisme (d'un Picasso deuxième genre), puis paralysée dans le statisme, voisinée par le proxisme et enfin secouée par le fauvisme. » Pierre-André LOMBARD (pseud. d'Émile BÉGIN), dans *le Canada français*, nov. 1944, p. 201.

[13] René CHOPIN, dans son compte rendu du *Devoir*, 2 sept. 1944, p. 8, s'amuse, mi-figue mi-raisin, à composer un « Petit procédé surréaliste pour capter la vraie poésie » : que le poète se tienne en état de disponibilité, effectue une plongée dans l'inconscient, chemine en tâtonnant jusqu'au sanctuaire de la Pythie, consigne scrupuleusement, sans rien modifier, tout ce qu'elle dit.

[14] EGMONT, compte rendu des *Îles de la nuit*, dans *la Revue populaire*, août 1944, p. 8.

[15] Émile BÉGIN note « la magie incantatoire et noire des vocables » (*loc. cit.*, p. 141).

Car il n'y a pas que la forme qui ait surpris. Le contenu a gêné les critiques soucieux de morale. On a tout de suite noté que le poète avait pour ambition de faire pénétrer le lecteur « dans le labyrinthe de son destin [16] ». Comme le dit René Chopin, voici que le voyageur d'Orient, fixé en son pays par la guerre, opte pour l'aventure intérieure :

> Ne pouvant plus rien explorer en surface, il s'est dit : Soyons les scaphandriers de notre âme ! Il avait compris que l'âme a plus de profondeur qu'il n'y a de distance de Paris à Hankéou [17].

Devant cette évocation d'une descente en soi au plus profond de la nuit, plusieurs commentateurs s'érigent en directeurs de conscience, mettant en garde les lecteurs contre cet exil nocturne qui, assure-t-on, ne s'ouvre sur aucune aube. Il semble intolérable à cette époque de laisser place au doute sur le salut terrestre ou spirituel, ou sur la foi religieuse. Réginald Dupuis croit opportun de servir à Grandbois une leçon à ce sujet :

> Si la nuit peut être sage et féconde, c'est le jour qui voit fleurir la vie, et c'est le soleil qui est l'astre, de même aussi que c'est au continent et non aux îles que les hommes unissent leurs mains pour faire des cités [18].

Au lieu de morigéner le poète, Guy Sylvestre s'interroge sur une possibilité de transformation de la vision du monde chez Grandbois :

> Ignorant la Joie, le poète des *Îles de la nuit* découvrira sans doute, un jour, le matin qui ne sera suivi d'aucune nuit et où toutes les questions s'évanouiront dans les âmes enfin illuminées par le soleil de la vérité [19].

---

16 Roger DUHAMEL, compte rendu des *Îles de la nuit,* dans *l'Action nationale,* oct. 1944, p. 139.

17 René CHOPIN, compte rendu des *Îles de la nuit,* dans *le Devoir,* 2 sept. 1944, p. 8. Autres textes : « le chant d'une solitude exaspérée » (René Chopin) ; « la somme complète d'un être à un moment de sa vie » (Pierre Gélinas) ; une « expérience splendide du soi » (Egmont) ; une « âme extrêmement vulnérable » (Roger Duhamel).

18 Réginald DUPUIS, « État présent de la poésie », dans *les Carnets viatoriens,* avril 1948, pp. 122-135.

19 Guy SYLVESTRE, compte rendu des *Îles de la nuit,* dans *le Droit,* 2 sept. 1944, p. 2.

Ainsi nous est suggéré un itinéraire de la nuit au jour que Grand-bois esquisse lui-même, de fait, dans *les Îles de la nuit* :

> Mais au delà les captifs seront-ils délivrés
> Les ténébreux préparatifs
> Annoncent-ils la voie
> Des royaumes imprévus [20].

Car si le poète pose le problème de l'homme égaré en ce monde, île dans la nuit, atrocement vulnérable, incapable d'assouvir son désir d'éternité, d'harmoniser ses rêves et le réel, ensorcelé par les songes, emporté par le temps, il n'en reste pas moins que l'hostilité du monde ambiant, dur, froid, cassant, ne parvient pas à étouffer l'espoir de réconciliation. C'est cette promesse de progrès que révèlent l'organisation thématique et la dimension mythique du recueil.

L'organisation thématique

Si l'on porte attention aux thèmes de chaque poème, on ne trouve pas que leur agencement vise à quelque démonstration, suive un ordre progressif. La quête d'absolu, le destin de la communauté fraternelle, le rappel du passé perdu (traversé de la figure idéale de la mère), l'amour, heureux ou malheureux, de la Fiancée, toutes ces questions fondamentales apparaissent sous le signe de la dispersion.

Pourtant, au sein même de l'éclatement labyrinthique, il est possible de discerner un principe unificateur. Ces thèmes, qui sont abandonnés, repris, qui se chevauchent et s'entrecroisent (de rares poèmes, parfois, composent une sorte de synthèse, ainsi le poème 17, « Ce ciel vert d'étoiles... »), en viennent tout de même, sous l'influence d'une même nécessité, à se conjuguer. L'interdépen-

---

[20] « Au delà ces grandes étoiles ... », IN, p. 20. Ce passage d'un état de désespérance et d'isolement à un état de confiance et d'accompagnement serait en même temps le signe de l'évolution qui se dessine des *Îles de la nuit* à *l'Étoile pourpre*.

dance d'éléments disparates et distants est voulue par l'action unificatrice du mouvement même de la vie et de l'expérience humaine. Nous en venons ainsi à considérer le temps, quel que soit par ailleurs le sujet abordé, comme le protagoniste essentiel. De fait, les quatre thèmes fondamentaux que nous avons définis plus haut se rattachent tous au domaine du temps, prédateur des instants de bonheur que la vie procure, responsable de la précarité et de la dissolution de toutes choses dans l'oubli, car le souvenir est impuissant à racheter ce qui fut vécu. C'est du reste ce thème du temps irrévocable qui, selon **René Garneau**, donne au recueil sa cohérence :

> Le fait que Grandbois ne donne pas de titre à ses poèmes ou plutôt que chacun porte comme titre son premier vers est le signe qu'il ne cherche pas à centrer son chant intérieur sur un thème particulier de souffrance mais qu'il n'attache d'importance qu'au seul déroulement de la modulation, aux tons changeants de cette souffrance. Et pourtant une figure aux traits nets s'élabore pour chaque poème dans le jeu des variations, une trame s'ourdit lentement et l'on reste avec l'impression d'une architecture complète [21].

Cette architecture complète et expressive se précise dès qu'on examine le contenu et même la durée (nombre et mesure du vers) de chaque poème. Le recueil se compose de quatre groupes de sept poèmes chacun. Or, le premier et le dernier de ces groupes offrent plusieurs similitudes, si bien que le dernier vient en écho au premier, qu'il recommence, en quelque sorte, auquel il se superpose. C'est ainsi que les poèmes de la première personne (ceux dont le poète est, sinon le seul, du moins le principal personnage) sont pour la plupart inclus dans l'un et l'autre de ces deux groupes [22], et c'est là également qu'est évoqué l'envahissement de la nuit [23], et c'est là qu'apparaissent, non seulement les poèmes les

---

[21] René Garneau, « À propos des *Îles de la nuit* d'Alain Grandbois », dans *le Canada,* p. xx du supplément littéraire du 4 nov. 1946. De son côté, Egmont parle d'une « merveilleuse et insolite architecture ».

[22] Voir les poèmes 1 à 8 (sauf 4) et 23 à 28. Entre ces deux groupes, les seuls poèmes 12, 15 à 17, 19.

[23] Au début : poèmes 3, 5 et 6, et surtout à la fin ; poèmes 22 et 23, 25 à 28.

plus longs, mais ceux dont les vers ont le plus grand nombre de syllabes [24].

Entre ces deux sections, initiale et terminale, s'étendent deux sections intermédiaires, à peine différenciées, qui constituent une longue période où les poèmes, plus courts, de tonalité moins grave, apparaissent comme des haltes au cours de la quête du poète. Ce voyage au bout de la nuit comporte en effet des heures de grâce, des oasis de douceur. Mais ce ne sont que des sursis (voir les poèmes 14, 18 et 21) : la tragédie ne tarde pas à redevenir actuelle. En sorte que le déroulement linéaire du recueil suggère que nul progrès n'a été accompli : impossible d'exorciser le pouvoir néfaste du temps corrupteur.

C'est du moins ce qu'indique avec constance le dernier vers de la majorité des poèmes, vers final souvent mis en retrait, incisif, comme figé dans l'effroi ou l'incrédulité face à l'inflexible destin. Si l'on admet que le temps se spatialise en nuit et que les pauses, répits ou sursis, sont les îles, l'un des sens possibles du titre serait que le poète progresse aveuglément d'île en île en quête d'une escale définitive (c'est tout le symbolisme du poème « Ah toutes ces rues... »). Vaine recherche : le poète demeure « désir figé parmi les îles de la nuit [25] ».

Mais ce recueil, qui dit l'exil inexorable, contient aussi, contre toute attente, l'indice d'un espoir de rapatriement. Car la chute de

---

24 *Tableau des moyennes* :

Groupes	Rang des poèmes	Nombre de vers par poème	Nombre de syllabes par vers
I	1 à 7	34	12
II	8 à 14	16	8
III	15 à 21	20	11
IV	22 à 28	50	12

À quoi attribuer le fait que les poèmes les plus angoissés, au début et à la fin du recueil, soient ceux où la parole est la plus nombreuse ? L'abondance du discours, sa véhémence, sont moins le signe d'un bonheur de vivre que l'ultime manifestation de la tension vitale : jusqu'au bout, le poète sauvegarde sa dignité face au destin. Il sera asservi, non sans avoir utilisé les procédés les plus propres à instaurer une permanence, témoin ce mode d'amplification oratoire qu'illustrent litanies et reprises.

25 « O Fiancée... », IN, p. 83.

la section terminale offre en commun avec l'élan de la section initiale d'être le fait d'illusions : chaque option suppose l'option contraire, ni l'une ni l'autre n'est exclusive ni définitive, mais leur opposition les rend complémentaires, symétriques — parallèles et inverses. Si bien que le terme du parcours est l'amorce d'un nouveau cycle : une figure circulaire s'élabore, dont l'avènement est promesse de salut. L'on passe en effet du temps linéaire, non réversible, de l'histoire, au temps circulaire et répétitif de la nature ou du cosmos, lequel assure la réintégration désirée, puisque l'ordre cosmique admet l'éternel retour. L'examen de la dimension mythique du recueil aboutit au même résultat, tout en révélant que la correspondance entre l'ordre humain et l'ordre cosmique s'établit par la médiation de la femme.

La dimension mythique

Soutien de l'organisation thématique du recueil, la réflexion sur le temps en fonde également la dimension mythique. Tout porte à croire, en effet, que la quête du poète des *Îles de la nuit* s'apparente à l'aventure exemplaire d'Orphée. Bien avant Pierre Emmanuel, qui dira central « le thème orphique dans le sens très précis des rapports du poète avec une figure bien-aimée, morte ou disparue [26] », Émile Bégin, dans son compte rendu de la revue de *l'Enseignement secondaire au Canada,* fait allusion au couple légendaire d'Orphée et d'Eurydice :

> Au gré des flots, descendent deux êtres, le poète et l'autre, qui mêlent leurs doigts, qui avalent leurs cheveux, qui se heurtent et se baisent sans jamais se connaître, qui font halte dans des archipels de rêves, reprennent leur navigation tourmentée pour aboutir à la solitude, au désespoir de ne jamais se pénétrer, se comprendre, devenir un, et s'abîment dans la suprême isolation [27].

---

[26] Pierre EMMANUEL, extrait d'une causerie prononcée à Radio-Canada le 1er sept. 1953 (Archives de Radio-Canada).

[27] Émile BÉGIN, compte rendu des *Îles de la nuit,* dans *la Revue de l'enseignement secondaire au Canada,* nov. 1944, p. 140.

Plus encore que l'Orphée solidaire des Argonautes, le poète des *Îles de la nuit* est l'explorateur solitaire des solitudes chthoniennes, le magicien qui vise à exorciser, grâce aux ressources phoniques et rythmiques de la parole, les forces de l'inconnu. Il est l'amant endeuillé par la perte de la Fiancée, et qui, par la mémoire et par le chant, recrée le bonheur perdu à l'instant précis où la vie le fuit de toutes ses blessures ouvertes. Rien ne compte davantage que de réaliser l'unité à laquelle il tend de toute sa volonté, lui dont l'identité est toujours rompue, clairvoyant qui se fait dupe de lui-même, tendre capable des pires violences, recourant aussi bien au silence qu'à la clameur, passant incessamment du réel au rêve, blessé par le discontinu et par le disjonctif.

À dire vrai, le poète des *Îles de la nuit* se complaît le plus souvent à frôler une telle identité parallèle, et aucun passage ne décrirait mieux l'inconsolable douleur d'Orphée séparé d'Eurydice que ces huit vers du poème « Au delà ces grandes étoiles... » :

> Je suis le veuf de la nuit
> Mais où mon deuil
> Mais où mon seuil
> Je suis le veuf d'une invisible terre
> La nuit m'a enseigné la cloison de ton visage
> Et je voyais dans ses couloirs choisis
> Ton œil comme un feuillage
> Toutes les colombes comme ta bouche [28].

Les vers qui précèdent cette citation nous ont appris que le poète, dans un violent élan de destruction, a anéanti tout projet d'absolu comme tout espoir de secours, afin de parachever, et même de magnifier, la solitude où il se voit contraint. Dans les quatre premiers vers du présent passage, le voici qui affirme paradoxalement son identité dans l'inexistence et le vide, pour ensuite, dans les quatre derniers vers, apprécier, cruellement peut-être, à quelle distance il est tenu de la femme qu'il invoque tout au cours de ce poème et à laquelle il attribue des attitudes contradictoires de refus et d'accueil.

La disposition de ces vers retient l'attention. Au début d'une strophe, ils y gagnent en solennité. Les quatre premiers vers composent une sorte de litanie obsédante et circulaire en laquelle le

---

[28] « Au delà ces grandes étoiles ... », IN, p. 19.

poète est comme enchaîné. Le quatrième vers reprend presque en écho le premier et la variante « invisible terre » plutôt que « nuit » pourrait servir de transition aux quatre vers suivants qui forment eux aussi un ensemble complet. Les deux vers intermédiaires (« Mais où mon deuil / Mais où mon seuil »), à une lettre près, sont identiques, du point de vue phonique et graphique.

Et que disent ces quelques vers ? Le poète y aborde le thème de la personnalité et du destin. Il affirme, catégorique, une identité, même négative — comme l'envers d'une personnalité. Formule par laquelle il se définit, se circonscrit, où il s'enferme. Mais cette formule devient une sorte de talisman magique qu'il peut opposer au destin. Le phénomène est connu : on se rappelle Apollinaire (« Je suis soumis au Chef du signe de l'automne ») et Nerval (« Je suis le ténébreux, le veuf, l'inconsolé »). Le seul fait de formuler l'inquiétude en atténue la nocivité. Mais qu'y a-t-il à l'origine de l'angoisse ? Une sorte de brisure. Ce que la forme même suggère, pas seulement par le fait qu'il y ait reprise (signe d'égarement, monotonie aliénante), ou interrogations (ce qui accroît l'incertitude), mais par le jeu du double hiatus des « Mais où » : c'est dire que l'instant où le poète se définit ne repose sur rien ; c'est un intervalle, une lacune, une cavité dans la ligne normale d'évolution du temps. Il y a eu rupture du système habituel de temps et d'espace, qui ne vaut plus.

La deuxième partie de cette strophe indique de l'absence de quel être il souffre en même temps que la soumission du poète à un certain déterminisme. Il n'est pas libre de connaître ni d'éprouver : l'apprentissage est orienté (« la nuit m'a enseigné », « ses couloirs choisis »). Et cette révélation le confirme dans sa solitude. La femme se dissimule derrière un masque — c'est l'être de mensonge, ou de trahison — promesse non tenue. Mais cette promesse est tout de même perçue : promesse de refuge (feuillage) et d'apaisement (colombes). La femme contribuerait en quelque sorte à la lumineuse délivrance hors de l'emprise du songe nocturne. Notons d'ailleurs ce passage de la claustration à l'évasion suggéré en autant d'étapes que de mots : cloison, couloirs, feuillage, colombes — en même temps que le passage d'un règne inférieur à un règne supérieur ; notons enfin l'envol multiple et magnifique que suggèrent les derniers mots (« Toutes les colombes »).

Mais, de cette extase, le poète est absent, réduit au statut
de simple spectateur. La rencontre n'a pas lieu. La nuit règne
encore qui enveloppe toute cette scène. Et la quête du poète se
poursuit, qui traduirait la nostalgie du paradis perdu de l'enfance.
Rappelant ce vers de Nelligan : « Ah ! retournons au seuil de
l'Enfance en allée [29] », nous percevons en effet que l'événement
responsable de la désolation du poète est celui de la perte de l'enfance. À l'instant de la rupture, le secret de l'existence antérieure
s'évanouit. La « terre invisible » dont il déplore ensuite la disparition serait une sorte d'Éden perdu, qu'il lui faut revisiter, et tout
se passe comme si la femme énigmatique qui hante cette scène,
enfin rejointe, pourrait seule permettre l'insertion à nouveau dans
le réel, et, par le fait même, favoriser le retour au passé heureux.

Mais l'impossibilité pour le poète de réintégrer l'unité tient
à l'ambiguïté de la femme, appelée Fiancée ou Bien-Aimée, qui
hante son existence. À certains moments, comme il est dit çà et
là dans le recueil, la médiation de la femme réussit. Douée de
qualités habituellement étrangères aux humains, exerçant une
égale maîtrise de son corps incorruptible et de son esprit immuable,
comme si le temps sur elle n'avait pas de prise, elle pose des gestes
qui introduisent à un univers peuplé par l'Archange, l'Arche,
l'Arbre, qui attestent la présence du sacré. Elle est l'Arche qui
assure la traversée du chaos. Elle est celle qui convie le poète à la
rencontre de l'Archange, en l'unité duquel se fond le couple, issue
d'ailleurs anticipée dès le départ, ainsi que le suggèrent ces simples
mots :

> Nos corps mêlés comme si l'enfant déjà
> jouait dans nos chairs [30]

---

[29] Émile NELLIGAN, « Mon âme », dans *Poésies,* Montréal et Paris, Fides,
coll. du Nénuphar, 1952, p. 42.

[30] « Le feu gris... », IN, p. 27. L'on verrait ici une allusion à l'androgynat.
Évoquant l'image de corps accouplés, l'Androgyne suggère la recons-
truction de l'unité originelle. Il est cet être ailé, bisexué, qu'on représente
le plus souvent sous les traits d'un enfant, lequel, tout en reflétant l'état
d'indétermination d'avant la chute, apparaît comme un sauveur, comme
le médiateur qui maîtrise conflits et contrastes, et exorcise le temps.
(D'après le *Dictionnaire des symboles,* paru chez Robert Laffont sous
la direction de Jacques CHEVALIER).

— l'enfant et l'archange étant ces créatures parfaites nées de l'accord du couple et qui disent la réussite du dépassement des limites humaines.

La plupart du temps, toutefois, la quête avorte, tourne en faillite. Impatient de réaliser l'union, jaloux des mérites de l'autre, le poète transgresse l'interdit [31] : la possession devient fictive [32], il y a séparation, et c'est l'envoûtement de l'amoureuse par les puissances des ténèbres — elle est cette ombre qui se perd dans l'ombre de la mort [33]. Destin de chute qu'à l'inverse (renversement symétrique des rôles) le poète subit par la femme quand, ironique, elle manque à sa promesse, elle trahit l'engagement, comme s'il était de sa nature même d'échapper à la perfection qu'exige la poursuite du réel absolu [34]. Lucide, désabusé, le poète lit d'avance la fatalité de la trahison à l'instant même de la rencontre — alors il bascule dans la solitude comme dans l'ombre des abîmes. C'est du reste autant de lentes descentes aux enfers ou « dans la vallée des tombeaux [35] » que décrivent à la suite l'un de l'autre les six ou sept derniers poèmes, mises à mort (auxquelles le poète consent, qu'il souhaite même, il parle de « joie de mort [36] ») qui s'accompagnent pourtant du regret des heures heureuses de la vie passée, car, encore habité de la vision comme extatique d'une femme qui pacifie le cosmos, il continue de nourrir l'illusion que cette vision, dont il affirme contre tout la certitude, passe enfin du souvenir à une vision de l'avenir. L'évocation terminale de la victoire passée a pour but de préparer le succès futur.

Accompli en droit, le destin du « veuf de la nuit » reste, de fait, inachevé. L'ultime poème, « Fermons l'armoire... », petite somme de l'expérience que traduit le recueil entier, n'offre pas de solution définitive. On peut y lire aussi bien la défaite que la victoire. Veuf inconsolé, lui qui porte le deuil de la fiancée perdue,

---

31 Voir le poème « Pâleur étincelante... », IN, pp. 71-72.

32 « On croit que les choses *sont,* pour s'apercevoir simplement qu'elles *étaient.* » (Pierre GÉLINAS, dans *le Jour,* 27 mai 1944, p. 5.)

33 IN, pp. 28 et 43.

34 Se rappeler les paroles qu'Hélène dit à Kyrov : « *Je ne voulais pas t'entraîner au seuil de mon tombeau, et te laisser là, mille fois plus misérable que moi, dans ta solitude...* » *Avant le chaos,* p. 62 (les italiques sont de Grandbois).

35 « Que surtout mes mains... », IN, p. 90.

36 « Ce feu qui brûle... », IN, p. 67.

le poète sait qu'une coupure temporelle sépare encore le présent ténébreux du passé illuminé. Mais il n'accepte pas l'évidence de la séparation et jette un regard rétrospectif sur l'image éclatante du bonheur passé : l'échec prend son sens dans l'impuissance à rompre un incessant mouvement d'aller-retour entre le rêve et la réalité, entre l'illusion et la certitude. On voit le poète voué à un épuisant destin de recommencement.

Mais « Fermons l'armoire... » dit aussi le moyen d'échapper au circuit insensé formé par les limites qu'imposent à l'homme les lois de l'espace et du temps. De retour des Enfers, à la veille d'y replonger, le poète trompe l'angoisse par l'exercice du seul pouvoir qu'il puisse revendiquer, celui de la parole. De l'expérience qu'il vit et dont il lui arrive de mettre en doute la réalité (« O tourments plus forts de n'être qu'une seule apparence [37] »), subsiste une certitude, celle de la conversion en poésie des épreuves qu'il se remémore avec tant de mélancolie. La profession de foi du poème « Les mille abeilles... » en faveur de la vertu salvatrice de la poésie —

> Rien n'est plus parfait que ton songe
> Tu t'abîmes en toi et tu crées
> Le paysage ultime de ta beauté
>
> Tout le reste est mensonge [38]

— informe encore « Fermons l'armoire... » : l'armoire aux sortilèges du verbe reste ouverte pour que continuent de s'en échapper les charmes du rythme et des sonorités qui exercent leur influence au profit de qui, laissant la proie pour l'ombre, affronte les séductions du monde nocturne. Tel un talisman, à la frontière entre le silence et le cri, la parole reste le seul soutien constant d'une liberté spirituelle qui renaît sans cesse de ses élans toujours brisés. Le poème, analogue culturel de la vie que la morte a perdue, promeut à l'existence une conscience qui souffre de ne pas être. Tout se passe donc comme si l'épreuve du songe engendrait le réel, comme si la traversée du mensonge produisait l'intégrité : les « poisons » que le poète discerne dans l'amour contiennent eux-mêmes les « diamants », symboles de la réalisation spirituelle et de

---

[37] « O tourments... », IN, p. 11.
[38] IN, p. 41.

l'unité rêvées. La parole serait cet éclat de cristal noir d'où rejaillit la vie du poète [39].

« Pris et protégé... »

Il est un poème, à ce sujet, qui ne cesse d'intriguer, traduisant l'espoir d'une proche métamorphose. Le plus bref de tout le recueil, il se présente comme un condensé de la pensée du poète. C'est le poème « Pris et protégé... [40] », qui donne un aperçu de la condition humaine : on y trouve mis en relations le monde, l'homme et la divinité.

> Pris et protégé et condamné par la mer
> Je flotte au creux des houles
> Les colonnes du ciel pressent mes épaules
> Mes yeux fermés refusent l'archange bleu
> Les poids des profondeurs frissonnent sous moi
> Je suis seul et nu
> Je suis seul et sel
> Je flotte à la dérive sur la mer
> J'entends l'aspiration géante des dieux noyés
> J'écoute les derniers silences
> Au delà des horizons morts

Avec insistance, les premiers vers montrent la passivité du rêveur, agi par la mer dont nous concevons la démesure. Dès le début, le nageur n'est qu'un dérisoire objet au sein de l'immensité marine :

> Pris et protégé et condamné par la mer

Le premier mot, c'est le geste même de la capture. Sec, soudain, tel le déclic du piège qui enferme le captif. Fulgurante entrée en

---

[39] D'après le titre d'un recueil de Paul Chamberland ; « Ce qui compte, dit René Garneau, c'est [que le poète] ait su changer ce silence en sortilèges et faire fleurir des jardins et des songes sur ce qu'il appelle « le désastre mortellement parfait » (supplément littéraire du *Canada*, 4 nov. 1946, p. xx).

[40] « Pris et protégé... », IN, p. 35.

matière : d'emblée nous est définie la réalité qui pourrait être angoissante, et n'être que cela. Mais voici qu'avec le mot « protégé » la prise de possession du nageur par la mer prend la forme d'une mise sous protection — duplicité de la mer, à la fois protectrice et meurtrière. Vient le troisième terme : « condamné », qui ouvre au poème une dimension morale.

Voici donc le poète lié à la mer, quasi enveloppé par elle comme le rappelle le deuxième vers :

Je flotte au creux des houles

Au mileu de ce vers de rythme ternaire, il se produit comme une chute (« au creux »), comme un enfoncement subit. D'où l'image impérieuse de houles puissantes, de murs qui se soulèvent, recouvrant le nageur, se refermant sur lui.

Risque d'écrasement ou d'absorption qui s'aggrave sous l'effet d'une autre puissance :

Les colonnes du ciel pressent mes épaules

Intervention du ciel qui fait peser sur les épaules du nageur tout le poids des colonnes qui supportent sa voûte. Nouvel Atlas, le nageur sert d'appui au ciel, de socle au temple céleste, à l'édifice du monde. Image de la défaite de l'homme sous le poids de la vie, plus précisément sous la contrainte d'une exigence d'absolu. Tâche héroïque, surhumaine, car immergé dans un milieu mouvant aux profondeurs insondables, il souffre de l'absence d'un sol ferme — obsession du manque d'appui, angoisse d'enfoncement, de submersion, de noyade [41].

Captif, vu ensuite comme un nouvel Atlas, alors soutien du monde, inséré dans l'Axe du monde, voici l'homme devenu le personnage principal du drame, le point de convergence des regards. Position privilégiée, qui suggère la quête d'un centre. Certes, la situation demeure précaire, mais le rôle central attribué au nageur le valorise. Il se croit en mesure d'ignorer tout secours, celui, en particulier, qu'offre « l'archange bleu », dont il est ques-

[41] Angoisse qu'expriment ces vers du poème initial des *Rivages de l'homme* (« Le silence », p. 104) : « Nul ange ne soutient plus Les parapets des îles ».

tion au quatrième vers. Couleur associée au spirituel, le bleu évoque dureté et pureté. Avec l'archange, figure du gardien du seuil et du justicier, surgit l'idée de malédiction et de châtiment, idée que le nageur tâche de rejeter :

> Mes yeux fermés refusent l'archange bleu [42]

Par suite de cette cécité voulue, le nageur devient toute intériorité, toute conscience. Aveugle, il accroît paradoxalement l'acuité de son esprit [43].

Le vers suivant termine le premier mouvement du poème, au moment où la sensation de vertige devient la plus vive :

> Les poids des profondeurs frissonnent sous moi

Nous savions déjà à quel point la position du nageur était précaire. Le péril s'accroît du fait que bouge l'immense masse aquatique et que s'exerce l'attraction de la pesanteur. Au même instant, venant du haut de l'espace céleste et du plus profond de la mer, deux forces puissantes, verticales et agissant dans le même sens, se conjuguent pour le basculer au fond du gouffre. Les yeux fermés, il s'était constitué, au sein de l'immensité marine, comme une retraite, une orgueilleuse citadelle, espèce d'île flottante, murée. Voici que cet abri fait défaut [44]. L'appui se dérobe, qui prive de toute saisie du présent [45].

---

[42] Attitude téméraire qui annonce les propos magnifiques par lesquels débute le quinzième poème de *l'Étoile pourpre* (« Rien », p. 213) : « Rien n'importait plus C'est pour demain ou pour un jour férié Les dieux se trompent s'ils veulent me punir Mon angoisse dépasse leur taille Je nage à contre-courant des faux géants Mon mépris est immortel ».

[43] Aveugle, soit, mais doué de plus de pouvoir, il fait la nuit sur soi pour devenir le plus lucide des voyants : « Mes yeux se fermaient Pour toutes les nuits Et je voyais alors Tout ce que je n'avais jamais vu » (« Beau désir égaré », EP, p. 189).

[44] « Mon île sous moi lentement s'enfonçait » (*Ibid*).

[45] Comme il est dit dans ce passage du poème « Est-ce déjà l'heure... » (IN, p. 43) : « La terre et la mer Glissent dans le temps Les bielles du ciel Roulent doucement Baignées d'oubli Où cette blancheur de tempe Où la maison perdue Où sur un sol Ne se dérobant pas Les pas d'aujourd'hui ».

Le nageur se maintient néanmoins au-dessus du vide, qu'il domine : notons la mise en évidence, à la fin de ce vers, et donc au terme du premier mouvement du poème, du pronom « moi », par quoi le poète affirme une certaine réussite. Il résiste à la conjonction des forces multiples (mer, archange bleu, ciel, profondeurs marines) qui s'appliquent à le dompter. À la grandiose hostilité du cosmos, il se croit et même se sait en mesure d'opposer une résistance efficace. Légitime satisfaction qu'il tire de ce qu'il nie l'oppression.

Par le vers 6 débute le deuxième mouvement du poème. D'un trait, le poète se reconnaît vulnérable :

> Je suis seul et nu

c'est-à-dire sans masque, authentique, pur, clamant et revendiquant cette pureté, cette intégrité, cette innocence. Naïf et démuni, tel qu'à l'origine de l'existence. Et de répéter cette identification, répétition qui n'est pas machinale car une substitution importante modifie la formule par laquelle il se représente. C'est l'apparition du mot « sel »

> Je suis seul et sel

associé au mot « seul » par une allitération heureuse. Cela dénote, par rapport au vers précédent, un prodigieux progrès. Acquisition de matérialité : devenu sel, marqué par la mer, le nageur porte en lui l'orgueilleuse amertume de la mer à laquelle, pour survivre, il a dérobé sa propre puissance. Cette matérialisation est une garantie, si cela était nécessaire, contre le consentement à la mort, contre l'idée de noyade [46].

Le mot « sel » suggère donc un accroissement de valeur. À la fois principe de cohésion, de concentration active et de purifica-

---

[46] Dans *Visages du monde*, Grandbois raconte une baignade en Bretagne, vers 1936-1938, à l'embouchure de la Rance, près de Dinard : « Les plages situées à l'embouchure du fleuve sont d'eau mi-douce, mi-salée, selon les marées, mais celles qui donnent sur l'océan sont tellement chargées de sel que vous pouvez y flotter indéfiniment sans être un excellent nageur. Et pour s'y noyer, il faut avoir vraiment la volonté du suicide. » (Manuscrit de l'émission du 26 mai 1952 : « Dinard ». Archives de Radio-Canada.)

tion, pur et dur comme le cristal (dont il est une miniature comme le poème entier constitue un microcosme), le sel, matière favorable, n'est pourtant pas sans suggérer aussi une tonalité d'inquiétude. On songe à l'anecdote biblique de la statue de sel, au personnage foudroyé par la justice divine pour avoir défié l'interdit et regardé, derrière soi, le lieu abandonné ; on songe aussi à Orphée qui, ramenant Eurydice des Enfers, la perd de nouveau, cette fois de façon définitive, pour n'avoir su résister au désir de tourner le regard vers celle qui le suivait dans sa remontée au jour. Nostalgie relative à la naissance, estime Jeanne Lapointe, qui voit « Pris et protégé... » comme

> un poème de retour à la naissance, ou un poème de nostalgie prénatale. Je suis portée à voir un premier plan symbolique : « Je suis seul et nu », ce qui serait la naissance, et puis un autre : « Je suis seul et sel », qui serait la naissance du poète en tant que conscience du monde. Je me réfère à Valéry qui, lui, parle beaucoup plus souvent que Grandbois de ce moment intellectuel qu'est l'éveil de la conscience du poète [47].

Le vers suivant

> Je flotte à la dérive sur la mer

rappelle la situation initiale avec, là encore, une différence notable. L'hostilité du monde a perdu de son pouvoir. Elle n'a plus prise sur le nageur qui ne se trouve plus « au creux », dans une certaine profondeur, mais « à la dérive », à la surface. Il émerge, dé-pris (allusion au premier mot du poème), désentravé. Image de liberté que celle de la dérive — détachement, désinvolture, insouciance. L'errance horizontale, en contradiction avec l'aspiration à la verticalité des vers 3 et 5, devient un signe d'évasion.

À partir d'ici, le sens auditif intervient. Ce que le poète enregistre, ce sont des appels qui proviennent d'abord de l'au-delà vertical, puis de l'au-delà horizontal. Et d'abord, il entend

> ... l'aspiration géante des dieux noyés

de ces dieux, familiers de l'eau profonde, qui règnent dans les abîmes du subconscient — antagonistes possibles de l'archange

---

47 Jeanne LAPOINTE, interview du 22 août 1969.

bleu. Et puis l'on passe de l'indifférence de « J'entends » à l'attention de « J'écoute », substitution qui manifeste comme un besoin d'acquérir :

> J'écoute les derniers silences
> Au delà des horizons morts

Telle est l'image finale du poème, celle d'un nageur, seul survivant dans un cosmos promis au néant. Plus rien n'existe au-delà des horizons « morts », mot qui résonne comme un glas au terme du poème [48]. Libéré du poids du passé, ou sur le point de l'être, seul veille le poète, dans l'attente d'une métamorphose.

Tout le poème raconterait le passage graduel de la passivité à l'activité virtuelle, de l'objet au sujet naissant. On quitte l'état de dépendance ou de servitude, mais on demeure au seuil de l'activité libre qui débuterait dès que se seraient tus les « derniers silences ». « Pris et protégé... » annonce que nous en sommes presque au geste « issu d'un passé mort [49] », une fois maîtrisés l'archange bleu (la recherche de l'absolu) et les « poids des profondeurs » (la soumission à l'instinct). Refusant tout mirage et tout miracle, ayant désappris la peur, le poète se tient à l'instant pur du recommencement d'où surgira un être nouveau qui vivra de la vie de tous.

Poème de l'intervalle ou du suspens, « Pris et protégé... » correspond à *Rivages de l'homme,* recueil intermédiaire entre la plongée désespérée au sein de la nuit et de la mer aliénantes qu'illustre *les Îles de la nuit,* et le parcours fervent de la réalité que tracera *l'Étoile pourpre,* dont les toutes dernières strophes disent le bonheur de l'accord charnel, la participation à la vie du monde concret et l'acquisition d'une plénitude substantielle. Un paysage précis s'installe là où n'était que le vide, le mouvement

---

[48] Plus rien non plus n'existe « Au delà des mémoires abolies   Au delà des temps révolus » (« Poème », RH, p. 150). On peut suivre le jeu de l'écho dans ce poème, où plusieurs vers sont jumelés : les vers 6 et 7, 9 et 10 ; entre ces deux groupes, le vers 8 répond au vers 2 ; enfin, le mot qui termine le vers 8 est le même qu'au vers 1, le mot « mer », auquel répond le dernier mot du poème, le mot « morts », de sorte qu'il se glisse comme une identité entre ces deux termes (la mer est prison mortelle et le nageur, un captif).

[49] « Parmi les heures... », IN, p. 23.

succède à la fixité. D'un système clos, répétitif, circulaire, nous passons à une démarche linéaire ouverte. À la fin de *l'Étoile pourpre,* nous aboutirons à des « royaumes imprévus », à l'issue d'une démarche dont *les Îles de la nuit* décrit « les ténébreux préparatifs ».

L'influence d'un livre

Poète de la présence, Alain Grandbois interprète dans *les Îles de la nuit* les signes reçus du monde sensible où il voit comme un analogue du monde intérieur. En ces temps d'angoisse universelle, il est de ceux qui cherchent, interrogent, s'interrogent. Et c'est fondamentalement le réel qu'il entreprend de dévoiler, persuadé que c'est à travers lui que s'atteint le surréel — André Breton ne procédait pas autrement, pour qui la surréalité « serait contenue dans la réalité même, et ne lui serait ni supérieure, ni extérieure [50] ». Alain Grandbois s'associe au projet de Breton. Lui aussi aspire à saisir cet instant de « beauté convulsive » où se neutralisent l'immobilité et le mouvement [51]. Un rapprochement s'établit entre le recueil de Grandbois et *Arcane 17,* récit que Breton rédige au Québec à l'époque même où Grandbois rassemble les poèmes des *Îles de la nuit.* L'un et l'autre livre disent l'intervention de la femme, médiatrice et salvatrice, qu'elle s'appelle Mélusine ou la Fiancée, l'un et l'autre livre se placent sous le signe de l'Étoile, emblème d'espérance et de résurrection, qui enseigne aux occultistes que la puissance de régénération réside dans l'amour humain, dans « la communication providentielle avec les forces élémentaires de la nature [52] ».

Le recueil de Grandbois touche au surréalisme dans la mesure également où ses vers ont une résonance collective. Le

---

[50] André Breton, cité par Georges-Emmanuel CLANCIER, *De Rimbaud au surréalisme,* Seghers, 1953, p. 345.

[51] Voir l'étude de Gabrielle POULIN, « La poésie d'Alain Grandbois, une tour dressée aux mains du silence », dans *Relations,* janvier 1970, pp. 22-23.

[52] André BRETON, dans *Arcane 17,* Jean-Jacques Pauvert, 1971, p. 69.

poète n'est plus l'auteur exclusif du chant. Il perçoit une voix qui n'est plus la sienne, qui lui parle de l'intérieur. René Chopin le note dans son compte rendu : « Le poète aujourd'hui n'est plus un médium : la Pythie lui souffle les paroles [53]. » Et cette voix inspiratrice est celle de l'âme collective. Voici l'instant où la poursuite individuelle de l'amour devient le désir d'une liberté commune. Les premiers lecteurs des *Îles de la nuit* y ont d'ailleurs mis en relief le thème de la fraternité. À ce propos, Pierre Gélinas cite un passage du *Cahier des prisonniers* — c'est un texte de Jean Bénac :

> Le chanteur est solitaire dans son chant mais non dans sa chair. Si plus haut que lui, se combine sa voix dans quelque lieu secret visité de lui seul, elle résonne pourtant sur les étages de passion bien humaine, d'instincts et d'anciens héritages, elle retombe sur de terrestres assises où nos racines se mêlent à toutes celles de toutes les vies [54].

Alain Grandbois n'a pas à donner de preuve d'un sentiment d'appartenance à la vaste communauté des hommes : « voilà un homme qui nous jette soudain dans son rythme propre toute la poésie du monde », s'écrie Berthelot Brunet [55]. L'exacte convenance de ses propos à la mentalité de son temps paraît évidente : « Ces paroles sourdes, heurtées, brûlantes comme de la lave, sont-elles nées du chaos ? » se demande René Chopin [56], et René Garneau de voir dans le poète des *Îles de la nuit* l'image de l'homme nouveau qui sort de l'ombre de la guerre [57].

Or, si la poésie violente, intense, des *Îles de la nuit* constitue un juste témoignage des temps, il faut dire aussi qu'elle correspond exactement, dans son universalisme, aux recherches que poursuivent, au pays même, les poètes des années de guerre. Création tout à fait d'accord avec les nécessités poétiques de son temps, le recueil de Grandbois semble, dès sa parution, devoir donner à notre poésie une orientation nouvelle. Plusieurs vont même jusqu'à voir en ce livre le début absolu de notre poésie. Dans un article

---

[53] René CHOPIN, dans *le Devoir*, 2 sept. 1944, p. 8.
[54] Pierre GÉLINAS, dans *le Jour*, 27 mai 1944, p. 5.
[55] Berthelot BRUNET, dans *la Nouvelle Relève*, déc. 1944, p. 568.
[56] René CHOPIN, *loc. cit.*
[57] René GARNEAU, « Servitude et grandeur littéraires », dans *le Canada*, p. I du supplément littéraire du 22 oct. 1945.

enthousiaste et savant paru dans *la Revue populaire*, Egmont ne croit pas « qu'un événement plus important se soit produit dans nos lettres que la publication de cet ouvrage [58] ». Conviction qu'exprime aussi René Chopin dans son interminable article du *Devoir* — bien qu'en termes bizarrement imagés :

> Jamais pareil cyclone chargé de durs grêlons, traversé de figures hallucinantes, n'a ravagé les champs bien cultivés de la poésie au Canada français [59].

Mais l'appréciation la plus significative provient sans nul doute de René Garneau, dans un article du *Canada* où il fait le bilan de la production récente :

> *Les Îles de la nuit* [...] appartient à la tradition la plus précieuse de la littérature française contemporaine, sa tradition d'universalité, un ouvrage qui, comme les plus vrais et les mieux exécutés, n'a encore été dépassé ni par le temps, ni par les événements, qui n'a pas à craindre la comparaison avec quelques-unes des plus belles œuvres écrites en France pendant ces dernières années [60].

Ces témoignages d'estime, auxquels il faudrait joindre encore ceux de Berthelot Brunet, de Roger Duhamel, de Pierre Gélinas, d'André Giroux et de Guy Sylvestre, prouvent que l'accueil fut digne de l'ouvrage. Si, dans le détail, certaines opinions se révèlent aujourd'hui plutôt fantaisistes, l'ensemble des commentaires touche à l'essentiel.

L'influence la plus profonde des *Îles de la nuit* agit cependant chez les lecteurs qui commençaient alors à s'occuper de littérature. Il s'agit de jeunes poètes ou de jeunes écrivains qui en viennent en penser que la poésie n'existe au Québec que grâce au seul Grandbois, « le seul, dit André Langevin, à résumer dans son chant l'absolu, la souffrance et les soifs de nos âmes [61] », le seul aussi, pour Fernand Ouellette, à incarner la poésie : « Un homme, dit Poète, seul chantait dans ma cité », affirme-t-il, au début des années 50, dans une enquête tenue par la revue *Amérique fran-*

---

[58] EGMONT, dans *la Revue populaire*, août 1944, p. 8.
[59] René CHOPIN, *loc. cit.*
[60] René GARNEAU, *loc. cit.*
[61] André LANGEVIN, dans *Notre temps*, 22 mars 1947, p. 2.

çaise sur l'influence d'Alain Grandbois, et sa réponse de prendre fin sur ce témoignage non équivoque de reconnaissance :

> Par le chant noble d'Alain Grandbois qui m'avait précédé, fraternel et beau, la montée pénible vers le sublime de la Poésie m'était dès lors accessible. Et j'ai cru que l'univers poétique appartenait à tout homme pouvant souffrir et proclamer sa présence sacrée en lui et en deça de lui. Les frontières ne devaient surgir qu'au pays des pierres et des aveugles [62].

62 Fernand OUELLETTE, dans *Amérique française,* déc. 1954, p. 473.

CHAPITRE VIII

RIVAGES DE L'HOMME

En octobre 1944, peu après la publication des *Îles de la nuit,* Roger Duhamel annonce les prochains ouvrages d'Alain Grandbois :

> Le poète Alain Grandbois doit faire paraître dans quelques mois un autre recueil de vers, qui portera, nous dit-on, le beau titre suivant *Passage de l'homme.* Auparavant, les amis pourront lire de lui quelques contes et nouvelles qu'il doit réunir sous peu en volume [1].

Le recueil de contes et de nouvelles, *Avant le chaos,* paraîtra comme prévu quelques mois plus tard, soit au printemps de l'année 1945. Mais il faudra attendre quatre ans avant que ne soit publié le second recueil de poèmes, sous un titre différent, toutefois, de celui qui avait d'abord été annoncé.

En fait, retenant *Rivages de l'homme,* Grandbois avait repris un titre qu'il avait déjà rejeté. Il considérait avec plus d'intérêt celui de *Passage de l'homme,* venu en second lieu. C'est ce qu'entre autres renseignements il confie à André Langevin, en 1947, au terme d'une entrevue reproduite dans le journal *Notre temps* :

> Avant de terminer cette entrevue, Grandbois nous dit qu'il publiera un jour prochain un autre recueil de poèmes sous le titre « Passage de l'homme ». Il avait d'abord choisi un autre titre, celui de

---

[1] Roger DUHAMEL (sous le pseud. de Paul LALIBERTÉ), « Échos », dans *le Bloc,* 14 oct. 1944, p. 4.

« Rivages de l'homme » mais ce titre avait déjà été employé par Léo Larguier pour un livre de souvenirs sur sa vie parisienne. Le second titre choisi vient aussi d'être employé par un nouvel auteur du Sud de la France mais Alain Grandbois est bien résolu à s'en tenir à celui-là. L'auteur des « Îles de la nuit » a aussi terminé un roman auquel il faudra apporter plusieurs corrections avant publication. Le titre en serait « Les Pharisiens » [2].

De ce roman, déclaré en cours de préparation en 1941 (dans *les Voyages de Marco Polo*), il ne sera désormais plus question. Quant à *Passage de l'homme,* il s'agit d'un roman de Marius Grout (auteur d'au moins six autres ouvrages), roman dont Gallimard achève d'imprimer une nouvelle édition le 8 avril 1944.

Ce roman raconte une histoire bien étrange. Marius Grout la présente d'ailleurs comme la traduction d'un songe. Dans un coin perdu d'un pays non identifié que borde un fleuve (nous sommes sans doute dans le Midi de la France), il est un village dont l'existence est étroitement régie par des impératifs de tradition et d'ordre. Tous les braves gens du village sont imprégnés de la conviction que Dieu, et avec lui son représentant, le curé, déterminent une fois pour toutes le sort du monde. Or, voici qu'un soir d'automne, un soir de grand vent, survient un étranger. Là où il frappe, on l'accueille, on l'invite à prendre place à table [3]. Venu d'au-delà du fleuve, l'étranger se dit en quête d'îles fabuleuses où tout serait, du moins le croit-il, repos, harmonie, lieu de l'homme. Il s'installe au village, donne l'exemple du savoir, de l'indépendance d'esprit, d'une sagesse toute personnelle. Mais il exprime souvent le désir des îles.

Il part enfin un jour à la poursuite de ces îles. Durant son absence, une suite de malheurs ravage le village, qu'on attribue à l'étranger, alors soupçonné de sorcellerie. Quand il revient, c'est pour révéler qu'il s'est trompé. Les îles n'existent pas. L'au-delà des rêves est pure invention, les dieux sont morts. Il tire de son échec une leçon de stoïcisme et d'affirmation de l'homme contre

---

2 André Langevin, « Alain Grandbois », dans *Notre temps,* 22 mars 1947, p. 2. Léo Larguier est l'auteur d'un livre de souvenirs intitulé *Avant le déluge* (Grasset, 1928).

3 À noter que cette scène évoque l'arrivée du Survenant au Chenal-du-Moine. Mais c'est l'un des seuls points communs qu'auront les deux romans.

tout ce qui pourrait le distraire du réel et de sa vocation résolument terrestre. Il s'agit d'être là, de ne pas mentir, de faire face. Tout espoir est donné à qui vit sa vraie vie, c'est-à-dire ne se laisse pas porter par les choses, mais suit sa propre route. Quand l'étranger meurt, son souvenir métamorphose le pays qui vit désormais selon le rythme même de l'homme et non plus sous la dépendance de diktats désincarnés. Il a suffi du passage d'un homme libre dans une société endormie, résignée, pour assurer l'accès à la conscience et l'autonomie de chacun. Illusion, ce bonheur que procurait l'évasion vers les îles paradisiaques du songe. Le bonheur est ici, la vie s'accomplit ici, sur les rivages de l'homme présent à lui-même comme aux autres. Alors les choses redeviennent toutes simples, toutes naturelles ; tout rentre dans l'ordre, mais dans un ordre voulu et compris par l'homme.

Par pure coïncidence peut-être, le sujet de ce livre se rapproche assez de celui des poèmes qu'Alain Grandbois projetait de réunir à la même époque sous le même titre. C'est ce que nous verrons dans une brève étude de *Rivages de l'homme,* qui suivra le bilan de l'activité littéraire du poète après *les Îles de la nuit.*

D'un livre à l'autre

Dans l'intervalle qui sépare les deux recueils, quelles ont été les publications d'Alain Grandbois ? Peu nombreuses, peut-être, mais de tous ordres et de domaines divers. Il y a d'abord, en 1946, une chronique hebdomadaire de l'émission *la Voix du Canada,* diffusée sur ondes courtes vers l'Europe. Je n'ai pu prendre connaissance de cette série de textes, dont le but, selon les mots mêmes de l'instigateur du projet, Gérard Arthur, se résumait ainsi :

> Offrir [...] un aperçu du mouvement de la poésie canadienne d'expression française depuis ses origines, avec lecture de quelques fragments des œuvres de nos poètes. Cette série a été suivie de petites études sur les prosateurs canadiens de langue française [4].

---

[4] Gérard ARTHUR, lettre du 1er oct. 1968. Les textes de cette série d'émissions ont paru dans *le Petit Journal,* entre 1963 et 1966.

Autre texte d'intérêt périphérique, si l'on peut dire : un récit de voyage en Indochine, publié dans le numéro de mars 1946 de *la Revue populaire,* sous le titre « Terres étrangères ». Des parties de ce texte seront plus tard reprises dans l'une ou l'autre des causeries de la série des *Visages du monde,* mais Grandbois ne reprendra pas ce passage où il commente la répression implacable qui a suivi, en Indochine, le soulèvement de ceux qui voulaient libérer leur pays de l'oppression étrangère :

> Les rebelles, boursiers de classe pauvre ou fils de mandarins, retour de Londres, de Paris, de Lyon, de Grenoble, où ils avaient obtenu des degrés dans les lettres, les arts, les sciences, n'étaient pourtant coupables que d'avoir réclamé, pour eux-mêmes, des situations promises à leurs mérites, et pour leur pays, une liberté moins contrainte et moins blessée. D'où ce feu brûlant, cette rage exaspérée, cet élan des bras vers un idéal d'affranchissement que nul ne saurait prendre en dérision, ou à la légère, ou assimiler au terme, trop prostitué depuis lors, et qui nous a valu une hécatombe de quarante millions de morts, de nationalisme intégral et racial [5].

De ce passage, qui révèle un intérêt porté à l'histoire de l'homme et qui est bien l'indice d'une conscience engagée dans les conflits de son temps, il faut retenir des formules que la poésie utilise aussi, en particulier le geste caractéristique des mains tendues : « cet élan des bras vers un idéal d'affranchissement », geste d'implorants, de vaincus indomptés. La prose de Grandbois comporte souvent de ces images que la poésie offre à de multiples exemplaires. Il arrive même que des textes en prose élucident quelques-unes des images les plus obscures, ou du moins fournissent des hypothèses sur le sens possible de telle image. C'est le cas d'un texte peu connu qui paraît dans la revue *XXe siècle,* en décembre 1946, sous un titre assez énigmatique : « Les deux mots ». Il s'agit d'une méditation sur la naissance obscure, à Bethléem, d'un enfant, événement qui « allait bouleverser le monde » car cette naissance « lui apportait l'enseignement de deux mots : Amour et Charité [6] ».

Outre ces textes d'ordre général, Grandbois publie aussi, de 1944 à 1948, quelques nouvelles. Et d'abord, dans *la Revue*

---

5 « Terres étrangères », dans *la Revue populaire,* mars 1946, p. 64.
6 « Les deux mots », dans *XXe siècle,* déc. 1946, pp. 30-31.

moderne, en octobre 1944, « Le rire », inclus comme on le sait dans l'édition originale d'*Avant le chaos,* celle de 1945. En mai 1945, « Illusions », longue nouvelle assez bizarre qu'avec raison Grandbois n'a pas rééditée depuis. Enfin, troisième et dernière nouvelle parue au cours de cette période, « Fleur-de-mai », dans la revue *Liaison* que vient de fonder Victor Barbeau. C'est surtout à cette revue qu'Alain Grandbois collabore en ce temps-là. Il y publie des comptes rendus, des réflexions, des poèmes [7].

Enfin, *Rivages de l'homme* paraît (l'achevé d'imprimer est du 21 mai 1948). L'accueil que le livre reçoit dans les journaux et dans les revues est dans l'ensemble favorable. Mais les témoignages sont moins nombreux et surtout nettement moins enthousiastes qu'au moment de la parution du livre précédent. On ne rencontre pas de ces démonstrations extrêmes d'éloge ou de blâme. C'est sans doute que le nouveau recueil est plus savant encore que *les Îles de la nuit.* Une totale maîtrise s'y exerce tant sur la matière que sur la manière. Les hantises, les excès et les violences du premier livre sont ici également présents, mais mieux dissimulés. De la même façon, l'étonnante qualité de l'expression passe inaperçue à la première lecture.

Injustement délaissé au profit des autres recueils qu'il surpasse pourtant, il me semble, à plus d'un titre, *Rivages de l'homme* est un livre secret où se déploie tout un jeu d'allusions et de nuances. Au point, d'ailleurs, que le message ne soit pas facile à saisir. Il est vrai que le poète y dit les pensées les plus sombres — l'on ne peut guère faire abstraction de cette parole si désolante de Tolstoï que Grandbois a placée au seuil de son livre :

> Si un homme a appris à penser, peu importe à quoi il pense, il pense toujours au fond à sa propre mort [8]

---

[7] Voir la bibliographie. Quant aux poèmes, Grandbois en publie quatre dans diverses revues. Dans *Poésie 46* : « Corail ». Dans *Liaison,* en janvier 1947, sous le seul titre de « Poème » : « Demain seulement ». Dans *l'Action universitaire,* en janvier 1948 : « La route invisible » (qui deviendra « La route secrète ») et « Libération », dont les versions de *Rivages de l'homme* contiennent des variantes fort significatives qui mériteraient une étude spéciale du genre de celles qu'a réussies Jacques Brault pour « Demain seulement » et « Corail » (*Alain Grandbois,* Montréal-Paris, L'Hexagone-Seghers, 1968, pp. 76-79).

[8] RH, p. 99.

— mais le problème est de savoir si l'exergue définit d'avance le contenu intégral du recueil, si cette réflexion commande, et elle seule, la destinée de *Rivages de l'homme*. Pour répondre à cette question, il faudrait au préalable considérer le cas de l'auteur même de la maxime en cause.

L'exemple de Tolstoï

S'il cite volontiers Dostoïevski parmi ses écrivains de prédilection (à cause en particulier de ses personnages de tourments et d'excès qui conviennent bien à sa propre nature), je ne connais pas d'autre endroit où Grandbois ait mentionné le nom de l'auteur d'*Anna Karénine*. On ignore dans quelle mesure il connaît le grand écrivain russe et ce qu'il retient surtout de la lecture de son œuvre. Le fait de placer *Rivages de l'homme* sous le signe de Tolstoï, comme l'indique l'épigraphe, est-il la preuve qu'il prend à son compte les propos du romancier russe ? Reconnaît-il en Tolstoï une sorte de frère spirituel, empruntant le même itinéraire que son devancier, partageant les mêmes inquiétudes ?

Les mêmes inquiétudes, mais aussi les mêmes espoirs. Et c'est là où la référence à Tolstoï (seul cas où Grandbois ait évoqué un autre écrivain dans ses poèmes) paraît à la fois nécessaire et créatrice. Bien sûr, il faut faire la part des choses. Plusieurs contemporains de Tolstoï, et des commentateurs actuels à leur suite, ont vu en lui un imposteur. Dans les analyses méticuleuses de ses inquiétudes que sa rage d'introspection (peut-être aussi son plaisir) l'amenait à écrire, l'on n'a vu que complaisance et parade. On a souvent dénoncé et moqué de flagrantes contradictions entre les prétentions mystiques de Tolstoï et son mode de vie. Ne pratique-t-il pas lui-même sans vergogne ce qu'il condamne ? Lui qui prêche l'ascétisme, ne vit-il pas entouré de luxe dans sa résidence d'Iasnaïa-Poliana ? Cela est juste. Mais il est vrai que Tolstoï souffrait parfois cruellement de ces contradictions qu'il savait inhérentes à sa nature.

Pareille irrésolution n'empêche pas que, toute sa vie, Tolstoï ne poursuivit une obsédante quête du sens de la vie. Assoiffé de vérité intégrale, il prend très tôt l'habitude de la réflexion philosophique. Il traque, obstinément, les apparences mensongères. Il s'interroge sans répit sur l'origine et les raisons de la création, de toute existence et de la sienne, sur le salut. Quelques événements tragiques — dont la mort de son frère Dimitri — aggravent son désarroi. Pourquoi la mort ? Qu'est-ce que Dieu, qui tolère cette injustice fondamentale ?

Profondément religieux, il n'arrive pas à reconnaître, sur terre, autour de lui, les manifestations de la présence de Dieu, qui reste pour lui une abstraction, la simple image de la loi et de la puissance. Il ne trouve nulle part l'esprit évangélique qui en serait une confirmation. Le pharisaïsme du clergé et de la hiérarchie ecclésiastique lui fait craindre qu'il n'y ait dans la religion que duperie. Dieu n'existe pas, ni l'au-delà. Tout n'est que leurre et vanité. Une seule certitude demeure : celle du temps qui fuit, de la mort inévitable, de sa mort à lui, imminente peut-être.

Et c'est la nuit d'angoisse de septembre 1869 où il sent comme la présence tangible de la mort, témoin terrifié de sa propre destruction. Un de ses personnages, quinze ans plus tard, connaît la même épouvante :

> Pourquoi suis-je ici ? Et où vais-je ? Qu'ai-je à fuir ? Moi ? Je ? Me voici devant moi tout entier. Je ne peux pas m'échapper à moi-même... Cela me suivait... Tout mon être éprouvait le désir de vivre et en même temps se sentait envahi par la mort... Il n'y a rien dans la vie. Il n'y a que la mort. Pourtant elle ne devrait pas exister... Il semble qu'on ait peur de la mort, mais on se souvient de la vie, et si l'on y pense, c'est la mort de la vie que l'on redoute... 9

Enfin, Tolstoï écrit dans *Anna Karénine* que la vie n'est qu'une « plaisanterie stupide », ce que nulle part ailleurs il n'a exprimé avec autant d'amertume et de fureur que dans le passage suivant :

> La vie est quelque stupide et méchante plaisanterie qui m'est jouée par quelqu'un. Aujourd'hui ou demain viendront les maladies (elles sont déjà venues) pour des personnes aimées, pour moi, et il ne restera rien que la pourriture et les vers. Mes œuvres, quelles qu'elles soient, seront oubliées tôt ou tard, et moi, je ne serai plus. Alors

9 Cité par Danielle Hunebelle, « Son dernier voyage », dans *Tolstoï*, Paris, Hachette, coll. Génies et Réalités, 1965, p. 245.

de quoi s'inquiéter ? Comment l'homme peut-il ne pas voir cela, et vivre, voilà qui est étonnant. On peut vivre seulement pendant qu'on est *ivre de la vie,* mais aussitôt l'ivresse dissipée, on ne peut se dispenser de voir que tout cela n'est que supercherie et supercherie stupide [10].

Voilà qui rejoint le message de *Rivages de l'homme.* On y voit en effet un être investi de la pensée de la mort, emprisonné dans le labyrinthe de ses doutes et de ses terreurs, captif de lui-même, pris au piège de l'examen obstiné qu'il fait de son destin. Il harcèle d'un discours véhément — et vain — l'ennemie qu'est la mort et qui le tient bien. On sait que, pour Tolstoï, la mort, mais aussi la vieillesse et la maladie, sont des prisons de l'homme.

Plus précisément, *Rivages de l'homme,* à l'instar des *Îles de la nuit,* est une protestation contre la domination du temps. On rappelle en effet que chaque jour blesse le front ou la nuque de l'esclave ravalé au rang de bête qu'est l'ilote dont parlait le premier livre. On récuse l'humiliation du vieillissement. On rappelle aussi la mainmise du passé, cette marche, les bras tendus, « Vers les images décolorées du souvenir [11] ». Mais l'on exprime surtout un désir d'absolu (« Il faudrait pourtant saisir... Le diamant de l'instant [12] ») et c'est pourquoi défilent les formules désespérées qui dressent comme le décor verbal obligé de cette quête obsédante : « la véhémence [du] désespoir [13] », les « signes dérisoires D'une fatale interrogation [14] », « l'effrayante cosmographie des mondes [15] », les « ténèbres voraces », les « Voûtes exagérément profondes [16] » et leur encerclement parfait, l'enfoncement fatidique « au fond des âges [17] », au plus profond de ces lieux d'origine « Hantés par les plus hautes condamnations [18] ». Les vers que je viens de citer proviennent tous des trois derniers poèmes de *Rivages de l'homme,* qui reprennent l'angoissante démarche que décrivaient les six ou sept derniers poèmes des *Îles de la nuit.*

---

[10] Cité par Danielle HUNEBELLE, dans *Tolstoï, op. cit.,* p. 245.
[11] « Les absentes », RH, p. 143.
[12] « La route secrète », RH, p. 108.
[13] « Poème », RH, p. 148.
[14] « Corail », RH, p. 155.
[15] « Poème », RH, p. 149.
[16] « Rivages de l'homme », RH, p. 157.
[17] « Poème », RH, p. 149.
[18] « Corail », RH, p. 154.

Vers 1935, auprès de la Grande Muraille, avec le poète mandchou Sen-Lao.
(Collection Jeanne Drouin)

Alain Grandbois à l'époque des *Iles de la nuit*.
(*Revue* Jovette)

À 50 ans. (*The Canadian Centennial Library,* Great Canadians)

Dessin de Grandbois au travail.
(*The Canadian Centennial Library*, Great Canadians)

Cannes, 1960. (*Magazine* Paris-Match)

Vers 1963. *(L'Académie canadienne-française)*

Tout en dénonçant, comme auparavant, les mensonges de l'amour et « l'apparat des mondes [19] », le poète de *Rivages de l'homme* renonce à la quête de l'absolu comme à un « fallacieux destin de bonheur [20] ». Il comprend que le délire mystique où il s'abandonnait ne mène nulle part, que la navigation nocturne ou fluviale (comme il est dit au début du treizième poème) ne conduit en nulle île faussement promise, sur aucun rivage de ferveur ou de transfiguration :

> Le sombre fleuve
> Montait droit dans la nuit
> Ses parapets d'étoiles
> Ne conduisaient personne
> Aux forêts de feu
> Ni sur les plages consolatrices [21].

C'est le rejet de l'aspiration à l'au-delà (aspiration qui se traduit par la vision d'un fleuve qui se dresse et s'élance vers un abîme vertigineux où tout s'anéantit) au profit d'une orientation vers le domaine désormais habitable du possible, du contingent, de l'humain. Et voici que la perception de ce nouvel ordre incite, sinon à la rébellion, du moins à l'indifférence à l'égard de ce qui faisait du poète une victime ou un objet entre les mains d'un meneur de jeu :

> Je sais le saint la foudre
> Je vois l'élan le bondissement du fauve [...]
>
> Que rien ne m'émeuve
> Tout est très inutile
>
> Je connais le mensonge
> De tous ces matins
> Pourquoi poursuivre le jeu
> Quand tout nous égorge [22]

Voici donc « l'instant du jeu brisé [23] ». Le poète, comme le dit Jacques Brault, déserte « l'éther des grands désespoirs

---

[19] « Libération », RH, p. 113.
[20] *Ibid.*, p. 114.
[21] « Les trois cyprès », RH, p. 140.
[22] « L'ombre du songe », RH, p. 134.
[23] « Libération », RH, p. 113.

confus [24] ». Il récuse l'autorité de quelque juge que ce soit, tient pour nulle toute contrainte ou toute influence. Il déclare enfin inefficace l'attrait qu'exerçaient à la fois la nuit et les îles, car il sanctionne la défaite des « fantômes de la nuit [25] » et celle des îles-mirages, îles-pièges, lieux de mort désormais sans prestige et qu'anéantit maintenant le pouvoir salvateur de l'oubli :

> Îles frontées de rubis
> Îles belles perdues
> O lumineux sarcophages
> Vos purs doigts repliés
> Me trouvent insaisissable
>
> Les grands vertiges de la mer
> Soufflaient les souffles incantatoires
> Quels éblouissants coquillages
> Pour faire oublier la noyade
> De ce qui restait de nos morts [26]

L'oubli du passé instaure l'accès au présent, et le captif d'hier [27] désamorce en quelque sorte la menace de mort, qu'il repousse, mais seulement, ajoute-il, lucide, jusqu'à demain : il sait bien que toute durée persiste, que la mort reste au terme. Au moins consent-il à cette loi de la disparition universelle. Ainsi apprivoisée, rendue presque familière, la mort est enfin perçue par le poète comme « une toute petite chose glacée Qui n'a aucune sorte d'importance [28] ». Ainsi parle Tolstoï de la mort de sa fille Macha : « Cet événement est d'ordre charnel, et dès lors indifférent... [29] »

De même donc que Tolstoï, pris de lassitude, ne voit plus dans la mort l'ennemie intime mais une fascinatrice qui apporte la délivrance (rappelons-nous l'agonie d'Ivan Ilitch, et l'ultime révélation qui le sauve et le transfigure :

> Au lieu de la mort, il voyait la lumière. Voilà donc ce que c'est. Quelle joie ! Finie la nuit, elle n'est plus [30])

---

24 Jacques BRAULT, *Alain Grandbois*, L'Hexagone-Seghers, p. 45.
25 « La capitale déchirée », RH, p. 115.
26 « Libération », RH, pp. 112-113.
27 « La capitale déchirée », RH, p. 116.
28 « Demain seulement », RH, p. 128.
29 Danielle HUNEBELLE, dans *Tolstoï, op. cit.*, p. 246.
30 *Ibid.*, p. 248.

ou fait en sorte que Constantin Lévine prenne le parti de vivre même si les questions torturantes restent toujours sans réponse :

> Aussi vivait-il sans savoir et sans même envisager la possibilité de savoir ce qu'il était et pourquoi il vivait sur cette terre. Cette ignorance le torturait à tel point qu'il redoutait de se suicider et cependant il continuait à se frayer fermement son chemin personnel dans la vie [31],

de même Grandbois décide de marcher « au pas des hommes [32] », même s'il sait la fragilité de ce désir de vie que risque toujours de dominer celui de mort. Une strophe des *Rivages de l'homme* est, à ce propos, entre toutes, significative :

> Bras barques de désirs sur la mer
> Tendus vers des rivages
> Pour la dernière fois promis
> Méfiants navigateurs repoussant
> Avec chaque vague
> L'éclat du songe
> O plages crépusculaires
> Quel est ce muet besoin
> De chaque fois nier
> Parmi le labyrinthe des archipels
> La douceur de l'oubli [33]

La douceur de l'oubli

Livre de transition (quoique par ailleurs il se suffise parfaitement à lui-même), c'est cela qui donne le sens des *Rivages de l'homme*. Entre l'abîme imaginaire de la mort et la vérité terrestre, ces rivages constituent une sorte de zone intermédiaire, de même qu'un suspens. L'intérêt de cette étape, et tout son prix, tiennent à ce qu'elle est provisoire et que les forces adverses s'y trouvent

---

[31] Léon TOLSTOÏ, *Anna Karénine*, huitième partie, fin de la section 10. Trad. de Sylvie LUNEAU, Le cercle du Bibliophile, 1967, t. II, p. 407.
[32] « La route secrète », RH, p. 109.
[33] « Le silence », RH, pp. 102-103.

comme en équilibre. Une sorte de trêve, où tout est neutralisé : souvenir, avenir, au profit d'un présent pour la première fois peut-être appréhendé (« l'immense paix des présences [34] »).

Le poète pose un regard neuf sur le monde, comme en témoignent la clarté et la simplicité des images qu'il en rapporte. Pureté primitive du réel, qui correspond à l'innocence que le poète recouvre, et dont, à tort, il s'était cru dépossédé.

De nombreux passages montreraient l'évidence de l'ingénuité retrouvée. Les « humbles choses [35] », et non plus les « silences planétaires [36] », sont pressenties, en dépit du fait que l'autorité de l'Absolu continue de s'exercer, en dépit du fait que l'homme connaît encore l'inquiétude, qu'il reste partagé entre joie et angoisse :

> S'Il tremble je tremble bien plus encore
> Je tremble d'un instant surhumain
> Je tremble de joie de désespoir
> Je tremble de l'inépuisable angoisse
> Du rivage de l'homme
> Aux racines de sa fixité
>
> Je sais l'inflexible destin
> Je sais qu'il est selon Sa loi
> Je sais d'humbles choses
> Le chant du clair ruisseau
> L'ombre du bel arbre vieilli
> La nostalgie des maisons d'abandon
> La forêt rouge l'automne
> L'égarement de l'enchantement
> Qui faisait sourire nos mères
> Avec des grâces de fées souveraines [37]

Le recueil nous fait entendre en définitive la parole d'un être libre (« Je peux parler librement Car je possède ma mort [38] »), la parole facile et spontanée de qui apprend quelle grâce toute simple c'est que de vivre (« il suffit peut-être O Terre de gratter légèrement ta surface Avec des doigts d'innocence [39] »). Naguère,

34 « Corail », RH, p. 153.
35 « Ah terre rongeuse », RH, p. 122.
36 « Au delà ces grandes étoiles... », IN, p. 18.
37 « Ah terre rongeuse », RH, p. 122.
38 « Corail », RH, p. 155.
39 « Le silence », RH, pp. 104-105.

le poète sentait bien que le cœur s'épuisait, que sa vie se décolorait, lui échappait (« Ma vie m'échappe Ma vie nourrit Autour de moi Dix mille vies [40] »). Il arrive maintenant que s'éveille l'aptitude à l'amour et se fortifie le goût de vivre, par le simple effet de l'oubli :

> Ah que les mers battent
> Aux lames aux larmes trompeuses
> Les mondes sont couchés
> Sans aucune trépidation
> Oubli des anémones de mer
> La couleur du temps
> Nourrit nos cœurs [41]

Assurance tranquille du poète prémuni contre les assauts des houles et contre le charme des « anémones de mer », animaux marins dont la beauté dissimule la férocité, petits monstres engloutisseurs et dévorants qui ne sont pas sans évoquer « l'aspiration géante des dieux noyés [42] ».

Notons la forme de ces vers. C'est celle même de la presque totalité des vers du présent recueil. Les strophes contiennent rarement plus de huit ou dix vers, des vers brefs, de longueur moyenne (rarement plus de huit ou dix syllabes). Une telle économie verbale, une telle régularité surprennent après le débordement et la diversité des *Îles de la nuit*. Tout ce qui concerne la forme est comme ramené à mesure humaine et dénote un constant souci d'harmonie en même temps que le besoin d'un rythme apaisant. La parole est étudiée, surveillée, mais non pas contrainte. On ne sent pas ici de crispation. La précision de la parole n'empêche pas non plus qu'un pouvoir d'évocation ne s'exerce discrètement, avec subtilité. Les mots, parfois, sont comme entourés d'un halo de lumière. Des spectacles nets, translucides, paraissent ou se dissipent avec une lenteur de rêve. C'est « le lent passage rythmé [43] » de visions de clarté, par quoi le poète enchante son désespoir et qu'il essaie de préserver en lui par des paroles rares et précieuses (aussi fragiles en cela que les songes), par des phrases brèves qui se suivent pour former cette « frêle colonne

[40] « Demain seulement », RH, p. 124.
[41] « La danse invisible », RH, p. 132.
[42] « Pris et protégé... », IN, p. 35.
[43] « Corail », RH, p. 156.

d'allégresse », « colonne libératrice » qu'il invoque dans le dernier poème [44], sans s'apercevoir qu'il l'édifie déjà :

> Un peu plus encore
> De songes vulnérables
> D'illusions doucement magnifiques
> De musique bleu-pâle quelque part
> De repères très nonchalants
> Ah danses invisibles
> La lueur se penche aux vallons des matins [45]

La forme de ces vers illustre bien la part libérée des *Rivages de l'homme*. Elle fait que les poèmes sont autant d'« illusions doucement magnifiques », donc voici un autre exemple, où se fonde avec une aisance étonnante une vision d'une très précise surréalité :

> Les portes des cathédrales
> Très hautes très ogivales
> Glissent le long du songe
> À la hauteur de l'aube [46]

Nous pourrions trouver bien d'autres passages où le poète prouve qu'il maîtrise, jusque dans ses moindres nuances et subtilités, les ressources du langage poétique. Ainsi, à la fin d'un poème, cette vision insolite que rien de logique ne rattache à ce qui précède :

> C'était la nuit du dimanche
> Il y avait une petite fille nue
> Qui jouait au cerceau
> Dans la nuit déserte [47]

On ne le dirait pas, tellement ces vers paraissent proches de la prose, mais la valeur de cette séquence tient sans doute pour une bonne part au sortilège verbal, que Grandbois considère comme essentiel à la poésie :

---

[44] « Rivages de l'homme », RH, pp. 158-159.
[45] « La danse invisible », RH, p. 131.
[46] « Poème », RH, p. 118.
[47] « Le cerceau », RH, p. 139.

Seule l'incantation magique doit compter. Le vers coulé dans des moules rigoureux ou libéré comme l'oiseau dans le vent ne vaut que par sa substance évocatrice, qui est le cœur même de la poésie [48].

Et l'incantation magique, Grandbois la crée sans effort ni tension, comme en se jouant, avec une économie de moyens qui n'est pas sans risques. Plus encore que dans les autres recueils, les mots sont ici les plus simples du monde. Nulle recherche. Parfois seulement, des termes plus spécialisés : *ogivales, améthyste, anémones de mer, chrysalide* ; d'une belle sonorité, ces mots sont chargés d'un symbolisme nécessaire, en accord avec le sens général du livre et comme commandé par cette signification [49].

Dans *Rivages de l'homme,* tout dit que nous sommes aux frontières d'univers encore secrets, ceux de la terre, de l'amour, de l'harmonie, dont le poète connaît déjà le prix et tout le prestige. C'est encore ici la démarche de Tolstoï qui a rejoint, lui aussi, le rivage du salut, remplaçant ce type d'organisation de la vie où la division, le mensonge et la violence sont tout-puissants, par un nouvel ordre où règnent la vérité, la fraternité, l'activité dans le présent [50]. Rien ne serait donc plus trompeur que l'épigraphe. Malgré la présence indéniable de la mort, *Rivages de l'homme* est placé sous le signe de la vie [51]. Les vers célèbres qui suivent disent avec netteté quel parti le poète prend :

---

[48] Extrait d'un texte lu par Alain Grandbois au cours d'une émission radiophonique réalisée par Noël Gauvin, le dimanche 31 oct. 1948. (Archives de Radio-Canada.)

[49] Pour les Anciens, l'améthyste a la vertu de préserver de toute ferveur et de toute exaltation intempestive. Sur la chrysalide, voir un poème de ce titre dans *Rivages de l'homme,* repris sous le titre « L'enfance oubliée » dans *l'Étoile pourpre,* texte si différent du premier qu'il constitue bel et bien un tout autre poème.

[50] D'après Nicolas WEISBEIN, *l'Évolution religieuse de Tolstoï.*

[51] Sur l'obsession de la mort, Grandbois lui-même a dissipé un jour toute équivoque : « On m'a souvent reproché d'avoir trop abondamment parlé de la mort, mais on ne m'a jamais demandé pourquoi je parlais autant de la mort. Parce que j'ai adoré la vie et que je savais que la vie allait me quitter bientôt, et pour longtemps. Cette pensée de la mort me faisait aimer davantage la vie. » (« Rencontre avec Alain Grandbois », dans Guy ROBERT, *Littérature du Québec,* t. I : *Témoignages de 17 poètes,* p. 48.)

> Ma mort je la repousse jusqu'à demain
> Je la repousse et je la refuse et je la nie
> Dans la plus haute clameur
> Avec les grands gestes inutiles
> De l'écroulement de mon monde
>
> Car je n'ai pas encore épuisé
> La merveille étonnante des heures
> Je n'ai pas suffisamment pénétré
> Le cœur terrible et pourpre
> Des crépuscules interdits
> Des musiques ignorées
> Me sont encore défendues [52]

Un intense désir de vivre anime ces vers. Le poète veut à tout prix épuiser « La merveille étonnante des heures », conséquence de la découverte d'un temps pour ainsi dire habitable. Entre le soleil noir des *Îles de la nuit* et l'étoile pourpre, une lueur d'aube pénètre dans une chambre protégée, embellie par l'annonce de la vie (« L'aube immense M'enveloppe comme la mer Le corps du plongeur [53] »), par la joie promise, déjà ressentie. En fait, plus qu'un livre de tendresse et de douceur, *Rivages de l'homme* me paraît être un livre de joie. Et plusieurs poèmes réguliers sont des chansons virtuelles.

À la détresse de vivre succède l'étonnement de vivre. Et peut-être ce Dieu distant, intransigeant, justicier, contre lequel il s'était révolté, est-il sur le point de le rejoindre, plus proche de lui désormais, et plus vrai. Le dernier poème, celui qui donne son titre au recueil, permet de le supposer. Ce poème en est un d'espoir, ou, du moins, d'attente. Le navigateur des mers inconnues, prisonnier des abîmes de la mort et de l'absolu, dans l'absence de toute île de béatitude, aborde les rivages de l'homme, émerveillé, comme étonné de ce qu'il y découvre et qui préfigure ce qu'il connaîtra, une fois pénétré à l'intérieur du continent dont les rivages sont le seuil.

Ainsi se joignent, dans *Rivages de l'homme,* les univers antinomiques de la mort et de la vie, pour un instant réconciliés avant que ne se poursuive, avec *l'Étoile pourpre,* le « long voyage insolite » du poète à travers « l'incantation du temps [54] ».

---

[52] « Demain seulement », RH, pp. 125-126.
[53] *Ibid.,* p. 125.
[54] « Rivages de l'homme », RH, p. 158.

CHAPITRE IX

L'ÉTOILE POURPRE

Les terres nouvelles où pénètre Alain Grandbois, une fois abordés les rivages de l'homme, nous semblent familières. En effet, le troisième recueil, paru en 1957 sous le titre *l'Étoile pourpre*, offre beaucoup de points communs avec ceux qui l'ont précédé. C'est toujours la traduction d'une même expérience, celle d'un homme aux prises avec les puissances contraires de la vie et de la mort, et que le passage inexorable du temps prive de tout secours durable. Il n'en demeure pas moins que ce troisième recueil, comme, du reste, les deux premiers, possède une unité d'ensemble qui le distingue autant de *Rivages de l'homme* que celui-ci était différent des *Îles de la nuit*, chacun des livres étant à la fois proche et distant des deux autres.

Dernier volet du triptyque, *l'Étoile pourpre* rappelle les démarches antérieures et s'en éloigne tout à la fois. Ici encore, comme nous l'avons vu en d'autres circonstances, le désespoir exerce sur le poète une emprise dont il parvient à se délivrer. Mais, pour la première fois avec autant de clarté, Grandbois nous révèle que le triomphe de l'instinct de vie n'est possible que grâce à la médiation de l'amour. Tout cela qu'annonçaient déjà, dans *Rivages de l'homme*, deux strophes de l'important poème « Demain seulement » :

> Ma mort je la repousse jusqu'à demain
> Je la repousse et je la refuse et je la nie
> Dans la plus haute clameur
> Avec les grands gestes inutiles
> De l'écroulement de mon monde

Car je n'ai pas encore épuisé
La merveille étonnante des heures
Je n'ai pas suffisamment pénétré
Le cœur terrible et pourpre
Des crépuscules interdits [1]

Ainsi que les derniers vers l'indiquent, la mise en valeur du sentiment de l'amour est liée à la thématique de la pourpre. Cela même paraît définir la singularité de *l'Étoile pourpre,* ce que je souhaiterais pouvoir démontrer, après avoir établi un bref bilan de l'activité littéraire de Grandbois de 1948 à 1957.

De 1948 à 1957

Neuf ans séparent *Rivages de l'homme* de *l'Étoile pourpre.* Écrivain exigeant, exerçant à l'égard de son œuvre un jugement aussi sévère que précis, Alain Grandbois a toujours préféré garder le silence plutôt que de donner prise à l'accusation de ne pas se renouveler. Il ne consent pas facilement à traiter une fois de plus les mêmes thèmes — monotonie qui est pourtant le fait, nous le savons, de quelque grande œuvre que ce soit.

Après la publication de *Rivages de l'homme,* Alain Grandbois paraît négliger la poésie. D'autres travaux — plus terre à terre, mais il faut bien vivre — l'accaparent. Des revues sollicitent sa collaboration (*la Nouvelle Revue canadienne* et *les Carnets viatoriens*), on l'invite à donner des conférences (l'une, « Voyages », le mardi 14 avril 1953, sous les auspices du Club littéraire et musical de Montréal, une autre, le 23 juin 1957, sur la radio et la télévision, au Congrès de la Refrancisation tenu à Québec), il reçoit commande de certaines besognes — c'est ainsi qu'il donne en 1955 la traduction de l'histoire de la Brasserie Molson. Plusieurs, enfin, lui demandent une préface : ce à quoi il consent pour *Objets trouvés* de Sylvain Garneau, pour une bibliographie de Roger Duhamel par Paule Rolland et pour un recueil de contes de Philippe La Ferrière, *Philtres et poisons.*

---

[1] « Demain seulement », RH, pp. 125-126.

D'autres événements font de lui un écrivain sur qui il faut compter. Il voit quelques-uns de ses poèmes inclus dans d'importantes anthologies : le tome I des *Cahiers de l'Académie canadienne-française* (*Poésie,* octobre 1956) et le tome II des *Biennales internationales de poésie,* de Belgique (1954). Des études substantielles commencent à paraître sur son œuvre : mentionnons seulement la conférence que Pierre Emmanuel donne à Radio-Canada en septembre 1953 sur le thème orphique, un article de Roland Gendreau [2], une thèse de Léopold Leblanc sur la tentation de l'absurde, et quelques courts essais parus dans des revues françaises sous la signature de René Garneau, dont un le fut à l'occasion du voyage que Grandbois fit en France (boursier de la Société royale) à partir, semble-t-il, de l'été 1955 — il n'y était pas retourné depuis dix-sept ans.

De retour au pays à l'automne 1956, il s'établit dans les Laurentides, à Mont-Rolland, au nord de Montréal. Il demeurait avant son départ à Montréal même, avenue Lincoln, une avenue paisible, « oasis de quiétude entre les cohues de Sherbrooke et de Sainte-Catherine », si l'on en croit André Roche qui a rendu visite au poète à l'été 1951 et qui décrit ainsi son décor quotidien :

> Quant à son décor, c'est celui, classique, de l'écrivain : une table encombrée de papiers, deux ou trois bibliothèques emplies de livres et de papiers, une cheminée dont l'âtre regorge de manuscrits, des livres partout, sur le divan, sous les chaises, dans les placards. Sur les murs, même, les livres poussent comme du lierre.
>
> Il y a aussi, chez Alain Grandbois, des objets précieux comme des boudhas, la photographie dédicacée d'Henry Pu Yi, empereur du Mandchoukouo et dernier roi de Chine, des jonques miniatures, de vieux instruments de musique, des bibelots précieux de bronze ou d'ivoire [3].

C'est dans cet appartement qu'encombrent les livres et que balisent comme autant de points de repère des souvenirs de voyages qu'Alain Grandbois écrit, « la nuit, parce que tout est plus calme »,

---

2 Roland GENDREAU, « Alain Grandbois, ensorcelé des îles », dans *Reflets,* déc. 1951, pp. 23-31.
3 André ROCHE, « Alain Grandbois tel que le voit André Roche par le petit bout de la lorgnette », dans *la Semaine à Radio-Canada,* 12 août 1951, p. 3.

et puis aussi « parce que, selon sa propre expression, il est un vieux noctambule ». C'est là qu'il rédige les quelque cent causeries radiophoniques des *Visages du monde,* qui feront le plaisir des auditeurs durant plus de deux ans, du 18 avril 1950 au 22 septembre 1952.

Mais là, comme plus tard à Mont-Rolland, il écrit aussi des poèmes [4]. Il prépare deux ouvrages : un livre « d'une formule moins ésotérique » que ce qu'il avait d'abord fait paraître, une sorte de saga canadienne, projet qui n'aboutira pas [5] ; il s'intéresse surtout à un recueil annoncé dès 1948 sous le titre *Délivrance du jour* mais qui deviendrait plutôt *le Poète enchaîné,* longue suite poétique dont des fragments paraissent à deux reprises : en juillet 1949 dans *les Carnets viatoriens* et en février-mars 1951 dans *la Nouvelle Revue canadienne.* Mais le livre tarde à paraître. Grandbois prétexte un mauvais état de santé.

Il faudra l'insistance et la sympathie de quelques jeunes poètes pour le tirer de ce mutisme où il semblait devoir se confiner. Dans un article du *Quartier latin,* Yves Préfontaine lui reproche son silence :

> Alain Grandbois n'a plus le droit de se blottir dans le mutisme qu'il a gardé depuis sept ans. Nous attendons toujours cette « Dé'ivrance du jour » qui doit être une étape énorme dans l'œuvre de ce poète grand et peut-être obscur, mais les ténèbres possèdent leurs clartés qui valent tous les éclats du jour [6].

Par cette mise en demeure, Yves Préfontaine ne fait que donner suite, en 1955, aux éloquents témoignages d'estime que quelques jeunes poètes avaient adressés au poète en réponse à l'enquête

---

[4] André ROCHE nous apprend qu'Alain Grandbois tape « à la machine tout ce qui est poésie » : « Alain Grandbois dit que la machine à écrire l'aide à créer : d'abord, comme il tape avec deux doigts, très lentement, il peut corriger en même temps qu'il écrit. Ensuite, le bruit de la machine lui plaît. Le bruit constitue pour lui une sorte de petit mur, une démarcation qui le sépare du monde vivant, et derrière lequel se cache l'univers mystérieux de la poésie. »

[5] Le projet en question aurait repris vie dans les années qui précédèrent l'Exposition universelle de Montréal (1967).

[6] Yves DUBREUIL-PRÉFONTAINE, « Divagations sur Alain Grandbois », dans *le Quartier latin,* 15 déc. 1955, p. 12.

que Jean-Guy Pilon et Gaston Miron avaient menée, l'année précédente, pour le compte de la revue *Amérique française*[7]. Grandbois doit se rendre à l'évidence. Il ne peut plus douter de l'influence qu'il exerce sur les jeunes poètes. Aussi accepte-t-il l'invitation que lui fait un jour Jean-Guy Pilon de publier aux Éditions de l'Hexagone, qu'il anime de concert avec Gaston Miron. Depuis plus de dix ans, depuis ses années de collège à Rigaud, Pilon connaît *les Îles de la nuit*. Le fait qu'il soit aussi poète, comme Gaston Miron d'ailleurs, a dû contribuer à forcer la décision de Grandbois[8].

Le livre, sous le nouveau titre de *l'Étoile pourpre,* paraît donc à l'Hexagone au terme de l'année 1957. L'accueil de la critique est plutôt réservé. Pour la première fois, l'on émet quelques réserves à propos de la forme et de la valeur de certains poèmes. On dénonce l'impression de bric à brac et de clinquant que donne l'emploi abusif du procédé énumératif. On trouve regrettable que le début du recueil contienne des poèmes d'attendrissement, concession à la rhétorique du romantisme. On signale « une diminution assez nette de la qualité des images, de l'orchestration verbale et de la composition des mouvements[9] ». Mais ce sont là des opinions discutables. Le reproche qu'on adresse à Grandbois de ne pas savoir composer un poème est d'ordre purement académique (tout poète compose des poèmes à sa façon, selon des critères qu'aucune école n'enseigne). C'est aussi méconnaître le sens de l'œuvre de Grandbois que de déplorer une « volonté incantatoire » ou encore le « recours systématique aux mêmes mots clés[10] ».

Pour ce qui est des qualités, on admire le naturel et la clarté de certains passages (le ton de la conversation, le style narratif de

---

7 « Alain Grandbois et les jeunes poètes », dans *Amérique française,* déc. 1954.

8 Témoignage de Grandbois à l'émission radiophonique *l'Histoire comme ils l'ont faite,* Radio-Canada, 4 février 1967 : « Je connaissais Miron, je connaissais Pilon, et puis c'est en parlant comme ça qu'à un moment donné cela s'est fait. Ça ne m'a pas surpris du tout parce qu'ils sont poètes eux-mêmes, n'est-ce pas. Non, je trouve que ç'a été une aventure tout à fait bien pour moi. »

9 Section « Livres en français » de « Letters in Canada : 1957 », dans *University of Toronto Quarterly,* juillet 1958, pp. 548 et 549.

10 *Ibid.*

la confidence), la vigueur de l'expression, des inventions rythmiques. On loue les poèmes « Noces » et « Cris ». Mais ce qui a surtout l'heur de plaire à certains lecteurs, plus encore que la ferveur avec laquelle le poète parle de la vie en dépit de la mort toujours présente, c'est la vérité et l'authenticité de l'étude de l'amour. Andrée Maillet fait même du recueil entier « un poème d'amour en plusieurs chants, poème d'amour bien incarné, bien charnel, bien subjectif, avoué, savouré, un poème dense si l'on veut mais assurément point obscur » :

> L'amour est peut-être ici sublime, mais il n'est pas sublimé. La femme de l'homme aimé, celle dont les yeux sont peuplés de douceur et de myosotis, ses membres nacrés, celle qui se dresse comme un beau lys éclatant n'est pas un symbole, un mythe, un mot pour un autre. Elle est bien une femme, une certaine femme.
>
> Qu'il l'évoque [...] les mots sonnent vrai. C'est d'un amour humain, partagé, un havre au milieu d'une vie cahoteuse, une oasis, un moyen, le seul possible en l'occurrence, d'atteindre l'infini, c'est de cet amour qu'il est question dans *l'Étoile pourpre* [11].

Mais le poète a beau atteindre à une plus sûre saisie du monde et à une plus grande maîtrise de l'expression, il ne peut abolir tout à fait ce qui l'angoisse et le captive.

Le poète enchaîné

Un poète enchaîné aux figures du passé, car une part importante de *l'Étoile pourpre* appartient à l'univers tragique et fermé des *Îles de la nuit*. À ce vers du premier livre : « J'étais le monde entier de la nuit et je conduisais le jeu de l'angoisse et de la noire féerie [12] » pourrait correspondre celui-ci : « Je criais mes cris parmi la nuit profonde [13] ». La claire conscience d'un isolement

---

[11] Andrée MAILLET, compte rendu de *l'Étoile pourpre,* dans *le Petit Journal,* 12 janvier 1958, p. 60.
[12] « Ah toutes ces rues... », IN, p. 74.
[13] « Cris », EP, p. 241.

nettement défini par la vanité de tout, par la caducité des sentiments, par le mensonge et les limites de l'amour, par l'universelle
loi de destruction qui régit aussi bien les êtres que les choses,
ramène une fois de plus l'image implacable d'un destin insurmon-
table, tel un cercle parfait où l'homme est enclos, qu'il s'agisse
du destin individuel ou collectif. Au fond, ce qui nous est traduit
en termes non équivoques, d'une cruauté rageuse, nourrie d'angoisse et d'épouvante, c'est « le songe véhément De la misère des
hommes [14] ».

Parler de véhémence n'est pas abusif. Le lecteur est frappé
par le paroxysme de certaines pages, par l'éclatement, par l'explosion de force brutale qui bouleverse la parole poétique, par les
cris, la stridence (« Clameurs clouant le cœur écorché [15] »), par le
mouvement désordonné, le crépitement des images et des sons,
en somme par la frénésie qui emporte, comme dans une course
précipitée, le rythme de plusieurs séquences. C'est ici le rappel
de ces événements cosmiques et apocalyptiques (déluges, embra-
sements, fulgurations) où se complaît assez souvent l'imagination
du poète :

> J'ai vu soudain ces continents bouleversés
> Les mille trompettes des dieux trompés
> L'écroulement des murs des villes
> L'épouvante d'une pourpre et sombre fumée
> J'ai vu les hommes des fantômes effrayants
> Et leurs gestes comme les noyades
>   extraordinaires
> Marquaient ces déserts implacables
> Comme deux mains jointes de femme
> Comme les grandes fautes sans pardon
> Le sel le fer et la flamme
> Sous un ciel d'enfer muré d'acier
>
> Du fond des cratères volcaniques
> Crachaient les rouges angoisses
> Crachaient les âges décédés
> Les désespoirs nous prenaient au cœur
>   d'un bond
> Les plages d'or lisse le bleu

---

[14] « Le prix du don », EP, p. 176.
[15] « L'Étoile pourpre », EP, p. 169.

> Des mers inexprimables et jusqu'au bout
> du temps
> Les planètes immobiles O droites
> O arrêtées
> Le long silence de la mort [16]

Ce délire de l'univers n'est que le reflet du délire intérieur. Les mêmes dévastations bouleversent à la fois le monde de l'intimité et celui de l'immensité.

Vulnérable objet de l'agressivité des choses, le poète retrouve pour se définir et se plaindre les accents et les formules de jadis. « Et moi dans ma nudité d'homme [17] » rappelle « et moi sous mes seuls cheveux [18] ». Une fois de plus, naît le besoin d'édifier un lieu de retraite inexpugnable afin de se mettre hors de portée :

> Mes cavernes de pierre
> Sont inaccessibles
> Personne ne m'atteindra jamais
> Mais ô bel ô clair archange
> Ma solitude me glace [19]

Vaines mesures défensives, on le voit, car surgit, avec l'archange, un climat de culpabilité. Et toute vie se fige. Nul abri ne protège de l'hostilité des morts : « mes morts dans mon dos et leurs doigts lourds [20] », « Ces morts vivants pétrifiés Qui nous tendent agressivement la main [21] » — et ce vers extraordinaire : « De grands arbres d'ancêtres tombaient sur nous [22] ». La conscience ainsi harcelée, remords et regrets vivaces, le poète cherche avec désespoir et fureur à trouver quelque appui. Mais il se heurte au refus, d'où la pensée du suicide, déjà exprimée à quelques reprises :

> Ah j'éclate et je bondis
> Devant ce ciel fermé
> Je brise les os de mes poings
> Sur les portes de fer

---

16 « Cris ». EP. pp. 240-241.
17 « La part du feu », EP, p. 195.
18 « Ces murs protecteurs... », IN, p. 57.
19 « Je savais », EP, p. 204.
20 « Ces murs protecteurs... », IN, p. 58.
21 « Petit poème pour demain », EP, p. 201.
22 « Cris », EP, p. 244.

> Mais quelle balle
> Pour rejoindre mon cœur
> Mais quelle balle
> Pour réussir de faire saigner tout mon sang
> Mais quelle balle
> Pour nous anéantir [23]

Il apparaît parfois que l'esprit de révolte cause la perte de l'emmuré vif. L'insurgé, parce qu'il s'obstine à provoquer l'impossible, accroît sa terreur. La nuit triomphe où il s'enfonce :

> Les chemins de l'aurore
> Se retrouvent avec difficultés
> La nuit trop lourde
> Noie l'homme du destin
> Ce qu'il exigeait
> Ce qu'il réclamait
> L'étrangle dans sa propre épouvante [24]

Mais les épreuves ont leur terme. Une espérance invincible le soutient, que les portes verrouillées s'ouvrent enfin, qu'une lueur tremble à l'issue des labyrinthes, que « les sentiers de la nuit [25] » deviennent « Les chemins de l'aurore [26] ». D'échapper aux démons des destructions, tel est bien le destin du poète. Il l'accomplit dans la mesure où il adopte les rituels du renouveau. Tout cycle reprend, aussitôt révolu. La mort engendre la vie et la nuit, le jour. Tombe, coquille, arche, autant de lieux secrets d'où l'être sort, racheté, renouvelé. Sur le point de disparaître, l'île, qui s'enfonçait, remonte à la surface, comme le font parfois les cœurs naufragés. Au soleil englouti succède soudain l'étoile :

> Le soleil se noie sans bruit
> Aux brumes de la nuit
> Et soudain l'absurde bonheur
> Naît frais comme une étoile [27]

Tel est le rythme incessant qui ponctue l'Étoile pourpre, rythme de chute et d'élan, d'oppression et d'abandon, de détresse et de

---

23 « Amour », EP, p. 219.
24 « Ce qui reste », EP, p. 234.
25 « Le soleil neuf », EP, p. 227.
26 « Ce qui reste », EP, p. 234.
27 « Petit poème pour demain », EP, p. 199.

tendresse. Rythme éminemment humain, qui commande la respiration comme le battement du sang dans les artères — tout cela qu'évoque très souvent le recueil. Une fois quittées les structures aliénantes, le poète s'intègre au devenir cyclique, tel le berger qu'il dit être devenu. Quelques vers des *Rivages de l'homme* nous avertissaient naguère qu'il aspirait à une existence plus conforme à celle du monde naturel, à lui prédestinée :

> Ce qui se passait du côté des étoiles
> m'échappait
> Je n'étais pas devin comme les bergers
> de Provence
> Je parcourais je hantais les couloirs
> ténébreux
> Des villes impitoyables de granit
> Et j'étais né pour l'arbre et le terreau
> Pour les odeurs saisissantes des aubes
> Pour le repos parmi les hautes herbes
> Des bords des lacs pour y attendre avec
> ferveur
> Les tout derniers battements de mon cœur [28]

Moi berger...

L'étude attentive des emprunts aux règnes minéral et végétal permettrait peut-être de montrer que, pour la première fois dans l'œuvre poétique d'Alain Grandbois, de la même façon que le jour triomphe de la nuit, le monde végétal exerce une fascination plus forte que le règne minéral. Fixité, raideur, stérilité, inertie, froideur, tout ce que suggère la dure perfection d'une pierre précieuse, l'inquiétante image d'un monde pétrifié, indifférent, voué au discontinu, au chaos, est écarté au profit de la rassurante image d'un univers lié, harmonisé, soumis à la loi de l'éternel retour, et qui évoque fraîcheur, progrès, fertilité, plénitude substantielle, et, par-dessus tout, constance. Le temps de la vie cellulaire est révolu : les fenêtres s'ouvrent sur le monde, non plus astral ou cosmique, mais davantage terrestre. C'est l'inventaire de la « Beauté du monde [29] »,

---

[28] « La part du feu », EP, pp. 195-196.
[29] « L'Étoile pourpre », EP, p. 165.

où l'arbre est un guide ou un mode d'ascension, où le feuillage est à la fois verdure et lumière. La recherche des « clartés premières [30] », poursuivie depuis longtemps, trouve ici son achèvement. Car vivre parmi le végétal lumineux [31], c'est vivre au cœur du royaume restauré de l'enfance. Aube, herbe, lumière, fraîcheur et refuge se conjuguent alors pour former une constellation bénéfique, marquée de permanence : ce sont des « jours verts [32] », des « jours bienheureux [33] » qui tissent l'existence colorée de qui habite un tel paysage, sous le soleil.

La démarche esquissée jusqu'ici, une strophe du premier poème du recueil, le poème titre, la résume avec assez de justesse. Nous y trouvons un faisceau d'images d'une rare qualité. Cette strophe raconte la plongée du poète dans l'abîme de la mer, puis sa remontée à la surface. Et nous le voyons progresser de la faute au salut, de la culpabilité à l'innocence, du désir de suicide au goût de vivre. Viennent les jeux dans le soleil, et c'est l'attention portée au corps, non pas dans ce qui heurte au monde extérieur mais dans ce qui garantit l'existence et la survie, c'est-à-dire le cœur, centre vital :

> Je niais mon être issu
> De la complicité des hommes
> Je plongeais d'un seul bond
> Dans le gouffre masqué
> J'en rapportais malgré moi
> L'algue et le mot de sœur
> J'étais recouvert
> De mille petits mollusques vifs
> Ma nudité lustrée
> Jouait dans le soleil
> Je riais comme un enfant
> Qui veut embrasser dans sa joie
> Toutes les feuilles de la forêt
> Mon cœur était frais
> Comme la perle fabuleuse [34]

---

[30] « Ah toutes ces rues... », IN, p. 81.
[31] Le feuillage est à la fois verdure et lumière. On parle des « fleurs luisantes » (p. 229), de la « claire verdure » (p. 164), aussi de « feuillages luisants » (p. 210).
[32] « Les jours verts », EP, p. 192.
[33] « L'Étoile pourpre », EP, p. 164.
[34] Ibid., p. 167.

La fréquence du mot *cœur* dans ce recueil pourrait indiquer que le poète ne cherche plus ailleurs qu'en lui-même les raisons et les ressources de la vie. Et ce bonheur (ou seulement étonnement ?) que le poète éprouve à se sentir vivre, il le devrait essentiellement à l'intervention de la femme :

> Feuilles des peupliers
> Hautement renversées
> Sirène des transatlantiques
> Sourire de la femme aimée
> Je suis vivant
> Je perçois cette lueur
> Lueur vague de l'homme
> À défaut de lumière
>
> Et le feu et le feu
> Je respire enfin
> Et l'allégresse s'empare de moi
> Je gîte aux faîtes des glaciers interdits
> Mais soudain soudain
> Elle arrive elle vient
> Elle m'arrache à mes déserts
> Elle dénoue la corde de mon cou
> Elle m'enveloppe de ses doux bras nus [35]

Et tout ce long détour de nous ramener au « Moi berger » du poème tout simplement intitulé « Amour », qui connaît l'humilité de la terre et la douceur d'une intimité protégée :

> Moi berger
> Seulement le toit penché de ma chaumière
> Le sentier vers le ruisseau
> Ses bras plus blancs dans la nuit
> Son sourire heureux et las
> Devant les étoiles basses du matin [36]

Le poète associe volontiers la joie charnelle à la beauté du monde, lequel, par ses aspects familiers et favorables, sert d'appui et de résonance à l'entente amoureuse. Ainsi fait-il dans un poème tout de lenteur et d'apaisement, « Le songe », d'un lyrisme parfait,

---

[35] « Le prix du don », EP, pp. 174-175.
[36] « Amour », EP, p. 218.

qui se termine par une strophe où culmine une sorte d'allégresse
grave :

> La coquille de son corps
> Bat aux portes du ciel
> Et je brûle de ton feu
> O beau supplice retrouvé [37]

Notons les deux images, essentielles pour ce recueil, de la coquille
(liée au thème de la mort qui donne vie) et du bûcher, où le poète
se livre en holocauste et qui transcende — l'ensemble préfigurant
ces noces dont l'avant-dernier poème donne une illustration
définitive.

D'autres poèmes décrivent avec respect et ferveur la fête
des sens. Nous n'y trouvons nulle exaltation importune, mais
l'expression d'un bonheur calme, épanoui, substantiel, comme
embelli par une sorte d'émerveillement. C'est l'occasion d'un éloge
intarissable de la femme, non pas idéalisée de façon plus ou moins
factice, mais bien réelle et prochaine [38], transfigurée seulement
sous le regard de l'amant. Compagne parfaite, la femme conserve
le rôle de médiatrice que nous lui connaissions dans les autres
recueils et même dans les œuvres en prose. Le poète voit la
femme venir à lui, s'avancer vers lui, et, à mesure, harmoniser
ce qu'il appelle « L'ordre de la nature [39] ». La femme est l'être
qui réconcilie et couvre tout de sa tendresse :

> À pas lents tu t'avances
> Vers ces rivages clairs
> De lisse désespoir
>
> Toi vêtue de cette blanche tunique
> Comme pour l'incantation
> Des bonheurs captifs
> Sous les feux des saisons [40]

Jusqu'ici, il a surtout été question de cette certitude que, de
la mort, procèdent la naissance et la vie, que l'état de captivité

---

[37] « Le songe », EP, p. 191.
[38] Dans « La part du feu », le poète évoque le « doux tremblement charnel » (EP, p. 197).
[39] « Petit poème pour demain », EP, p. 200.
[40] « Neige », EP, p. 186.

du poète cesse dès que se lève le jour, dès que paraît la femme, telle une aurore qui chasse les ténèbres. Mais le mouvement inverse et l'hypothèse contraire restent possibles. N'est-ce pas ce que suggèrent les vers suivants, autrement illogiques ou obscurs, à la fin du poème « Amour » : « Tu m'apportais ton baiser d'aube À goût de crépuscule[41] » ? Plusieurs passages nous apprennent que la plénitude acquise est menacée, comme si l'atteinte d'un point de perfection amorçait déjà la défaite :

> Je te tenais dans mes bras
> Et tu te détachais de moi
> Comme la feuille à l'automne de l'arbre
> Ah de pourpre et d'or[42]

C'est alors que trouvent leur sens les nombreuses références à l'activité du feu, comme celles qui ramènent, comme autant de leitmotive, l'automne, le crépuscule, et toute une constellation d'images concernant la pourpre.

Merveilles pourpres

D'une fréquence inusitée, il semble bien que le mot *pourpre* soit l'un des mots préférés du poète. À quoi cet intérêt est-il dû ? À la sonorité du mot, au plaisir de le prononcer, à ce qu'il signifie ? Le lecteur avoue sa perplexité quant aux raisons et au sens de l'utilisation de ce terme. C'est le cas de Louis Royer :

Il arrive qu'un poète affectionne particulièrement un mot pour lui-même, sans rapport nécessaire avec la réalité qu'il représente. Ou il arrive l'inverse, c'est-à-dire qu'il affectionne particulièrement une réalité sans rapport nécessaire avec le mot qui la traduit. C'est ainsi que Grandbois emploie souvent les mots étoile, colonne, astre, et les mots mensonge, archange, qui sont des mots précis qui reviennent très régulièrement, mais ces mots-là sont moins importants que les réalités représentées. En ce qui concerne le mot pourpre, je pense qu'il y a un peu des deux, vu qu'il s'agit d'un

---

[41] « Amour », EP, p. 221.
[42] *Ibid.*, p. 217.

qualificatif, c'est-à-dire qu'ensemble le mot et la réalité qu'il représente sont très chers à Grandbois. Disons qu'il aime pourprer la réalité. Ou, ce qui serait encore plus juste, disons qu'il voit la réalité pourpre et qu'il la traduit telle qu'il la voit. Et quand il emploie le mot pourpre comme substantif, c'est qu'il affectionne ce mot plus pour lui-même que pour la réalité, sans toutefois écarter celle-ci, puisqu'il emploie ailleurs les mots mauve, indigo. Le pourpre serait sa teinte personnelle en tant que poète et selon sa vision des choses [43].

Que le pourpre soit la teinte personnelle de Grandbois, c'est un peu ce que dit aussi Clément Lockquell qui donne à ce sujet quelques précisions tout en suggérant le sens qu'il attribue au titre du recueil :

> Le mot *étoile* est assez commun, mais le terme *pourpre* est peut-être révélateur. Alain Grandbois a beaucoup navigué : il n'a pas oublié que le pourpre était une couleur qui se tirait d'un coquillage. C'est assez secondaire, si l'on veut, mais l'important, c'est que le pourpre est une espèce de couleur atténuée, un rouge foncé qui convient probablement à la saison de sa vie, au mois où il a composé ses derniers poèmes, et les derniers imprimés. Enfin, pour moi, ce rouge foncé veut exprimer une espèce d'éclat atténué, quelque chose de riche. Un écarlate patiné, si l'on veut, qui est plus reposant [44].

Tous ces renseignements sont utiles, y compris celui qui nous apprend que la pourpre est une matière colorante, un liquide sécrété par des mollusques. À cela fait allusion un passage du poème « Libération », le troisième de *Rivages de l'homme,* où le mot lui-même n'est pas cité, même si le poète nous dit qu'il connaît « ces mots Gonflés comme des fruits mûrs [45] » :

> Les grands vertiges de la mer
> Soufflaient les souffles incantatoires
> Quels éblouissants coquillages

---

43 Louis ROYER, interview du 26 août 1969.
44 Clément LOCKQUELL, interview du 26 août 1969. C'est de la jeunesse que datent les premiers écrits qui portent un intérêt pour le crépuscule : on en trouve déjà des traces dans les devoirs de collège. Ensuite, dans *Né à Québec* (p. 85) : « Des crépuscules de pourpre barrés de noirs vols d'oiseaux ». Enfin, dans *Avant le chaos,* à l'instant de la disparition fulgurante de Julius.
45 « Libération », RH, p. 112.

Pour faire oublier la noyade
De ce qui restait de nos morts [46]

Le coquillage apparaît ici comme une sorte de talisman qui aurait pour effet de sanctionner l'oubli du passé obsédant. De fait, il est dit ailleurs que les mollusques, ramenés à la surface, vifs, radiants, proclament, de la même façon, la victoire sur la mort. C'est ainsi que dans le poème, « Nos songes jadis » des *Îles de la nuit,* on trouve le vers suivant : « O Mort [...] Nous t'avons tuée avec la pourpre même de notre cœur [47] ». L'expansion du sang nourricier, fécond, et donc l'abondance des forces vitales, l'emporte sur l'attrait du néant. Le pourpre est ainsi associé au sang, au cœur, à l'ardeur amoureuse, au dynamisme vital : « mon sang [...] coule encore Source vive et pourpre [48] ».

Mais les descriptions des crépuscules reçoivent aussi une teinte pourpre. De même, celles de l'automne. Or, l'automne et le crépuscule désignent d'éphémères instants de plénitude qui conduisent à une séparation ou à une absence définitive. Une explosion de vitalité, une vive et pleine illumination précèdent juste la chute des feuilles ou celle du soleil, signes de la mort des choses [49]. Si bien que le pourpre, en même temps qu'il souligne l'éclatante plénitude de la matière, marque la plupart du temps comme l'annonce de la fin du monde. Il signale d'habitude un climat d'angoisse provoqué par le pressentiment de la présence de forces occultes, par la pensée qu'une magie maléfique s'exerce à l'encontre et à l'insu de l'être. Nous sommes d'ailleurs souvent dans le domaine du fantastique, avec ces évocations de « la monstrueuse fleur pourpre des incendies [50] », de

---

[46] « Libération », RH, p. 113.
[47] « Nos songes jadis... », IN, p. 60.
[48] « Je savais », EP, p. 202. Quelques exemples tirés des œuvres en prose : « le flot pourpre du sang » (*Né à Québec,* p. 72) ; « la plaine verte était devenue pourpre » (*les Voyages de Marco Polo,* p. 25) ; le cuivre des boucliers « à la lueur des flammes, paraissait s'empourprer de sang » (*Avant le chaos,* p. 12) ; « la neige était recouverte de grandes taches pourpres » (*Ibid.,* p. 131).
[49] Une agonie sanglante, et l'on songe à cette saisissante image d'Apollinaire, au terme du poème initial d'*Alcools* : « Soleil cou coupé ». Brève description de *Né à Québec* (p. 116) : « Ce fut l'automne. L'immense blessure des érables empourpra les forêts. »
[50] *Avant le chaos,* pp. 200-201.

ces incendies qui font de la nuit « un immense halo pourpre [51] »,
avec aussi la « trouée pourpre des torches [52] » dans la nuit et
ces grands feux qui couronnent le camp « d'une ceinture de
pourpre [53] ». Quand, dans le sous-bois, sont visibles des baies
pourpres, c'est pour indiquer la densité ou l'hostilité de ce lieu [54].
Et que dire de cette saisissante vision d'un regard hypnotique :
« Parmi le feuillage vert Il y avait la Prunelle de Pourpre [55] », et
de ce vers énigmatique d'un poème de *Rivages de l'homme* :
« O Pourpre assassinant le cœur secret [56] » ? Associé d'autre
part à l'érotisme, au feu souterrain (« la forge pourpre Du centre
de la terre [57] »), au bûcher du sacrifice (« Mes épaules roulent
Dans la pourpre du feu [58]), le pourpre aurait pour rôle de marquer
cet instant fugitif, aube ou crépuscule, printemps ou automne, où
la mort est déjà vaincue par la vie, et où, inversement, la vie est
déjà minée par la mort. Dominant les domaines contraires de la
vie et de la mort, angoisse et jubilation, signe précurseur de
métamorphose, le pourpre rejoint, dans *l'Étoile pourpre* qu'il
hante de sa présence, la signification du feu.

Quelles victoires pour nos défaites

Livré au feu comme naguère il était soumis à la mer [59], enfin
transformé par le spectacle des « belles merveilles pourpres [60] »,
le poète jouit de conditions d'existence dont il n'avait eu auparavant
que des aperçus bien éphémères. Et ces révélations influencent
l'allure générale du recueil qu'une ardeur vitale, enfin créatrice,

---

[51] *Né à Québec*, p. 47.
[52] *Les Voyages de Marco Polo*, p. 163.
[53] *Ibid.*, p. 99.
[54] *Né à Québec*, p. 107.
[55] « Rien », EP, p. 216.
[56] « Corail », RH, p. 152.
[57] « La part du feu », EP, p. 197.
[58] « Poème vingt-cinq », EP, p. 208.
[59] « J'ai toujours adoré la mer », dit-il à deux reprises dans *Visages du
monde*, cette « mer fabuleuse », la « divine Méditerranée ».
[60] « Chrysalide », RH, p. 136 et « L'enfance oubliée », EP, p. 180.

anime tout entier. Mais l'enthousiasme avec lequel le poète se lance à la conquête du monde est peut-être un autre nom du désespoir. « Le songe véhément De la misère des hommes [61] » a beau devenir l'étreinte véhémente du bonheur des hommes, c'est peut-être au fond la même chose, tant l'intensité du bonheur de vivre n'élimine pas la pensée que tout cela, comme le reste, passe et prend fin. Supplice de Tantale, que la perception de ces multiples réalités heureuses qu'une seule vie n'arrive pas à épuiser : telle est la plainte que le voyageur, au retour de ses courses éperdues à travers le monde créé, exprime avec cette nostalgie prenante qui le caractérise — aveu d'échec, alors même qu'il est présent à la beauté du monde. Ne serait-ce pas parce qu'elle est d'avance condamnée que la beauté du monde se mérite l'attention fervente du poète ?

C'est ce qui ressort en particulier d'un récit de voyage paru en mars 1946 sous le titre « Terres étrangères ». Nous sommes aux environs de Hué, village de l'Annam, presque à la frontière des deux Vietnam d'aujourd'hui. C'est d'abord la lente descente en sampans de la Rivière des Parfums, les merveilles de la nuit ; puis, sans transition, brutalement, celles du jour [62] :

> Nous louâmes, pour la nuit, un compagnon de voyage et moi, un sampan, et nous remontâmes le cours de la Rivière des Parfums. L'embarcation était habitée par une mère annamite et ses deux filles. Sous la bâche, brillant comme un petit feu doux dans l'ombre, la lampe à opium. Je m'étais installé sur l'étroit gaillard d'avant, et malgré les appels tantôt dédaigneux de mon ami, ni la tentation de l'alcool, de la drogue ou de l'amour indigène ne purent m'arracher à cette vision d'extraordinaire féerie, sous les étoiles tropicales, de ces rives peuplées des mille fantômes qui enveloppent et cernent et nourrissent une poésie qui devrait suffire à toute la vie d'un poète. Puis nous redescendîmes la Rivière, et ce fut, d'un coup, le jour. Les Tropiques ne s'embarrassent ni d'aube, ni de crépuscule. Le jour plein, la nuit complète, toutes les douze heures. Sur la rive droite, une longue suite d'éléphants gris, dont les méplats déjà luisaient au soleil comme de l'or, émerveillaient mes yeux fatigués

---

[61] « Le prix du don », EP, p. 176.

[62] Grandbois a souvent noté dans *Visages du monde* ce passage brusque, quasi instantané, de la nuit au jour, sous les Tropiques. Ainsi, p. 247 : « Ce fut soudain le jour. Car sous les Tropiques comme vous le savez, on ne connaît ni aube, ni crépuscule. Toutes les douze heures, le jour, d'un coup, chasse la nuit, et la nuit, d'un coup, étrangle le jour. »

par la trop longue veille de l'ombre. Il y avait aussi ces longs palmiers, ces bambous hauts comme des chênes, ces cases au toit de feuilles de bananiers, ces êtres muets et nus, ces cris d'oiseaux étranges, tout ce bruissement d'une vie que je ne pourrais jamais connaître et à laquelle je ne pourrais jamais appartenir [63].

Toute la magie des heures de plénitude, le style même de ce passage s'efforce de l'inspirer et de la prolonger. Heures de plénitude, mais en même temps d'absence. Étranger à son propre univers, l'homme est un voyageur qui passe et ne possède rien. Mais Grandbois refuse de consentir à l'idée de néant. Alors même qu'il reconnaît que la « foi dans les destinées humaines est devenue une denrée très rare [64] », il dit croire que « la vie humaine, quoi que prétendent certains philosophes moroses, n'est pas uniquement faite dans le but de n'en considérer que les malheurs et la brièveté [65] ». Et ces dix mille vies qu'il aurait aimé vivre pour épuiser ses désirs, et cette vie de poète que n'arrivent pas à combler les féeries orientales, il en abandonne volontiers le rêve et l'illusion dès qu'il admet que l'existence ordinaire, médiocre ou tourmentée, endeuillée ou crispée, faite de contraintes et de douceurs emmêlées, est déjà la matière même de la poésie d'une vie. Telles sont les révélations qu'il donne juste avant de conclure *l'Étoile pourpre,* presque à la fin du dernier poème du recueil :

Les forêts dressées mangeaient notre ciel
O coulées douces vers les fontaines fraîches
Aux murs d'arbres comme des cloisons
définitives
Labyrinthes solennels d'octaves
les fronts se penchent
Mousses et stalactites vertu des eaux
pétrifiées
Sanglants carnages des prochains deuils
Nous étions humbles sans parler de poésie
Nous étions baignés de poésie et nous ne
le savions pas [66]

[63] « Terres étrangères », dans *la Revue populaire,* mars 1946, p. 14.
[64] *Visages du monde,* p. 172.
[65] *Visages du monde,* extrait du manuscrit de l'émission du 21 nov. 1950 : « Le golfe de Naples ». (Archives de Radio-Canada.)
[66] « Cris », EP, pp. 244-245.

L'heure est donc venue de la réconciliation avec la vie. Surgi des Enfers, Orphée, selon les mots de Nerval, module sur sa lyre des chants qui célèbrent le bonheur des jours, et Grandbois de dire, avec un lyrisme assez inhabituel, ce dont les hommes vivent : de sensations immédiates, d'humbles sentiments, d'un amour « provincial [67] », comme il l'écrivait déjà dans *les Îles de la nuit,* un amour simple, mais combien vrai, tel que résumé par ce vers : « Je vieillis chaque jour et tes bras sont ouverts [68] ». Voilà toute la grâce de l'accueil, celui qu'offre un monde ouvert, délivré. « Quelles victoires pour nos défaites [69] », murmure le poète, étonné de cette grâce inattendue.

L'examen même superficiel du lexique contribue à montrer l'importance que prend, dans *l'Étoile pourpre,* par rapport surtout aux *Îles de la nuit,* le goût de vivre. Ainsi, pour un nombre sensiblement égal de mots, on trouve trois fois moins de pronoms de la deuxième personne, pronom défavorisé au profit du *nous,* l'autre et le monde extérieur ayant perdu leur hostilité, devenus mieux intégrés à la vie du poète. De même les références au corps humain sont nettement moins fréquentes. Mis à part le mot *bras* (pour dire, par exemple, l'accueil et le réconfort que procure la femme aimée) et le mot *cœur* (qui appartient surtout à un autre registre), les termes qui désignent le corps humain sont utilisés moins souvent. Signe, peut-être, que le poète ne considère plus son corps comme un objet étranger (plusieurs vers des *Îles de la nuit* montrent en effet qu'il n'a pas d'autorité sur la vie du corps, qui agit comme selon sa propre volonté), mais qu'il est parvenu, dans la mesure du possible, à assumer son être physique, lequel ne contrarie plus la perception du monde extérieur.

Les autres modifications d'importance que révèle l'examen du lexique concernent précisément le fait que le poète est en mesure de noter, non seulement la couleur de ce qu'il voit (le monde de *l'Étoile pourpre,* le contraire serait étonnant, bien sûr, est un monde coloré), mais aussi la forme, la dimension et la configuration de ce qu'il observe : c'est ainsi que les adjectifs les plus fréquemment cités (par ordre alphabétique : *beau, grand,*

---

67 « Les tunnels planétaires... », IN, p. 15.
68 « Les jours verts », EP, p. 194.
69 « Cris », EP, p. 243.

haut, long, petit) sont trois fois plus nombreux dans *l'Étoile pourpre* que dans *les Îles de la nuit*. Enfin, en même temps qu'a remarquablement diminué l'emploi de termes de détresse ou d'angoisse (*chercher, dernier, jamais, nuit, ombre, pluie, pourquoi, seul, silence, solitude, songe*), dans la même proportion a augmenté l'emploi des termes de plaisir, de maîtrise et d'espoir (*aimer, amour, cœur, feu, flamme, joie, jour, or, pourpre, soleil, oiseau, soudain*). Des calculs objectifs confirment ainsi ce dont une simple lecture impressionniste donnait l'intuition, à savoir que, des *Îles de la nuit* à *l'Étoile pourpre*, en dépit de la permanence de conflits essentiels, on passe d'un état d'esprit à un autre (ce qu'indique le changement de registre). Le jeu de l'éternel retour des mêmes structures ou des mêmes hantises est désormais brisé. Une mutation s'est opérée, des changements radicaux de perspective sont survenus, qu'ont bien sûr préparés les tensions antérieures.

Par-delà les rites de sacrifices auxquels font songer ces bûchers qui se dressent tout au long des pages de *l'Étoile pourpre*, apparaissent donc de neuves conditions d'existence. Les sources de vie sont enfin rejointes, le temps perdu, enfin retrouvé. La Fiancée Absente, idéale et mystique figure qui hantait les pages des *Îles de la nuit* et qui conduisait au rendez-vous de l'Archange, a disparu pour laisser place à la compagne quotidienne qui conduit le poète dans les chemins de la vie. Il est permis de penser que le poète a enfin atteint l'objet de sa quête, qu'il définit en termes précis à la deuxième strophe de « Beau désir égaré » :

> Je cherche les portes du ciel
> Le navire et le port
> L'autre côté du soleil
> Le silence incessant bruissant
> Ce secret d'une tremblante aurore
> Tremblante encore
> De l'odeur des lilas [70]

Du début de l'activité poétique d'Alain Grandbois jusqu'à l'étape présente, il n'est peut-être pas faux de prétendre que le poète, tout en tissant les schèmes habituels de sa pensée, a marqué

---

[70] « Beau désir égaré », EP, pp. 188-189.

un progrès que les transformations qu'ont subies en même temps le lexique, la forme des vers et leur sens, rendent perceptible. Tout en évitant d'enfermer dans une formule toute la réalité qui ne se laisse pas aussi aisément circonscrire, je proposerais de mettre en opposition un passage des *Îles de la nuit,* marqué par l'influence de l'astre infernal qu'est le soleil noir, où le poète se présente comme « le veuf de la nuit [71] », et les derniers vers de *l'Étoile pourpre,* recueil marqué par « le soleil neuf [72] », où deux amants « émerveillés sous le soleil » prennent conscience que chacun d'eux, « Veuf deux ou trois fois De deux ou trois blessures mortelles », a survécu comme par miracle « aux démons des destructions [73] ». Appliquant à Grandbois les propos que livre Hélène Tuzet, disciple de Gaston Bachelard, à la fin de son étude sur *le Cosmos et l'Imagination,* il semble bien que, jadis l'un de ces « fils de la nuit » effarés de voir comment meurent les mondes, le poète de *l'Étoile pourpre* se soit métamorphosé en « fils du feu », ce feu solaire avec lequel ne font qu'un la pourpre, le sang, le rubis, le feu universel qui est vie, amour, purification, résurrection. Parcours qu'évoque Victor Hugo, cité par Hélène Tuzet, dans ces quelques vers de « Ce que dit la bouche d'ombre » :

> L'archipel ténébreux des bagnes s'illumine [...]
> Le sombre univers froid, glacé, pesant, réclame
> La sublimation de l'être par la flamme,
> De l'homme par l'amour [74].

Mais l'œuvre d'Alain Grandbois ne s'arrête pas à *l'Étoile pourpre.* Grandbois n'a pas cessé d'écrire depuis. Certes, divers événements ont marqué cette quinzaine d'années qui va de 1957 à nos jours : c'est l'époque des témoignages les plus importants sur l'œuvre d'Alain Grandbois : les études de Jacques Brault (en 1958 chez Fides et en 1968 chez Seghers) ; le numéro spécial de la revue *Liberté,* en mai-août 1960. La radio et la télévision l'honorent à leur façon, par une émission de la série *l'Histoire comme ils l'ont faite,* le 4 février 1967, par une autre de la série *Nouvelle poésie,* de Pierre Morency, le 31 octobre 1968. Il est

---

[71] « Au delà ces grandes étoiles... », IN, p. 19.
[72] « Le soleil neuf », EP, p. 227.
[73] « Cris », EP, pp. 245-246.
[74] Hélène Tuzet, *le Cosmos et l'Imagination,* p. 512.

enfin l'invité de Fernand Seguin au *Sel de la semaine,* le 17 février 1969. Au cours de cette période, Grandbois a voyagé. Il quitte Mont-Rolland où il s'était établi depuis environ 1956 pour effectuer, en 1960 et en 1961, à titre de boursier du Conseil des Arts, un voyage en France et en Italie (il suit le parcours de prédilection : Paris, Côte d'Azur, Port-Cros). À son retour, il quitte la région montréalaise pour s'installer à Québec où il commence, au Musée de la province, une carrière de fonctionnaire.

Ses travaux d'écrivain attirent encore l'attention. Le 10 juillet 1963, publication aux Éditions de l'Hexagone de l'Intégrale de ses poèmes, événement dont la critique reconnaît l'importance. En décembre 1963, avec Donald Creighton, il est bénéficiaire du prix Molson du Conseil des Arts. Il reçoit, en mai 1967, un doctorat d'honneur de l'université Laval ; en juin 1968, pour l'ensemble de son œuvre, un prix de l'Académie française ; en 1970, le nouveau prix David du Gouvernement du Québec. Il publie divers textes : des portraits d'écrivains qu'il a connus, Marcel Dugas, Victor Barbeau ; une introduction aux *Lettres de la religieuse portugaise* ; une série de quelque quarante-cinq brèves études portant sur des prosateurs et poètes du Canada français. Il écrit aussi des poèmes.

CHAPITRE X

POÉSIE ININTERROMPUE

Que les mêmes thèmes et les mêmes images reparaissent d'un recueil à l'autre, Clément Lockquell et Louis Royer le signalent tous deux, de même qu'ils s'entendent pour éviter de parler d'évolution, même si Clément Lockquell note l'intériorisation progressive de la réflexion :

> Je trouve assez difficile d'appliquer le terme évolution aux développements des thèmes de Grandbois et à ce qu'on pourrait appeler un perfectionnement de sa technique poétique. Je n'ai pas l'impression qu'il y ait tellement de variations d'un recueil à l'autre. Des *Îles de la nuit* à *l'Étoile pourpre* en passant par *Rivages de l'homme,* il y a peut-être une espèce d'approfondissement intérieur. S'il y a mouvement, ce n'est pas un mouvement selon une courbe croissante. C'est plutôt quelque chose qui serait de l'ordre de la réflexion intérieure. C'est comme s'il se distançait de moins en moins de ses préoccupations, de ses thèmes, de ses obsessions, si je puis dire. Il les intériorise davantage. Mais, dans *l'Étoile pourpre,* c'est une espèce de culmination — évidemment, on peut penser qu'il s'agit là de mouvement ou d'évolution. Il s'agit d'une prise de conscience beaucoup plus centrale de sa dualité. À mon avis, on retrouve dans les trois recueils cette dualité, une espèce de combat contre le souvenir et ce qu'il y a de lourd, et un besoin de libération qui n'est jamais complètement consenti, parce qu'il y a une certaine délectation morose, qui est, d'ailleurs, extrêmement attachante [1] —

et si Louis Royer mentionne la délivrance finale des contraintes qui s'exerçaient, toutes-puissantes, au début de l'itinéraire de Grandbois :

---

[1] Clément LOCKQUELL, interview du 26 août 1969.

Pour ce qui est des thèmes, il s'agit toujours de la même chose. Les trois recueils sont la longue marche de l'homme dans la nuit, avec son besoin de lumière et ce refus du faux, ce désir de fixer l'instant mortel, et tout ceci va s'amplifiant d'un recueil à l'autre, avec aussi cette négation de la mort. Et là, on pourrait dire évolution... (enfin, d'une certaine façon, car je n'aime pas employer ce mot). Dans *Rivages de l'homme,* les vers sont plus courts, et dans *l'Étoile pourpre,* ils atteignent encore une plus grande concision. Tout y est plus dégagé, plus clair, donc plus intense. Évidemment, selon la suite du voyage, des images reviennent d'un recueil à l'autre, mais toujours plus fortes et plus significatives, des images et des visions de colonnes, d'îles, de nuit et de pluie, des mots, comme étoile. Et par exemple, dans *Rivages de l'homme,* le huitième poème est un peu la suite du poème « Ah toutes ces rues... » qui était dans *les Îles de la nuit* : Grandbois dit au début de la dernière strophe : « Je vaincrai demain la nuit et la pluie », et, à la fin de *l'Étoile pourpre,* je pense qu'il a vaincu vraiment [2].

Réduit à l'essentiel, l'itinéraire d'Alain Grandbois serait à peu près le suivant : alors que, dans le recueil d'Hankéou, le poète se présente comme un homme muré, voué au silence, au désespoir, *l'Étoile pourpre* offre au contraire l'image d'un homme, non pas résigné, mais qui a appris la valeur d'une sagesse tout ordinaire.

Mais là ne s'arrête pas la démarche du poète. Il conviendrait de se demander maintenant quelles voies nouvelles ouvre Alain Grandbois dans les quelques textes qu'il publie après *l'Étoile pourpre.* De ces textes récents, je commenterai un poème (« Les mains tendues ») et deux essais en prose : une étude littéraire (« Introduction aux lettres de la religieuse portugaise ») et une nouvelle (« Julius »).

« Introduction aux lettres de la religieuse portugaise »

L' « Introduction aux lettres de la religieuse portugaise » paraît dans la revue *Liberté* en mai-juin 1967 [3], mais ce texte et

---

2 Louis ROYER, interview du 26 août 1969.
3 « Introduction aux lettres de la religieuse portugaise », dans *Liberté,* mai-juin 1967, pp. 6-11.

celui des cinq lettres de la Religieuse avaient d'abord été lus à Radio-Canada le 17 février 1967.

Il faut savoir gré à Alain Grandbois de ne pas avoir cherché à élucider l'énigme que pose cette œuvre littéraire. Qui en est l'auteur ? Est-ce Pierre Girardin de Guilleragues, le prétendu traducteur et l'ami de Racine, qui aurait laissé entendre un jour, dans une lettre, qu'il avait influencé l'auteur de *Phèdre* ? Ou bien ces lettres sont-elles véritablement le fait de sœur Marianna, la Franciscaine de Béja ? À cette question, qui accapare d'habitude l'attention des commentateurs, Grandbois ne fait aucune espèce d'allusion. La possibilité d'une supercherie littéraire ne l'émeut en aucune façon. Il prend pour acquise la réalité de cette passion, dont les éléments fondamentaux étaient de nature à emporter son adhésion, puisque sa poésie, comme plusieurs récits d'*Avant le chaos,* les contenait déjà : les mensonges de l'amour, la servitude de la chair, les revendications de la haine, la hantise du suicide, un sens aigu du sacrilège [4]. Grandbois note que les lettres de la Religieuse « créent et crient le poème le plus bouleversant qu'il soit donné de lire : le poème de l'amour perdu [5] ».

Un peu comme il l'a déjà fait en pareil cas, Grandbois ne se contente pas de reproduire telles quelles les données de la petite histoire. Il intervient, ajoute, modifie, libertés qui lui sont imposées par ses propres rêves. Il a surtout soin d'étudier chez la Religieuse le drame de la conscience : cette femme est toute vie profonde, les tourments secrets qui la consument intéressent seuls chez elle Alain Grandbois qui entoure de compassion l'expérience qu'elle fait du « cercle fatidique de l'amour [6] ». Par contre, ce sont les antichambres et les boudoirs que l'amant, de son côté, parcourt, et Grandbois ne lui accorde aucune vie intérieure. Le fringant officier du régiment de Schonberg, Noël Bouton de Chamilly, comte de Saint-Léger, est ici pantin grotesque, tout en gestes et parades, soucieux de glorioles. L'entrée en scène du personnage donne le ton (« ce coquebin caracolant, par les rues mal pavées de Lisbonne... bombe sans trop de pudeur un torse abondamment

---

[4] D'après l'article « Lettres portugaises » du *Dictionnaire universel des lettres,* Paris, Société d'édition de dictionnaires et encyclopédies, Laffont-Bompiani, 1961, p. 500.

[5] « Introduction aux lettres de la religieuse portugaise », *op. cit.,* p. 8.

[6] *Ibid.,* p. 10.

chamarré de décorations illusoires [7] »), mais c'est surtout sa sortie
de scène (comme il l'a fait pour Marianna, Grandbois le décrit
à l'agonie) qui prouve toute l'aversion de l'auteur à son endroit :

> Nous n'avons pas à juger ce petit personnage de cœur sec et de
> peu d'esprit qui s'est servi d'une âme déchirée comme d'un tremplin
> pour atteindre le but que la faiblesse de ses moyens lui interdisait.
> Il est ignoble, il a dû mourir au fond de quelque château provincial,
> chauve et podagre, les bras écartés d'épouvante, mal entouré d'une
> domesticité gouailleuse, et son mince squelette, qui n'intéresse
> personne, achève de se disjoindre sous quelque pierre moussue
> marquée d'anonymat [8].

Vu par Grandbois, le comte de Saint-Léger n'est que vanité.
Or, la vie est à ceux qui l'étreignent, qui s'y livrent sans ména-
gement et que chaque expérience marque d'une empreinte définitive. Ainsi Marianna, brûlée au feu de son délire, qui perd tout,
amour, paix de la conscience, mais qui, profondément, gagne tout,
plénitude, noblesse — noblesse intacte en dépit des égarements.
Depuis « l'extraordinaire aventure de sa chair neuve soudain
surprise, dévastée, livrée [9] », jusqu'à ce calvaire (c'est encore un
mot de Grandbois) qu'elle gravit, trahie, abandonnée, seule,
Grandbois la montre envoûtée par l'image du chevalier qui a pris
dans son âme toute la place. Chaque effort qu'elle tente pour
oublier n'aboutit qu'à préciser toujours plus nettement les contours
du souvenir. Quand elle analyse le mal dont elle meurt, elle le
fait en des lettres de feu dont la littérature est absente. Cela
n'est que vie, c'est-à-dire aveuglement, contradictions, et, plus
particulièrement, angoisse de qui substitue l'avidité terrestre au
goût de l'infini.
    Jamais Dieu n'est nommé. Mais Alain Grandbois (comme,
avant lui, Marcel Jouhandeau) l'y découvre à chaque page et
non entre les lignes, comme il prend la peine de le dire. Cette
dimension du drame, il l'évoque au début comme à la fin de
son étude. Et c'est pour affirmer que la « confrontation dernière
qui ne concerne qu'elle et Dieu [10] » aboutira à la rémission.

---

7 « Introduction aux lettres de la religieuse portugaise », *loc. cit.*, p. 6.
8 *Ibid.*, p. 8.
9 *Ibid.*
10 *Ibid.*, p. 6.

« Nous savons aussi que Dieu sait reconnaître ses fidèles [11] » :
ces derniers mots de l'étude rappellent cette quête de Dieu qui
est l'un des thèmes essentiels de la poésie de Grandbois. Souvenons-
nous de l'aveu du dernier poème de *l'Étoile pourpre,* de ces vers
qui conjuguent érotisme et mysticisme :

> O rêve humilié douceur des servitudes
> Nous cherchions les sous-bois de pins
> Pour chanter la joie de nos chairs
> Ah Dieu dans les hautes mains mouvantes
>   des feuillages
> Comme nous t'avons cherché
> À notre repos nos corps bien clos
> Avant le prochain désir comme une
>   bourdonnante abeille [12].

« Dure et superbe exigence » qu'il rappelle encore dans un poème
paru au début de 1960 dans la revue *Liberté* :

> Mon angoisse s'épuisait à la fuite des
>   plages blondes
> Je l'aimais pour la douceur de ses bras
> Pour sa bouche fraîche des baisers du matin
> Soudain tourbillon insensé
> Ce monde interdit
> Terre et Feu sous nos pas
> Dieu et peut-être l'amour perdu
> Mes mains déchiraient ma poitrine [13]

On pourrait discerner le climat même des *Lettres de la religieuse
portugaise* dans cette strophe extraite du poème « Cependant
demain », l'un des poèmes récents d'Alain Grandbois.

Les poèmes récents

Les poèmes que ne comprend pas l'édition de l'Hexagone
de 1963 sont au nombre de quatorze — ceux, du moins, que

---

[11] *Ibid.,* p. 11.
[12] « Cris », EP, p. 242.
[13] « Poème » (« Cependant demain »), dans *Liberté,* janv.-fév. 1960, p. 1.

j'ai pu retracer *. Ces poèmes n'ont pas été écrits nécessairement à l'époque où ils ont été publiés ; certains ont pu être rédigés très longtemps avant leur parution. On ne peut donc en donner une interprétation d'ensemble qu'avec beaucoup de prudence. En voici la liste :

« Ah nous bercés »	*Cahiers de l'Académie canadienne-française,* t. I, 1956
	La Patrie, 25 nov. 1956
« Poème » (« Heure amère »)	*Cahiers de la Nouvelle-France,* janv.-mars 1958
« Douceur »	*Mercure de France,* mai 1958
« Plus loin »	*Mercure de France,* mai 1958
	Classiques canadiens, Fides, déc. 1958
« Poème » (« Désert fatal »)	Classiques canadiens, Fides, déc. 1958
« Poème » (« Cependant demain »)	*Liberté,* janv.-fév. 1960
« Aube »	*Liberté,* mai-août 1960
« Le vide »	*Liberté,* mai-août 1960
« Mirages »	*Poetry 1962* (Ryerson Press), 1961
« Ce jour »	*Poetry 1962* (Ryerson Press), 1961
« Minuit »	*Le Devoir,* 20 oct. 1962
	Guy Robert, *Témoignages de 17 poètes,* Déom, 1964
« Une femme »	*Culture vivante,* nº 1, 1966
« Les mains tendues »	*Poésie,* printemps 1966
« Temps fini »	*Archives des lettres canadiennes,* t. IV : *la Poésie.* Fides, 1969

Tant pour la forme que pour le contenu, ces poèmes diffèrent notablement les uns des autres. Prenons, par exemple, le bref poème intitulé « Le vide [14] ». Nous y trouvons un enchaînement rigoureux, une liaison assez ferme entre les phrases, une éloquence oratoire unique dans ce groupe de poèmes, et aussi une certitude,

---

* Ces poèmes sont reproduits en pages 201-230.
[14] « Le vide », dans *Liberté,* mai-août 1960, p. 161.

Temps fini
Les longues murailles s'écroulaient
Comme le lourd rideau des Opéras
(Notre vie s'accroche à notre mort
Fièvre aux battements de notre coeur
Il y avait pourtant autrefois
Les belles grandes villes interdites
Pleines de couleurs et de joies
Ah chers compagnons de l'aventure
Qu'êtes-vous devenus
De l'autre côté de l'existence
Et vous femmes de ma jeunesse
murées dans quelles grottes secrètes ?

Dernier poème publié de Grandbois.
(*Éditions Fides*, Archives des lettres canadiennes)

à savoir que l'éclat de l'étoile (celle du pardon et du rachat de la nuit) conjurera les désordres cosmiques et libérera l'humanité du pouvoir d'un Dieu justicier et de la hantise du néant.

Ajoutons que ce texte comprend l'un des thèmes communs à cette quinzaine de poèmes : l'épouvante d'un monde chaotique, scindé en blocs épars, à l'image de quoi se conforment parfois les poèmes, tel « Heure amère », juxtaposition de fragments de discours, incohérence et virulence. Dans chaque cas, il semble bien que le délire ou le chaos soit la sanction d'une offense contre la divinité, par suite du refus d'un mystérieux ailleurs, repoussant et pourtant désirable. La fin de chaque recueil faisait d'ailleurs allusion à ce conflit. À la fin des *Îles de la nuit,* c'est la révolte :

> Voici Dieu et je tue le chant insoutenable
> de mon épouvante
> et sa lumière et sa ténèbre révélatrice [15]

laquelle est suivie, avec les derniers mots de *Rivages de l'homme,* d'un désir obstiné de justice :

> Nous exigerions cependant encore
> Avec la plus véhémente maladresse
> Avec nos bouches marquées d'anonymat
> Le dur oeil juste de Dieu [16]

Jusqu'ici, c'est toujours l'intention capitale de tuer l'idée de Dieu, du moins une certaine idée de Dieu, le Dieu-Jéhovah qui régit l'inflexible destin, de qui dépend le choix du jour de notre mort : souvent le poète se dit hors d'atteinte, méprise ou défie les dieux dont il proclame même la mort [17]. Il y a aussi ce vers des *Îles de la nuit* : « Les temples sont abolis où les prières nourrissaient les dieux [18] », un vers ambigu, puisqu'il dit aussi bien la toute-puissance des dieux voraces qui vivent de la soumission des hommes, que l'inexistence des dieux inventés par les illusions de la foi. Ces illusions seraient d'ailleurs entretenues par une certaine forme d'éducation, que le poète couvre d'ironie dans « Ce jour »,

---

[15] « Que surtout mes mains... », IN, p. 91.
[16] « Rivages de l'homme », RH, p. 159.
[17] Voir *Poèmes,* Éd. de l'Hexagone, pp. 19, 202, 213, 238.
[18] « O Fiancée », RH, p. 84.

poème dont le ton est unique dans l'œuvre de Grandbois, étant
donné la familiarité, la trivialité même de certaines formules [19] ;
mais l'insolence et le blasphème laissent intacte la pensée de Dieu.
À la fin de *l'Étoile pourpre,* l'on aboutit à une sorte de reconnaissance de Dieu :

> Ils disent que nous nions Dieu
> Alors que nous ne cherchons que Dieu
> Que Lui seul Lui [20]

Il faut se rappeler ici le discours que Kyrov tient au narrateur
(dans « Tania » d'*Avant le chaos*) : « malgré nos révoltes, nos crâ-
neries, nous savons qu'il y a un Dieu, *qu'il y a Dieu,* et toute son
éternité, et la nôtre au delà de notre espace, au delà de nos
millions de minutes de la vie... [21] ». L'image de la divinité se
modifie donc dans *l'Étoile pourpre,* recueil nettement plus humain
et réaliste, comme apaisé par la certitude d'une rédemption. Et
c'est au Christ que le poète songe, en parfait accord avec le thème
de la délivrance du jour, comme on le voit à la fin du quatrième
poème du recueil :

> Ah beau Christ d'innocence
> Tes Bras comme Ta Croix
> Le jour se lève à peine
> Sous la poussière des temps [22]

L'importance du thème religieux, Jacques Brault l'avait déjà
précisée :

> Des *Îles de la nuit* à *l'Étoile pourpre,* le thème religieux, d'abord
> en sourdine, puis en mineure et finalement avec véhémence, retentit,
> soit en contrepoint, soit dans l'exaltation d'une mélodie unique.
> Il semble constituer l'épicentre d'où se propagent en secousses
> sismiques les principaux thèmes de cette poésie : la mort dissolvante
> mais annonciatrice d'une recouvrance de soi-même ; l'amour impos-
> sible mais si vorace qu'il requiert toujours un objet plus digne du
> désir de l'homme ; l'attention aux phénomènes de la nature qui

---

19 « Ce jour », dans *Poetry 1962,* p. 7.
20 « Cris », EP, pp. 241-242.
21 *Avant le chaos,* p. 64.
22 « Ton sommeil », EP, p. 179.

bout et s'anime comme un monstre volcanique ; la tendresse qui s'abandonne, confiante, aux précarités de la vie [23].

Cette dernière formule : « la tendresse qui s'abandonne, confiante, aux précarités de la vie », me servira de transition pour aborder le commentaire du poème intitulé « Les mains tendues ». Car dans les quelques poèmes parus depuis *l'Étoile pourpre,* il n'y a pas, bien sûr, que tourments et chaos. Il y a aussi le rappel des « franges fragiles du souvenir [24] », la grâce d'un « monde adorablement fini [25] », la marche harmonieuse « parmi la vie [26] », et, surtout, la douceur de vivre l'heure présente du jour, passagère mais précieuse, ainsi que le décrit le poème « Les mains tendues [27] ».

« Les mains tendues »

Cette belle paix si provisoire
Sous les soleils des équinoxes
Calme étonnant
Ravissement des yeux
Derrière la lumière
La vieille ville engourdie
Comme le lézard au cœur chaud des étés

Et toute cette beauté
Parcelle d'un instant béni
Se feront nuit et froid
Devant le désespoir des hommes
Flairant l'odeur de la mort

Mais nos mains ne se seront pas tendues en vain
Un fragment de bonheur
Vaut tout le drame d'une vie
Ainsi que l'éblouissant éclat du diamant
Aux ténébreuses profondeurs de la terre

---

23 Jacques BRAULT, ‹ Alain Grandbois », dans *Lectures,* 1er avril 1958, p. 228.

24 « Plus loin », dans *le Mercure de France,* mai 1958, p. 36.

25 « Minuit », dans *le Devoir,* 20 oct. 1962, p. 29.

26 ‹ Une femme », dans *Culture vivante,* n⁰ 1, 1966, p. 43.

27 « Les mains tendues », dans *Poésie,* printemps 1966, p. 13.

Ce que je voudrais mettre en évidence au cours du commentaire de ce poème, c'est l'exacte convenance de la forme et du sens. Un jeu d'équivalences fonde la composition des « Mains tendues » (retenons les termes *équinoxes, équations, équilibre*), assure la justesse des retournements de situation et des changements de signes.

Le titre rappelle un geste caractéristique de la poésie de Grandbois. Geste d'appel et d'imploration que ces mains tendues pour le désir, la recherche, le besoin de possession. Ici, la quête serait celle d'une paix intérieure, d'une harmonie. Alors qu'elle est vaine dans *les Îles de la nuit* (où abonde la locution adverbiale *en vain*), cette quête paraît ici satisfaite [28].

Le poème comprend trois phrases. Les deux premières strophes en forment une, les deux autres phrases sont comprises dans la seule dernière strophe. Le verbe *se feront* a pour sujet *Cette belle paix* (et une longue apposition de six vers) et puis *Et toute cette beauté,* qui résume la première strophe et qui a pour apposition un seul vers, le neuvième (*Parcelle d'un instant béni*), vers intermédiaire ou frontière, centre et cœur du poème qu'il partage exactement.

Première strophe

Le *Cette* indicatif marque dans quel éloignement la paix est tenue. *Provisoire,* parce qu'elle tient à un équilibre, celui que créent, aux deux pôles équidistants de l'année, *les soleils des équinoxes.* Les pôles antagonistes entre lesquels gravite toute l'œuvre de Grandbois : lumière et nuit, amour et solitude, vie et mort, sont ici neutralisés.

Au v. 5, *Derrière la lumière,* une zone lumineuse forme écran, sépare le poète du spectacle de bien-être qui se trouve par le fait même comme sous la protection de la lumière, à l'abri, dans une sorte d'intimité tranquille. Mais l'accentuation de la distance contribue à rendre davantage le poète absent de ce climat de bien-être, distant de la *vieille ville engourdie.*

---

[28] Et sans la violence que comportent d'autres poèmes de cette même époque : « Les mains tendues avec véhémence » (« Plus loin », dans *le Mercure de France,* mai 1958, p. 35) et « Les fils présomptueux des hommes tendent des mains brûlées » (« Aube », dans *Liberté,* mai-août 1960, p. 148).

L'engourdissement dans la somnolence grâce à la chaleur du jour suggère une plénitude. Cette vieille ville en repos, alourdie, figée de contentement, profite de ce qu'elle est ainsi au centre d'énergie de l'univers, *au cœur chaud des étés.* Et ce centre, ce qui le représente, c'est d'abord le *lézard* (v. 7) et ce sera ensuite le *diamant* (v. 8), lesquels composent un parallèle où il y a à la fois similarité et renversement de valeurs. En effet :

le *lézard* est l'être endormi, de l'ombre, fermé sur soi, passif, matériel ; c'est la nuit au sein de la lumière, un objet obscur en pleine lumière dans l'espace, au cœur des soleils.

le *diamant* est vigilant, éblouissant, actif, projetant ses feux, spirituel ; c'est la lumière au sein de la nuit, un objet lumineux en pleines ténèbres dans les profondeurs, au cœur de la terre.

L'impression que laisse cette strophe en est une d'intimité. Sûreté du rythme, établissement judicieux des pauses, jeu subtil des sonorités (allitérations et assonances, liquides, syllabes longues). D'autre part, l'absence de verbe donne place à un simple état, celui de la douceur de vivre, qu'Alain Grandbois a connu parfois au cours de ses voyages, en particulier à Naples, où les hommes, dit-il dans *Visages du monde,* « vivent comme des lézards » — ville faite pour flâner, dans la léthargie de l'heure heureuse :

> Le jour actuel se suffit à lui-même, et l'heure présente du jour. Pourquoi songer aux heures qui suivront, aux lendemains qui suivront ? Le soleil est doux et chaud, la mer est ravissante, le Vésuve boucle et noue un paysage parfait [29].

Deuxième strophe

C'est d'abord le recueillement de toute la beauté, décrite plus haut, dite ici d'une durée minimale : *parcelle d'un instant.* On voit la fragilité de ce bonheur tout prêt à s'évanouir. Toujours, chez Grandbois, le bonheur est une image fulgurante. Notons le mot *béni,* signe du dépassement des pouvoirs humains : le bonheur tient au bon vouloir d'instances d'un ordre supérieur, celui du sacré. Que cette grâce manque, et c'est la catastrophe. On voit la duplicité, le mensonge (le lézard est symbole de fourberie chez les Anciens) de cette paix et de cette beauté qui se font *nuit et*

---

[29] *Visages du monde,* p. 128.

froid. C'est le lieu du poème où tout bascule, où tout change de signe. Chute, renversement, obscurcissement (sécheresse du v. 10, défaut d'harmonie). Et c'est, au centre du vers, le mot *nuit* : au cœur de la lumière gît la nuit, tragique présence de la mort dans la vie. En fait, c'est parce que les hommes seront soudain devenus conscients de la réalité de la mort que l'instant de sécurité ne vaudra plus. Face à la mort, l'homme déchoit, passe à l'animalité qu'indique le mot *flairant,* seul mot réaliste du poème, qui, à lui seul, prouve l'inanité de l'esthétisme et du sacré.

Troisième strophe

Jusqu'au v. 10, le discours est fait de fragments désarticulés comme le bonheur est fait d'instants de liberté. Mais du v. 10 au v. 12, on trouve un enchaînement implacable. Le discours subit une espèce de tension, porte l'empreinte d'une volonté imprévue.

Au tout début, une phrase, complète en un seul vers : seul cas du genre dans le poème. Par l'usage du futur antérieur, le poète anéantit d'avance le pouvoir destructeur de la nuit par le jugement qu'il prononce sur le bien-fondé de la recherche. Pour une fois, le *en vain* est nié, et avec quelle assurance, celle d'une maxime présentée comme une équation infaillible : *Un fragment de bonheur Vaut tout le drame d'une vie.* Retournement de situation : le diamant, créateur de lumière enfoui au cœur des ténèbres, dit la vie dans la mort, et, si l'on englobe le poème tout entier, présage le passage de la léthargie à la conscience. Victoire sur le temps et sur la mort, ce poème dit la grâce du sursis ou de la trève, et traduit, en définitive, un art de vivre.

Si le poème « Les mains tendues » offre comme un art de vivre, il est une nouvelle où plusieurs lecteurs, Gilles Marcotte en particulier, ont vu le résumé des expériences de Grandbois, « ses amours, ses voyages, ses rêves, [où] le prosateur rejoint le poète [30] ». C'est la nouvelle intitulée « Julius [31] ».

---

[30] Gilles Marcotte, compte rendu d'*Avant le chaos,* dans *la Presse,* 25 avril 1964, p. 6.

[31] « Julius », d'abord paru dans *les Cahiers de l'Académie canadienne-française,* t. IV : *Contes et nouvelles,* Montréal, 1959, pp. 57-67, puis dans l'édition HMH d'*Avant le chaos,* pp. 227-241.

« Julius »

Aux derniers vers des « Mains tendues », il était question d'un diamant. Nous le retrouvons dans « Julius », et ce « diamant magnifique, pierre jaillie des cavernes ténébreuses de la terre [32] », appartient aux héroïnes qui fascinent Julius. Au fur et à mesure de la lecture, on se rend compte que cet objet devient un élément important du récit, qu'il dissimule un sens où gît la raison d'être de ce texte d'une certaine importance pour la compréhension de l'œuvre d'Alain Grandbois.

Le texte est formé d'une seule phrase qui se prolonge sur quatorze pages. Or, Grandbois avait déjà commis un exercice de ce genre (quoique sur une seule page) pour une causerie des *Visages du monde* :

> J'assiste aujourd'hui à l'écroulement d'un monde, que j'aimais, que je chérissais, qui était meublé de grâce et de souvenirs, parmi lequel on pouvait rappeler la mémoire de sa mère, avec émotion et tendresse, sans être taxé de monsieur à la nature inquiétante et parler de son père avec éloges sans surprendre certains sourires, chez des êtres qui ont mal interprété ou digéré les œuvres des faux disciples de Freud, un monde qui nous permettait de conserver certains meubles de famille sans être qualifié de vil pompier, un monde dans lequel les ouvriers n'exigeaient pas, par force de loi, d'administrer l'usine du patron, un monde dans lequel les jeunes filles étaient encore des jeunes filles, à qui l'on pouvait adresser un petit poème maladroit et bouleversant, sans risquer de se faire répondre que son traitement était supérieur au vôtre, elle se fiche de votre amour comme de sa première chemise, faite de soie artificielle naturellement, et plutôt chiffonnée, — il ne s'agit pas de moi naturellement dans ces histoires de jeunes filles, j'ai passé l'âge de les courtiser, mais je ne suis pas encore tout à fait pris par le gâtisme, je vois encore ce qui se passe à l'entour de moi, — bref, ce monde que j'aimais s'est évanoui, et ce n'est pas parce que les raisins sont trop verts, veuillez bien le croire, mais je ne tiendrais pas à avoir vingt ans aujourd'hui, et ce monde actuel, je le refuse avec la plus grande véhémence [33].

---

[32] « Julius », dans *Avant le chaos*, p. 233.

[33] *Visages du monde*, pp. 184-185. Je cite d'après le manuscrit conservé aux Archives de Radio-Canada (émission du 28 janv. 1952 : « Cap Cod »). L'édition HMH offre quelques variantes. Notons que l'on n'a pas retenu les deux derniers membres de phrase...

De cet exercice de style vient peut-être l'idée d'écrire
« Julius », dont le début met en contraste l'époque où l'auteur
écrit « Julius » et celle, il y a un tiers de siècle, où l'aventure de
Julius s'est déroulée. Comme dans le texte des *Visages du monde,*
Grandbois stigmatise l'illogisme de l'existence présente, le désordre
régnant, l'absurdité d'un monde menacé de destruction totale
(angoisse fréquemment exprimée, çà et là, dans la série des
Visages du monde), ce qui l'amène à reconnaître que, par rapport
à cette folie et à cette frénésie qu'il dénonce, l'histoire de Julius
est « inconcevable », « légère et sans importance [34] ». Mais il ne
l'écrit pas moins, et nous ne tarderons pas à voir dans cette
histoire, non pas un récit compliqué, baroque, une mosaïque,
mais une histoire nécessaire, où tout correspond et signifie : les
anecdotes, et même l'intrigue policière du début, le récit du
barman, les amours de Julius, les lieux, la forme même. En
définitive, cette histoire livre, fondamentalement pareils mais admirablement renouvelés, les figures et les thèmes de l'univers
imaginaire d'Alain Grandbois.

Qu'on me permette de laisser à d'autres le soin de fonder
cette hypothèse sur des faits et des exemples précis. Je me contente
d'indiquer les problèmes qu'une telle étude pourrait tâcher de
résoudre. On peut d'abord se demander pourquoi le procédé de
la phrase unique a été adopté pour ce récit, et les effets que
crée l'emploi d'un tel procédé. On peut aussi s'interroger sur
Julius : est-il le double du narrateur ? et déterminer en quoi
il ressemble ou s'oppose par ailleurs à Jean le barman ; on
peut considérer les personnages féminins, idoles intouchables, et
s'interroger sur l'honnêteté de Julius, sa bonne réputation « dans
ce monde pourri [35] », sur sa façon de vivre l'amour, sa fuite dès
que le sentiment atteint une sorte d'intensité, sa prédilection pour
la poésie, son angoisse de la mort. On peut encore analyser divers
événements insolites : l'appel du père, le parcours nocturne en
automobile, l'apparition fantastique en cours de route du « visage
blanc marqué d'angoisse et de terreur [36] », le mariage de Julius,
le bonheur parfait qu'il connaît avec celle qui porte au doigt,
comme l'héroïne du début évanouie derrière le paravent du bar,

---

[34] « Julius », dans *Avant le chaos,* p. 228.
[35] *Ibid.,* p. 234.
[36] *Ibid.*

le « diamant fabuleux [37] ». Tout le passage où est décrit le
bonheur de Julius n'évoque-t-il pas le poème « Les mains tendues » : certitude que le bonheur existe, et Dieu ? Il y a aussi
l'étonnante apothéose de Julius : la navigation vers le petit archipel
voisin de Cannes, celui des Îles de Lérins ; enfin, au moment
même où le soleil s'engloutit dans la mer, derrière les Îles,
l'explosion, et la flamme qui jaillit de la mer, parfait symbole de
renaissance et de transcendance, triomphe de la conscience tel
qu'annoncé dans l'Étoile pourpre [38].

Dans ce texte, les grands thèmes de l'œuvre de Grandbois sont
de nouveau étudiés, la vie, l'amour, la mort. Toute l'œuvre de
Grandbois provient en somme de cette unique inspiration, se
limite à ces questions essentielles qu'il a sans répit voulu élucider,
chaque fois d'une manière nouvelle. Mais, en certains moments
de doute ou de lassitude, il lui est arrivé de considérer cette
reprise incessante des mêmes thèmes comme une déficience :

On n'a pas grand-chose à dire. Chaque être humain a sa limite
de possibilités. Et l'intellectuel... Alors, les grands thèmes, comme
l'amour, la mort, la vie... on se répète nécessairement. De sorte
qu'il vaut mieux, à mon avis, ne pas trop publier, parce qu'on
risque de répéter toujours la même chose [39].

Exigence qui expliquerait le nombre somme toute peu considérable
de ses publications jusqu'à ce jour, de même que le fait qu'il
n'ait publié aucun recueil depuis l'Étoile pourpre. Ajoutons à
cela qu'il est d'une sévérité peu commune à l'égard de ce qu'il
écrit. Déjà, en 1947, à André Langevin, il parlait des nombreux
poèmes qu'il avait jetés au panier : « Je passe une soirée à
écrire un poème, lui disait-il, et je le cache ensuite dans un cahier
pour le reprendre deux mois plus tard et là, s'il ne me satisfait pas,

---

[37] « Julius », dans Avant le chaos, p. 238.
[38] Constellation thématique où se conjuguent crépuscule, pourpre, Christ,
et, ici, diamant, centre de la personnalité totale où coïncident les
contraires, vie et mort, lumière et ténèbres, ardent bijou « de Lucifer,
de Dieu », dit Grandbois (« Julius », p. 233). Se rappeler, aux toutes
premières pages de Né à Québec (p. 14), l'avance du jeune Adrien
vers la « gloire fulgurante », son nom rougeoyant comme un incendie.
[39] L'Histoire comme ils l'ont faite, émission radiophonique de Radio-
Canada, 4 février 1967.

je le jette [40]. » Reste que de nombreux manuscrits ont pu échapper à la destruction. Mais voici ce qu'a répondu le poète à Gilles Marcotte qui lui demandait s'il allait bientôt les publier :

— J'imagine que vous avez actuellement un certain nombre de poèmes dans vos tiroirs. Est-ce que nous allons les voir bientôt ?

— Non, vous ne les verrez certainement pas bientôt. J'avais certains projets, et puis maintenant mon état de santé ne me permet pas de les mettre à jour. Alors j'ai détruit ce que j'ai fait. Il y a eu certaines mésaventures ; un poète disparaît, ses héritiers, qui n'y connaissent rien, publient des choses, que l'auteur probablement n'aurait jamais voulu laisser publier, de sorte que je ne veux pas, moi, que l'on fasse la même chose pour...

— Votre œuvre sera entièrement une œuvre voulue ?

— C'est ça. Exactement [41].

---

[40] André LANGEVIN, « Alain Grandbois », dans *Notre temps,* 22 mars 1947, p. 2.

[41] *Des livres et des hommes,* émission radiophonique de Radio-Canada, 27 déc. 1966.

Ah nous bercés... *

Ah nous bercés au bord de l'étoile
Les violons sur nos épaules
Comme un manteau de nuit

Les longs fleuves du mystère
Bondissent hors des ombres
Abandonnant les lits légendaires

Rocs roseaux prunelles de vie
Et soudain l'éclair fatidique

Nous sommes anéantis

* *Note de l'éditeur* : Avec l'aimable autorisation de l'auteur, Alain Grandbois, nous reproduisons ici les quatorze poèmes mentionnés en page 190. Ces poèmes ne font pas partie de l'édition intégrale de 1963.

Heure amère...

Heure amère　Ceci c'est le sang
Fleurs courbées vers les aubes
L'éclat aveuglant du rayon
Brûle l'épouvante de l'instant
Miroirs d'hier
Tout royal scrupule
Joies d'au-delà de la nuit
Vie des délires
O Paupières des Pâques
O Vierges mortes déjà
Pour la grâce des colombes
Écoutons maintenant écoutons
Le silence des astres provoqués
Les musiques de la mer parmi les ténèbres
Les fontaines illusoires les élus d'éternité
Le bruissement de nos doux morts et leurs bras sans combats

Et voici voici ce que mesure l'orgueil
La protestation des larmes
Le blasphème tremblant devant l'image
La révolte aux carrefours des nuits
Écoutons maintenant écoutons
L'écho des signes inviolés
Des fallacieux appels d'étoiles arrachées
Du rêve suspendu aux lèvres mortes du Juste
Écoutons écoutons encore
Les cadences berçant les millénaires absolus
Parmi les racines pétrifiées des constellations
Parmi ces pas sans étapes

Parmi la rumeur du feu et la soif de l'ombre
Parmi cet œil d'acier
Parmi le dernier vomissement des cratères
Parmi le parfait cristal
Le refus des fleuves et l'ordonnance détruite
Tout s'écroulait dans les courses sidérales
Tout nous poursuivait jusqu'au bûcher
Oui oui nous savons aussi
La douceur de la lèvre et le désir choisi

Et les astres et Celui
Du cœur et du désespoir
Et Celui de l'espoir
Eau de source soudain figée
Ne coulant plus à travers les doigts
Les terres sacrées sans pèlerinages
Brûlées comme des visages de tortionnaires
Qu'importent nos gémissements et nos plaintes
Et nos mains tremblantes
Et ces cris d'entrailles et d'aigles aveugles
Et la morsure mortelle du flanc
Il y avait encore le grand dernier péché ravissant
Celui de l'humiliation des genoux
Poings rongés flanc ravagé
L'aube seule pour le noyé au fleuve glacé
Mais écoutons écoutons seulement
Ce qui ne pourra jamais plus nous atteindre

Douceur

La grandeur ignore
Le signe du ciel
Le feu des bûchers
Triomphe dans la nuit

Les commencements de la vie
Torturent les fantômes
Au matin de l'atome
Les hommes sans appel

Identification de la soif
Rugissements de la mer
Vomissements des cratères
Coupables sans mesure

L'odeur de l'Invisible
Cerne des contours de marbre
Le paradis des arbres
Nourrit le rubis

Au creux de l'âge
Les vieillards prophétisent
Le retour astral
La terre du gel

Sèves et naissances
De la Pourpre de la Croix
Moissons d'hier de demain
Pilotes des agonies

La fleur des fleuves
Étrangle l'archange
Le souffle de mort
S'élève avec lenteur

Jamais dans l'espace
L'aile de l'aigle
N'a tracé plus d'accords
Parmi tant d'étincelles

Profondeur des rivages
Orbes d'amour
Tous les violons du monde
Ah soleil de sa prunelle

Innocence dans la grâce
Elle souriait de douceur
Ses mains comme des palombes
Son pleur sur son cœur

Plus loin

Premiers reniements
Trois fois devant le Juge
Aubes inondées de sang
Chants triomphateurs
Toutes les mers du monde
Baignaient leurs plages avec sérénité
Et la terre tournait autour des soleils
Les blés mûrissaient
Parmi la sécheresse les pluies le gel
Parmi les montagnes trouées de feux clairs
Tout devait recommencer

Silence   O silence
La terre roulait dans le silence
Des milliards d'astres dressaient le silence
Pour un espace sans fin
Des comètes glissaient
Avec des sillages éblouissants

Parmi les folles immensités
Pour chaque astre
Des volcans s'ouvraient
Provoquant des ciels inconnus
Tout au long des nuits longues

Comme des milliards de millénaires
Les aubes chevauchaient les crépuscules
Au-delà   Au-delà
Il n'y a plus d'au-delà

Nulle nulle part nul plus loin
Sauf l'Infini   Sauf la mort

Ah l'herbe l'arbre et toi
Les mains tendues avec véhémence
Le retour au lit de solitude
Quand les doigts se crispent doucement
Et que l'épouvante
Pour le dernier assassinat
Retient le geste fatidique
Aux derniers battements du cœur
C'est alors comme un mystérieux reflux
L'arc annonciateur
La clef du gel

Morts miroirs lunes froides
Barreaux d'acier
Messages solennels des mages
Éclairs sacrés de l'épée
Assomptions de cristal
Monts verticaux striés de pourpre
Hautes falaises dressées comme les cris

Cœurs pétrifiés
Cœurs vengeurs
Cœurs du baiser
Cœurs détruits avant que de battre
Cœurs des plus mortelles apparences
Cœurs secrets
Cœurs des destins maudits
Cœurs des couloirs ténébreux
Ceux des glaives de feu
Souvenirs du soleil
LE CERCLE ÉCLATE

Nuits dérisoires
Identités insolites
Fosses inexplorées
Odeurs de soufre et de miel
Instants fulgurants
Tapis aux frontières
Du sommeil définitif

Belles glacées
Ombres chéries
Sous la clarté spectrale
Celles que l'on revoit
Aux franges fragiles du souvenir
Oubli chairs éclairs étincelants
Deux longs sourires perdus

Et voici que sonnent
Les notes graves des cathédrales
Et voici l'heure
Où les veilleuses de la nuit
Apporteront la lampe nécessaire
Et le linge pur

Désert fatal...

Désert fatal   Cette heure foudroyée soudain
Parmi la constellation des vieilles morsures
Aveugle refus long frisson du noir destin
Fleurs mortes des soleils   Ah trop dures armures

Les très anciennes fêtes au contour des visages
Souvenirs surgissant des houles de la nuit
Bel Œillet brûlant sous la furie de l'outrage
Torrent pétrifié   Parois du cœur détruit

Ah Celui des navigations crépusculaires
Celui du fol égarement des continents
Celui des grands carrefours obscurs de la terre
Celui du silence ténébreux des néants

Que nul ne l'accompagne aux racines du Feu

Cependant demain...

Cependant demain
Je fermerai les volets
Ma redoute de fer
Repoussera les souvenirs perdus
L'immunité de la foudre
Les confessions du cristal

Dure et superbe exigence
Odeur des terres calcinées
Plaidoiries de la conscience
Les espoirs détruits
Dansent aux gueules des volcans
O pourpre flot et souverain

Longues chevauchées du ciel
Dévastant l'ombre
Pourchassant les fantômes
Fouettant les sorcières
Dressées aux rives incendiaires
Ange haut et pur
Parmi ce silence insolite
Moment magique du bonheur
Moment dérisoire et capital
Pour ce dernier arrachement du cœur
Pour ce dernier battement

Mon angoisse s'épuisait à la fuite des plages blondes
Je l'aimais pour la douceur de ses bras
Pour sa bouche fraiche des baisers du matin

Soudain tourbillon insensé
Ce monde interdit
Terre et Feu sous nos pas
Dieu et peut-être l'amour perdu
Mes mains déchiraient ma poitrine

Ce qui a été donné
Ce qui a été refusé
Le bel Ange dévastateur
Mais qu'enfin je m'éloigne
Pour ma nuit

Aube

Géométrie des espaces
Balanciers inflexibles
Dure vie parfaite
O fleurs mortes de l'ombre
Parmi les révoltes sidérales

Cet univers trop ouvert
Trop clos pour nos prunelles
Les étoiles glissent
Au flanc sombre des nuits
Dans la chair même du mouvement

Les fils présomptueux des hommes
Tendent des mains brûlées
Là-bas au large les cargos révélateurs
Jouent sur l'horizon
L'étoile brille sous le soleil

Il y a tous les rêves des escales
Dans tous les ports du monde
On les voit les paupières fermées
Le feu des diamants éclate
Où sont les musiques du soir

L'heure nous est prêtée
Celle de la plénitude de l'hirondelle
Celle du nageur joyeux parmi les algues
Cette heure cette heure solennelle
Qui rejoindra l'aube d'après la mort

Le vide

Les forces jaillissantes du fer et du feu
Meurtrières et fraternelles à la fois
Surgissant du bout du doigt de Dieu
Mais quand dans les déserts
Ces hommes innombrables
Pourront graver leurs pas sur les sables mouvants
Quand les mers rageuses et les typhons foudroyants
Nous laisseront le signe et l'éclat de l'étoile
Nous n'aurons plus à nous tourmenter
De nos grandes fautes éblouies
Ni du vertige du vide
O Vide

Mirages

Ce pin de Cannes bruissant de cris d'oiseaux
Comme une boîte à musique des années 1900
Et cette Brillante de Chopin
Pareille au doux sourire
D'une belle jeune femme pâle
Aux fins doigts interdits
O Cantate 151 de Jean-Sébastien Bach
Au fond des vieilles cathédrales
Joyau   noir   Flèche du Feu
O lente mer puissante
Ultime conquête

Ce calme fleuve refoulant rageur vers sa source
Faisceaux   O gravitations solaires astrales
Contre les barreaux   contre les murs de glace
Et les vents portaient les grands oiseaux

Falaises stridentes comme des clairons
Cloisonnement des cœurs
Ordre et Fièvre
Golfes bleu argent
Algues d'or vert lentement balancées
O beaux équipages   toutes voiles gonflées
Longues nappes phosphorescentes
Soleil pourpre roulant aux crêtes des collines
Parmi les crépuscules déchirés

Mirages des Mers   des Amours
Secrets monstrueux des dieux

Fil perdu de la grâce
Glaives du cœur
Pourquoi nous avoir charmés
Que pouvions-nous ajouter
À l'espoir   au désespoir
Du dernier survivant de la planète Terre

Ce jour

Frontières
L'Inconnu les Ténèbres
On nous a dit ceci cela
On nous a infligé les Marches funèbres

Sans joie sans espoir
La faute est ordonnée
Les âmes brûlantes condamnées
Où sont les chambres claires

Toi et ce qui crie au fond de toi
Personne ne le sait tu l'ignores toi-même
La révolte bénie le plus pur dur blasphème
Nul ne peut en étouffer les lois

Les vagues insensées de la mer se gonflaient dans un
    mouvement
Le monde croulait disait-il disait-elle
Tout n'est-il que fariboles faribelles
Nous sommes déjà tous assassinés

La gloire du sang la soif de vivre
L'élan cruel sous tous les toits de l'amour
Les hauts et grands murs du dernier jour
Ce nœud de clefs qui nous enivre

Non non défense d'entrer
Villa murée chien méchant à la porte
Et que nous importe
Nous sommes livrés à l'Éternité

Minuit

Notes fragiles d'un piano lointain
Femme fragile et lointaine aussi
Couverte de roses dérisoires
En ces hauts Portiques
Des assises de la Nuit
Le dernier cri
Le cri de demain
N'a pas encore déchiré les espaces
Où sont les loups crachant leur rage
Où les archanges et les ronds nuages
Oh monde adorablement fini
Et ces épaules nacrées de nos compagnes
Et ces baisers meurtriers de minuit
Et ces doigts impurs et délicats
Où le secret odorant et chaud
En cette étoile fixe
Fidèle au rendez-vous
De l'heure implacable
Tout ceci n'importe plus
Ceci et mon amour

Une femme

Seule   seule   et seule
Au bout de ses dix doigts
        dix prunelles
Mais on va chantant parmi la vie
Et cette chair si chaude et si
        douce et si odorante
Les nuits cependant peuplées de
        disparus
Il y a eu les pleurs les cris
Ces moments suprêmes
Aux frontières des mondes interdits
Ces jours écarlates
Et les sourires bénis

Il arrivait parfois
Que le ciel criait sa joie

Les mains tendues

Cette belle paix si provisoire
Sous les soleils des équinoxes
Calme étonnant
Ravissement des yeux
Derrière la lumière
La vieille ville engourdie
Comme le lézard au cœur chaud des étés

Et toute cette beauté
Parcelle d'un instant béni
Se feront nuit et froid
Devant le désespoir des hommes
Flairant l'odeur de la mort

Mais nos mains ne se seront pas tendues en vain
Un fragment de bonheur
Vaut tout le drame d'une vie
Ainsi que l'éblouissant éclat du diamant
Aux ténébreuses profondeurs de la terre

Temps fini

Les longues murailles s'écroulaient
Comme le lourd rideau des Opéras
Notre vie s'accroche à notre mort
Fièvre aux battements de notre cœur
Il y avait pourtant autrefois
Les belles grandes villes interdites
Pleines de couleurs et de joies
Ah chers compagnons de l'aventure
Qu'êtes-vous devenus
De l'autre côté de l'existence
Et vous femmes de ma jeunesse
Murées dans quelles grottes secrètes ?

CONCLUSION

*Et le Poète aussi est avec nous, sur la chaus-
sée des hommes de son temps. [...]*

*Et le Poète encore est avec nous, parmi les
hommes de son temps, habité de son mal* [1].

Saint-John Perse

Dès la parution des *Îles de la nuit,* Alain Grandbois reçut un
accueil fervent, non pas tant de ceux de sa génération que de
jeunes lecteurs qui auraient pu être ses fils et qui reconnaissaient
en lui un guide :

C'est surtout dans la poésie de Grandbois, nous dit Jacques Brault,
que les jeunes du Québec (d'une certaine génération qui, aujourd'hui,
a entre 25 et 40 ans) ont trouvé tout d'abord un certain accomplissement et puis, surtout, ce dont on avait un immense besoin, un
souffle, un espace. Les portes et les fenêtres et même le toit, en
fait tout le petit monde québécois s'ouvrait au monde tout court.
Parce qu'effectivement même si Grandbois a vécu intensément dans
une période donnée, puis localisée selon la chronologie, il n'en
reste pas moins que, en parcourant peut-être toutes les surfaces de
la terre, il a respiré toutes les atmosphères, il a pris contact avec
tous les climats, il a connu les brassages d'idées, il a été à la
source même du monde tel qu'on le connaît à peu près aujourd'hui.
Tout cela a quand même passé dans ses poèmes, en particulier cette
espèce de sens, non pas tellement de cosmopolitisme, mais de la
respiration large, de l'élémentaire, aussi d'une espèce de générosité,
de fraternité des hommes (c'est assez manifeste dans ses meilleurs

---

[1] SAINT-JOHN PERSE, « Vents », dans *Oeuvre poétique,* t. II, Paris, Gallimard, NRF, 1960, p. 86. Cité par Yves DUBREUIL-PRÉFONTAINE,
dans *le Quartier latin,* 15 déc. 1955, p. 12.

poèmes), aussi un érotisme magnifique, libéré. Il faut bien dire que ce sont toutes là des valeurs que la poésie de Grandbois incarnait et qui au fond correspondaient à des aspirations peut-être encore un peu obscures et surtout très empêchées chez les jeunes du Québec [2].

Suivant l'exemple de Jacques Brault, nous reconnaîtrons en guise de conclusion que l'œuvre d'Alain Grandbois, selon la formule toute simple de Saint-John Perse, est « témoignage pour l'homme ». Tout en citant plusieurs témoignages d'écrivains, nous montrerons le poète présent à son temps, admis par ses contemporains dont il est un allié indispensable. Qu'il le veuille ou non, le poète est sur la place publique. Les messages qu'il reçoit du plus profond de ses rêves ou du plus lointain des espaces et du temps des hommes, il les transmet à ses proches qui entendent alors comme la révélation de leur histoire, individuelle ou collective. Peut-être s'en trouvera-t-il même qui, stimulés par l'appel du poète, prendront à leur tour la parole ? C'est tout le jeu des influences qu'Alain Grandbois lui-même a bien connu.

Le maître et le disciple

Passé l'âge des lectures d'enfance, déjà pourtant évocatrices d'un ailleurs merveilleux et inspiratrices de désirs de départs, c'est surtout chez les poètes qu'Alain Grandbois trouva ses écrivains préférés. Sans que cette dépendance lui semble à l'origine une tare, il admet volontiers que plusieurs l'aient influencé. Mais comment savoir lequel exerça la plus forte ascendance ?

> ... il est quelque peu difficile, pour un écrivain, de reconnaître, de rejoindre ses pères nourriciers et de leur assigner la place exacte et précise qu'ils ont occupée dans sa formation. Où cette première épée d'archange et de feu déchirant une chair neuve pour une blessure dont la cicatrice ne s'effacera jamais plus [3] ?

---

2 Jacques BRAULT, *l'Histoire comme ils l'ont faite*, émission radiophonique de Radio-Canada, 4 février 1967.

3 « André Gide », dans *la Nouvelle Revue canadienne*, avril-mai 1951, p. 53.

Des premiers poètes qu'il ait connus et goûtés on peut dresser une liste approximative, quoique incomplète sans aucun doute, d'après ce qu'il en a dit lui-même en réponse à des questions de journalistes ou d'écrivains. Il y eut Villon, Vigny, et le ténébreux et tragique Nerval, dont il aime à se répéter « Les Cydalises », ce poème d'une étrange naïveté qui n'est pas sans évoquer l'un des thèmes essentiels de la poésie de Grandbois et la figure de la Fiancée Absente. Mais d'autres poètes lui seraient également fraternels. En particulier Rilke, lequel, dans les *Élégies de Duino,* terrifié par le silence des dieux, cherche ici-bas une « étroite bande de sol fécond, un pur domaine humain entre rivière et roc [4] ». Il présente l'homme comme un Voyageur qui avance à marches forcées et qui souffre de toujours laisser derrière lui tant de lieux un instant fréquentés. Signalons en outre que les poèmes de Grandbois paraissent avoir quelques affinités avec ceux de Francis Thompson, poète anglais qui publia au tournant du siècle plusieurs recueils, dont *Odes au soleil couchant* et *le Lévrier du ciel.* C'est à Clément Lockquell que revient l'hypothèse de ce rapprochement :

> Je songeais à une parenté qu'on pourrait établir pour montrer, non l'imitation, mais une certaine fraternité de sentiment. C'est dans *le Lévrier du ciel,* de Francis Thompson. Je ne sais pas si Monsieur Grandbois lit Thompson. Cela m'étonnerait que non, parce que c'est non seulement un poète mais c'est aussi un homme cultivé et un grand lecteur. Et il y a des affinités d'âme entre les deux. Certaines expériences leur sont communes [5].

Que les « pères nourriciers » de Grandbois aient été ceux que j'ai mentionnés ou d'autres, il reste qu'il s'est évidemment

---

4 Le premier vers des *Élégies de Duino* aurait été inspiré à Rilke aux environs de Trieste, en janvier 1912, « pendant une promenade solitaire sur les rochers qui dominent la mer », « dans le fracas des vagues et du vent » (Pierre DESGRAUPES, dans *Rainer Maria Rilke,* Paris, Éd. Pierre Seghers, coll. Poètes d'aujourd'hui, 1960, pp. 155-156). Grandbois affectionne ces décors grandioses de falaises surplombant la mer. Il en décrit de nombreux dans *Visages du monde.* À propos d'une de ces descriptions, il cite ce mot de Nietzsche : « En l'homme, il y a la matière, le fragment, l'excès, l'argile, la honte, la folie, le chaos ; mais en l'homme il y a aussi le créateur, le sculpteur, la dureté du marbre et la contemplation divine du septième jour ». Le rapprochement avec Rilke avait déjà été signalé par Guy SYLVESTRE dans un article de *la Revue de l'Université d'Ottawa,* en 1951, pp. 435-436.

5 Clément LOCKQUELL, interview du 26 août 1969.

libéré de toute influence pour acquérir une voix personnelle. Tel
est l'exemple qu'il propose aux jeunes poètes : élire d'abord des
maîtres, mais vivre ensuite de ses propres ressources. À ce sujet,
un passage de l'entrevue qu'il accordait à André Langevin, en
1947, paraît intéressant :

> À nos jeunes poètes Grandbois recommande de chercher d'abord
> leur style personnel dans celui des grands poètes. Comme le peintre,
> dit-il, qui calque d'abord des modèles, les jeunes poètes doivent
> étudier de près les grands maîtres du vers afin de se familiariser
> avec leur art. Il ne suffit pas d'écrire des mots dans un ordre donné
> pour être poète, comme d'ailleurs il ne suffit pas de suivre les
> règles de la prosodie. Mais il y a des notions fondamentales du
> métier à apprendre, après quoi l'auteur peut se payer certaines
> libertés. Par là Grandbois ne veut aucunement prendre figure de
> père noble et manifeste d'ailleurs une certaine gêne à parler de
> nos jeunes écrivains et de ses idées sur la poésie [6].

En dépit de cette crainte de manquer à la vérité qui lui interdit
de se prononcer de façon magistrale sur quelque question que ce
soit, il n'en reste pas moins que Grandbois, un jour, a reproché
à un jeune poète, Alphonse Piché, l'auteur des *Ballades de la
petite extrace,* d'imiter trop fidèlement des maîtres, même hono-
rables :

> Je pense que M. Piché se trompe. Son talent est indéniable. Vigou-
> reux et sain, avec cette pointe d'ironie désespérée, laquelle ne
> trompe pas. C'est pourquoi je persiste à croire qu'il aurait tort de
> se satisfaire de n'être qu'un bon élève, un excellent disciple de
> Froissard, de Charles d'Orléans, de François Villon, de Clément
> Marot. Alors qu'il peut devenir Alphonse Piché tout court. J'ima-
> gine aussi qu'il est plus exaltant, bien que plus dangereux, de
> tenter de percer les couches épaisses de l'inconnu, de tenter la
> folle aventure, que de jouer à l'ombre de maîtres inégalables, dont
> l'art a été parfait. Car la perfection ne laisse rien derrière elle.
> Et qui oserait reprendre la rose de Malherbe, les violons de l'au-
> tomne de Verlaine ?
>
> Le poète est un cambrioleur qui possède un jeu de clés pour
> ouvrir la porte des chambres encore interdites. Sans l'aide du
> concierge, et surtout de son passe-partout [7].

---

6 André LANGEVIN, « Alain Grandbois », dans *Notre temps,* 22 mars 1947,
   p. 2.
7 Compte rendu de *Ballades de la petite extrace,* dans *Liaison,* mai
   1947, pp. 297-298.

Que le disciple en vienne à se séparer du maître, à s'opposer même à lui, c'est une règle de vie qu'il prend aussi pour sienne. Il ne tolère pas facilement qu'un jeune poète l'imite, fasse « du Grandbois ». Sa préférence va nettement à ceux qui s'éloignent de lui et dont l'œuvre est résolument originale. C'est ce qui explique qu'il ait pu écrire une préface aux poèmes de Sylvain Garneau, lequel, bien que sa manière d'écrire et de voir le monde fût à l'opposé de la sienne, avait pour mérite, à ses yeux, de ne tenir aucun cas ni de son exemple ni des modes :

> J'aimais beaucoup Sylvain Garneau. Il avait une sorte de fraîcheur, il était naturel, très simple. Un jour, il m'avait montré ses poèmes. Je les ai lus, j'ai été ravi. Et puis j'ai fait, avec joie, cette petite préface, parce que Sylvain Garneau était très en dehors des modes. À cette époque-là, on ne faisait que de la poésie libre — d'ailleurs, je fais mon *mea culpa* : moi aussi, j'en faisais. Mais lui aimait faire des poèmes plutôt classiques, enfin, de forme classique. J'ai aimé son audace [8].

Réaliste, suffisamment assuré de son indépendance, Grandbois n'a jamais souffert à la pensée d'être dépassé, car telle est la loi de la vie qu'un écrivain ou un artiste, en cet instant où on le célèbre, est déjà en quelque sorte remplacé :

> L'artiste reconnu de son vivant sent déjà rôder autour de lui l'odeur fade de la mort. Car son art ne peut être définitif. Il le sait. Dans le moment même où il est acclamé, un jeune homme inconnu, mal lavé, en chandail, dans un grenier futile, prépare des voies différentes et plus lumineuses [9].

Mais Grandbois n'a pas à redouter l'oubli des lecteurs. Son œuvre a cette vertu d'être toujours actuelle. L'ironie veut que, nourrie de l'angoisse du temps fugitif, elle vainque les vicissitudes du temps, ayant un langage pour chaque époque.

---

[8] *Des livres et des hommes*, émission radiophonique de Radio-Canada, 27 déc. 1966.
[9] « Le faux malentendu », dans *Liaison*, avril 1947, p. 229.

Parmi les hommes de son temps

Admis comme un contemporain capital, même s'il s'efforce tant qu'il peut de rester à l'abri d'une gloire encombrante, Alain Grandbois voit son œuvre lue, commentée, appréciée à des titres divers.

Il est certain que l'auteur des *Rivages de l'homme* a étudié de près les ressources de la parole, dont il connaît le pouvoir. C'est cette attention portée au verbe que signale Clément Lockquell, qui en donne pour signes le ton, les métaphores, et aussi les allitérations et assonances :

> Il y a d'abord le ton, chez Grandbois, qui est, non pas hautain, mais haut, ou aristocratique, et, en même temps, simple — d'ailleurs, l'un amène l'autre, paraît-il. Je n'ai pas trouvé dans mes relectures la recherche gratuite de mots rares. Il n'y a pas tellement de métaphores insolites qui nous ébranlent, pas tellement non plus d'images étonnantes. Les préoccupations formelles se tiennent surtout du côté du ton. L'important, pour lui, c'est beaucoup plus le mouvement, le courant poétique, l'acception d'un mot modifiée par son entourage et les variations des mouvements à l'instar de la musique. Il y a aussi beaucoup de recherches sur les allitérations, les assonances, le martèlement des consonnes dures ; par exemple, dans le poème qui finit *Rivages de l'homme :* « Longues, trop longues ténèbres... » [10].

Si l'on considère ensuite le réseau d'images, c'est autour du thème de l'eau qu'il semble s'organiser pour Pierre Morency :

> Je pense que la majorité des images chez Grandbois sont cohérentes du fait qu'elles se réunissent sous le thème central de l'eau. Et de l'eau qui appelle naturellement la mer, qui amène le ciel, qui amène les profondeurs de l'eau, ce que l'on y découvre : il y a naturellement les animaux marins, il y a les rocs, il y a le corail. Mais moi, j'aime bien lire des poètes un petit peu incohérents. Je pense que la cohérence, en poésie, c'est un peu le lecteur qui la fait lui-même, qui essaie lui-même, à travers l'œuvre d'un autre poète, qui y met sa propre présence, qui réunit justement la cohérence de l'œuvre. Mais dans l'œuvre de Grandbois, je trouve un lien unificateur qui est l'eau, qui part des *Îles de la nuit,* qui revient tout à coup dans *l'Étoile pourpre* [11].

---

10 Clément LOCKQUELL, interview du 26 août 1969.
11 Pierre MORENCY, interview du 22 août 1969.

Mais la recherche formelle et la cohérence de l'imagerie n'accaparent pas toute l'attention du lecteur. L'une des caractéristiques de l'œuvre de Grandbois, de sa poésie grave, harcelante, austère, autant que de sa prose, c'est la concentration, et, partant, la profondeur, la densité. On croit survoler les planètes, voyager en dilettante sur les routes terrestres ou fluviales du monde entier, on est en réalité au cœur de l'être, impliqué dans un réseau de conflits essentiels, acculé aux questions insolubles de l'énigme de vivre. Excluant les incidents et les anecdotes de la vie quotidienne, ne participant d'aucune idéologie, Alain Grandbois explore les thèmes fondamentaux de l'humanité. Grâce à quoi Louis Royer voit, dans sa poésie,

> une vraie poésie, une poésie sans bavure et sans bavardage, intelligible et accessible à tous. Il n'y a rien de ce qu'on pourrait appeler hermétique ni personnel, au sens péjoratif, évidemment. Il n'y a aucune trace de cynisme, mais beaucoup de colère et d'amertume et un refus pur et simple de l'inacceptable [12].

L'inacceptable en question ne concerne-t-il que le destin individuel ? Nous savons bien que la poésie d'Alain Grandbois n'est pas délestée de toute référence à la société des hommes. Mais même là où cela n'est pas explicite, même quand le poète ne parle qu'en son propre nom, n'est-il pas en même temps l'interprète d'une communauté ? Ne parlons pas ici d'engagement. La fonction de poète engagé répugnerait à Grandbois. Cette fonction était d'ailleurs quasi interdite de son temps :

> On ne nous permettait pas, il y a vingt ans, de prendre position en tant que poètes. On nous renvoyait tôt à nos rêveries, à nos songes, avec l'inévitable interdiction d'en publier les traductions, aussi fluides et insaisissables fussent-elles [13].

Quoi qu'il en soit, l'œuvre de Grandbois a bel et bien une dimension sociale qu'à mots couverts, mais non à son insu, le poète suggère. Ce à quoi sont particulièrement sensibles des lecteurs d'aujourd'hui, dont Pierre Morency :

---

12 Louis ROYER, interview du 26 août 1969.
13 « Rencontre avec Alain Grandbois », dans Guy ROBERT, *Littérature du Québec*, t. I : *Témoignages de 17 poètes*, p. 46.

Il y a des vers qui restent obsédants, qu'on ne peut pas oublier, qui ramènent toujours à l'extrême dureté du destin qui a été celui des gens qui nous ont précédés. Il dit, par exemple :

> Les lents martyrisés
> De cette dure époque
> Me comprendront peut-être [14]

C'est terrible, surtout chez Grandbois qui habituellement ne s'apitoie pas tellement sur ce qui a pu être la situation du Québec dans les années quarante, mais qui était justement une très dure époque. Pour moi, je suis plus marqué par des vers comme celui-ci :

> Parmi ce jour coulant entre les colonnes
> des nuits comme un fleuve clair [15]

où l'on peut voir une situation sociale, ou peut-être même une situation politique. Bien sûr, ce jour, qui passe « entre les colonnes des nuits », si on se place dans un temps donné, n'est pas encore arrivé. Mais je pense que les poètes sont là pour l'annoncer, sinon le précéder :

> Nous lèverons nos bras au-dessus de nos
>   têtes
> Nous gonflerons nos poitrines avec des
>   cris durs
> Et nous tournerons nos bras et nos cris et
>   nos poitrines vers les points cardinaux [16]

Dans la situation sociale qui était celle du Québécois des années trente ou quarante, une situation d'extrême fermeture sur le monde et sur tout ce qui existait autour de son patelin, voici l'annonce d'une délivrance possible. Il y a plusieurs vers comme ceux-ci chez Grandbois qui en font un poète à résonance, non pas politique, mais, dans une certaine mesure, sociale. Bien sûr, aujourd'hui, on demande que les poètes soient intégrés dans l'aventure sociale, quand on ne veut pas qu'ils soient politisés tout simplement. Mais, restriction faite de cette volonté populaire ou volonté des lecteurs qui essaient de faire de leurs poètes soit des prophètes, ou tout simplement des sociologues, il reste que Grandbois prend tout à coup une autre dimension quand on le lit sous cet aspect [17].

Et c'est sur cette invitation à relire l'œuvre de Grandbois que se termine cette étude, au terme de laquelle nous avons privilégié

---

[14] « La route secrète », RH, p. 109.
[15] « Parmi les heures... », IN, p. 25.
[16] *Ibid.*
[17] Pierre MORENCY, interview du 22 août 1969.

l'image d'un poète qui assume, au nom de tous, une quête angoissée, mais fervente, des valeurs du monde et de la vie. Quête qui se poursuit encore, comme le laisse entendre Pierre Morency :

> On peut dire que le grand voyage d'Alain Grandbois à travers les ombres du monde et des nuits antérieures, ce long voyage qui, d'un recueil à l'autre, l'achemine vers un matin meilleur, ce voyage-là n'est pas encore terminé. Car Grandbois est un grand poète vivant, à la mesure de la vaste et bruissante levée d'un peuple et d'un pays, un poète dans lequel se sont retrouvés tant de jeunes écrivains, admirant ce souffle nouveau, cette voix forte et large aux dimensions d'une terre à habiter [18].

---

[18] Pierre MORENCY, *la Nouvelle Poésie,* émission radiophonique de Radio-Canada, 31 oct. 1968.

ALAIN GRANDBOIS...

VOYAGEUR DE CHINE *

par Marcel Hamel

Il y a des êtres qui tiennent en horreur la vie banale, la vie de tous les jours, la vie monotone des actes toujours réglés à l'avance, la vie mesquine empoisonnée par la routine de bureaucratie, la vie de la petite ville et du grand village. Ce qu'ils désirent... une liberté qui leur donne l'illusion de pouvoir maîtriser les forces d'un au-delà obscur et fatal. Ce qu'ils désirent... la vie ardente, multiple, le goût du risque, l'aventure qui les happe et leur laisse dans la face tantôt un sourire de victoire tantôt une sueur froide. Ce qu'ils désirent... fuir ces maisons alignées, barbares, qui témoignent d'une mentalité bourgeoise, d'une civilisation brusquement arrêtée. Ce qu'ils désirent... fouler des continents nouveaux ; pénétrer des mers lointaines partout où des visages fermés les reluquent avec dans les yeux des désirs de meurtre, marcher d'avant jusqu'aux extrémités de la terre et revenir au pays la peau cuivrée, le geste erratique, volontaire, pendant que dans l'empyrée des paysages cosmiques excitent encore leurs convoitises :

---

* Texte paru dans *la Nation*, vol. I, n° 12, jeudi 30 avril 1936, p. 3.

O vivre jusqu'à lui heure anadyomène
Apaisant tout d'un coup mes longues soifs d'ailleurs
Qui me restitueras aux cieux supérieurs
Sur une parabole à jamais inhumaine

Leurs désirs de conquête seraient-ils donc insatiables ? Je me posais à moi-même cette question, alors que je regardais assis en face de moi l'auteur de *Né à Québec,* europamude par profession et poète par désillusion.

— C'est très heureux à vous, Hamel, de pouvoir me rencontrer à Québec. D'ici quelques jours je file vers les terres jaunes. Shang-Haï, port de mer. Pour combien de temps, je l'ignore au juste, peut-être un an, deux ans, peut-être toujours. On ne sait jamais là-bas. Et puis, vous désirez que je disserte sur mon bouquin. Mon bouquin, mon bouquin ! Pourquoi avec moi toujours parler littérature ; on croit me faire plaisir et l'on oublie qu'avant tout je suis un homme. L'histoire de mon livre est l'histoire de tous les livres. Au début un travail intense de compilation. Et je m'embarquai pour la France, laissant dormir au fond de mes malles cette masse de documents. Je m'installai à Paris. Connaissez-vous Paris ? Non ? Moi, je connais mieux Paris que Québec. Au bout d'un an je commençai à dépouiller mes documents. Je vivais alors sur la rue Racine, en face de l'Odéon, au sixième étage, dans un appartement que j'avais converti en atelier à cause de la large baie vitrée qui donnait sur le ciel. Puis un jour, fatigué, quasi dégoûté je pointai vers Marseille. De Marseille à Port-Cros il n'y a qu'un pas.

Sur un voilier voiles blanches au vent, le voyage se fait court. Port-Cros est une petite île de la Méditerranée. La vie y coule délicieuse, fugitive ; la mer et la montagne prennent tous vos loisirs. Oh ! il y a bien là comme en Sardaigne un maquis, mais fréquenté par des bandits très anodins. C'est merveilleux, je vous dis. Je rencontrai à cet endroit des amis qui me bougonnèrent un peu. « Voyons, Grandbois, il faut que tu écrives quelque chose ». Je me rappelai alors mes annotations sur Jolliet et je composai d'une traite un volume de quatre cents pages sur le sujet. C'était trop long. Je taillai tant et tant dans les chapitres que je pus présenter à mon éditeur le livre tel qu'il est aujourd'hui...

— M. Grandbois, lui demandai-je, vous avez sans doute beaucoup lu Chateaubriand. Dans vos descriptions, on retrouve comme chez l'autre la ligne verticale dont parle Sainte-Beuve, la ligne d'or qui frappe la rétine comme un éclair. Ainsi vous écrivez : « Les deux hommes regagnèrent leurs canots, Marquette soupirait : devant la dernière cabane du village il avait vu, dressée, une longue perche au bout de laquelle se balançait, offrande aux dieux dévorateurs, le cadavre d'un chien jaune ». Cette vision verticale du cadavre d'un chien jaune, mais c'est un procédé cher à Chateaubriand. Un peu plus loin on lit : « Envol lourd de sarcelles, fuite lente des hérons, effarouchement des bécasses, cris aigus d'outardes. Des nuages de moustiques tourbillonnaient au-dessus des joncs. La forêt coulait doucement de chaque côté des canots. La rivière était parsemée d'îles vertes, Jolliet aperçut, aux endroits où elle se rétrécissait, des sauvages accroupis sur des barrages de pieux, et qui retiraient de l'eau des rets en forme de poche ». Cette dernière image indique bien, n'est-ce pas, la ligne de fond ?

— Ce détail me surprend quelque peu ; je n'avais jamais remarqué. Je vous avoue que j'ai très peu lu Chateaubriand, si ce n'est au collège et encore dans un manuel d'anthologie. Il a pu arriver que par réminiscence j'aie emprunté sur le métier de ce grand artiste et poète...

— C'est tout à fait curieux puisque tous deux avez décrit le Mississippi. Je me demande même si vous n'avez pas surpassé l'auteur des *Natchez*. Vous n'êtes pas venu trop tard, puisque vous avez renouvelé le sujet, ajoutant votre note personnelle, faite de rigueur scientifique, là où n'existait que l'imagination artistique du premier. Est-ce que je me trompe ?

— Je le souhaiterais.

— Entre nous, les flamands roses et les hérons bleus n'ont jamais paré les rives du Meschascébé. Encore moins les singes qui s'enivraient de miel, et titubaient sous les lianes.

— C'était joli tout de même et cela faisait un bel effet dans la phrase.

— Je ne vous contredirai pas sur ce point.

— Nous allons passer chez moi, voulez-vous ? Nous serons plus à notre aise pour causer.

Nous nous levons tous deux et quittons le salon aux tentures sympathiques. Nous enfilons un corridor obscurci par de lourdes portières qui obstruent la lumière. Et soudain nous nous trouvons dans une chambre carrée, claire, aux murs dénudés. Au centre règne un pupitre encombré de livres. Sur le plancher en bois dur reposent des malles de voyage, gonflées, ficelées de courroies et couvertes d'étiquettes cosmopolites. Tout y marque la hâte du départ.

— Dites-moi, M. Grandbois, vous avez visité le pays que vous décrivez dans *Né à Québec* ?

— Oui, dans un voyage que j'ai fait depuis assez longtemps. Je ne crois pas que le paysage ait changé, ou si peu ; en Ontario des immenses élévateurs à grain qui dressent leurs tours de chaque côté de la rive, donc des modifications d'ordre accidentel. Mais la végétation demeure la même. Toutes ces végétations semi-tropicales se ressemblent. Souvent j'ai plaqué une description américaine à travers un écran exotique. Ainsi j'ai décrit dans le Golfe une aurore boréale que j'avais vue en Norvège. Les voyages ont ceci de bon : ils vous permettent de vous gaver le cerveau d'images neuves et fortes. Si les yeux ne s'arrêtent que sur les mêmes paysages, comment voulez-vous les décrire ? On ne voit jamais ce que l'on a sous le nez ; on ne voit qu'après comparaison et tout de suite les différences surgissent.

— Le procédé vaut-il, lorsqu'il s'agit de ressusciter une civilisation aujourd'hui disparue, par exemple celle des premiers habitants du pays, des sauvages ?

— Certainement. J'ai rencontré dans le Jéhol des types de sauvages semblables à ceux qui autrefois habitaient nos forêts. Ces sauvages descendent d'ancêtres mongols qui un jour traversèrent le détroit de Behring et se ramifièrent le long du continent américain. Il m'a été très facile de disséquer ces mœurs d'antan, grâce aux documents du Père Marquette, davantage avec mon intuition de voyageur. Ainsi je crois avoir donné la note juste, lorsque je signale l'entêtement avec lequel ces primitifs s'opposèrent à toute tentative d'évangélisation. Vous savez, le Père Marquette entreprend d'enseigner le vrai Dieu aux sauvages ; ces derniers sont accroupis en rond autour du missionnaire ; dès les premiers mots, ils pouffent de rire et se poussent du coude. Je ne me suis pas emballé de faux mysticisme. J'ai vu en Chine le même spectacle. Je sais les difficultés. Qu'est-ce que cela peut faire à un Chinois de se diriger vers la chapelle et d'esquisser vaguement un signe de croix. Il n'en pense pas moins païen. Les Nègres sont plus malléables, parce que moins intelligents. Mais les Chinois... derrière eux se campe une civilisation millénaire.

— J'ai remarqué dans votre livre un épisode très amusant et qui m'a rappelé le bon sauvage de J.-J. Rousseau. Vous racontez la vie des sauvages qui séjournaient sur les rives du Moyen-Mississippi et cela d'une façon presque idyllique ; les villages se cachent au fond d'une vallée luxuriante ; de minces filets de fumée jaillissent des cabanes. Les femmes y sont attirantes et les hommes affables. Même, deux jeunes gens couverts de fleurs s'enlacent la ceinture et marchent avec mollesse en se dandinant les hanches. Ce trait de mœurs est exact ?

— Le Père Marquette le rapporte dans son récit de voyage. Et notez, Hamel, l'influence climatologique sur tous les peuples qui grouillent sous un ciel de Septentrion ; ils sont d'une langueur... Rien ne ressemble moins à un Péruvien qu'un Russe. Un climat très chaud ou très froid a le don de fouetter le sang dans les veines.

— Et les Canadiens français ?

— Il faut tenir compte des exceptions ; ici le puritanisme fait loi.

— Et les Chinois ?

— Les Chinois... mais j'aurai l'occasion d'en parler. Je termine justement un livre sur la Chine. On ne se fait pas idée de la Chine actuelle. Il est très difficile de voyager. On avance dans un pays barbare. Incessamment traversé par des bandes communistes. Des gens marchant à vos côtés, maigres, pouilleux, pauvres, d'une pauvreté indescriptible. Défense absolue de porter les armes. Mesure très sage, puisqu'il suffit de toucher du doigt la crosse du revolver, pour qu'aussitôt cent balles vous trouent le corps. Le parcours s'accomplit tantôt à cheval, tantôt en jonque, tantôt en chaise à porteurs. Soudain des murailles grattent l'horizon ; la ville chinoise approche. Arrêt. Une espèce de bandit vérifie nos passeports. La porte s'ouvre et à l'intérieur une tête saute d'un cou et roule sur le sable. Justice est faite. La route de nouveau nous appelle. Derrière nous la ville chinoise profile encore ses murailles ; on dirait de loin une forteresse du Moyen-Âge. Et nous marchons d'avant sans but. Le plus insouciant finit par se forger une philosophie réaliste parce qu'il connaît le prix de la vie. Ainsi moi, je me dirigeais un jour vers les Marches thibétaines. Je dois dire

que là-bas les Occidentaux ne voyagent jamais sans escorte.
Davantage pour conserver le prestige du blanc que pour assurer
leur propre sécurité. Nous avancions donc à travers une plaine
illimitée. Le soir venu nous montons campement. Mes hommes
allument un grand feu et dorment autour. J'enveloppe ma chaise
à porteur d'une moustiquaire et me prépare à dormir. Tout à coup
mon boy accourt et me secoue : « Master, master, crie-t-il de sa
voix flûtée, bandits chinois, bandits chinois. » Tout le monde sur
pied, c'est-à-dire douze hommes. J'entends une rumeur qui montait
dans la nuit et à la lueur de la flamme je distinguais à environ un
arpent des taches plus claires, mobiles. Ils pouvaient être trois
cents. Un homme se détache du groupe et à petits pas gagne le
campement. Vite mon interprète. Tout en s'informant qui j'étais,
quel gibier je chassais dans ces parages, l'homme regardait avidement des boutons de chemise en jade que j'avais achetés à Canton.
Plus il les regardait, plus je tremblais. À la fin il me demanda si
je voulais bien les lui changer pour une de ses concubines. Il faut
se méfier d'un dilemme chinois. Si je refusais, il me tuait raide
avec tous. Si j'acceptais la femme, j'étais sûr qu'on m'aurait
trouvé avec un poignard planté dans l'épaule... et la femme partie
depuis longtemps. Après réflexion voici ce que je répondis par
la bouche de mon interprète ; je me considère très honoré par cette
demande ; son très humble et très obéissant serviteur lui offre
volontiers les boutons de jade ; mais d'autre part il se sait trop
pauvre pour nourrir une bouche de plus et trop indigne pour
posséder la concubine d'un aussi illustre général. Mon plaidoyer
fit merveille. L'oriental aligna sous sa moustache à la mandarine
une rangée de belles dents blanches. Il partit tout heureux avec les
boutons de jade et je m'épongeai le front. Cette petite aventure
m'est arrivée dans le Se-Tchouan, province peuplée par 50,000,000
d'habitants et grande comme celle de Québec. J'en ai vu bien
d'autres, mais je garde un souvenir délicieux de celle-là, à cause
des boutons de jade. Que voulez-vous, le pays est si vaste. Seulement de Chun-King à Patang dans la région du haut Yan-Tsé-
Kiang, principal tributaire de Chine, le trajet se fait en trente
jours. Alors le temps prête à la rêverie. J'ai composé des poèmes
durant ces heures perdues, presque rien, une plaquette d'une
cinquantaine de pages. Voulez-vous voir ?

J'acquiesce et Grandbois déficelle une malle. Le seul intérêt de ces poèmes, me dit-il, c'est qu'ils ont été publiés dans une édition chinoise, à Han-Kéou. Il ne me reste que deux exemplaires. Tous les autres ont été jetés à la mer par des bandits communistes qui s'étaient emparé de la jonque qui les transportait. Tenez, regardez. Grandbois me tend un cahier bleu, bariolé de lignes rouges, tatoué des caractères cabalistiques de la langue. Ne lisez pas, c'est ennuyeux comme tout, renforce mon hôte. Je m'obstine.

Les poèmes que je lisais et dont je ne me souviens plus rappelaient par leur facture ceux de Luc Durtain, un autre conquérant de la terre :

> Il me faut, ah ma vie ! il me faut
> la puissance, la cause,
> le centre,
> l'absolu, tel un rayonnement.

— Ce sont des impressions à l'état brut que j'ai cherché à fixer sur le papier, des chocs incohérents d'images qui pleuvaient sur mes yeux, pendant que doucement la jonque glissait sous les étoiles. Vous n'y comprendrez pas grand-chose, ajoute Grandbois.
— Vous croyez ? Mais c'est tout ce que je désire... comprendre.

Il m'a bien fallu quitter la maison aux pierres roses. J'ai marché longtemps dans un décor en blanc dans la rue, sur les toits. Mon pays sous la neige. De la neige, de la neige, partout. C'est la seule chose qu'il avait oubliée.

BIBLIOGRAPHIE

I. ŒUVRES D'ALAIN GRANDBOIS

Livres

Né à Québec, Louis Jolliet. Récit.
Paris, Albert Messein, 1933, 256p.
Montréal et Paris, Fides, coll. du Nénuphar, 1948, 207p.
Note liminaire de Luc LACOURCIÈRE, pp. 9-10.

Poëmes.
Hankéou, achevé d'imprimer le 25 août 1934, 32p.

Les Voyages de Marco Polo.
Montréal, Valiquette, 1941, 229p.
Montréal, Fides, coll. du Nénuphar, 1969, 174p.
Préface de Jacques BLAIS, pp. 7-11.

Les Îles de la nuit.
Montréal, Parizeau, 1944, 135p. Illustrations d'Alfred Pellan.

Avant le chaos.
Montréal, Éd. Modernes, 1945, 201p.
Montréal, Éd. HMH, coll. l'Arbre, 1964, 276p. Suivi de quatre nouvelles : « Fleur-de-mai », « Le Noël de Jérôme », « Julius », « Ils étaient deux commandos ».

Rivages de l'homme.
Québec, l'Auteur, 1948, 96p.

L'Étoile pourpre.
Montréal, Éd. de l'Hexagone, 1957, 79p.

Poèmes (Les Îles de la nuit, Rivages de l'homme, L'Étoile pourpre).
Montréal, Éd. de l'Hexagone, 1963, 246p.

Visages du monde. Images et souvenirs de l'entre-deux-guerres.
Montréal, Éd. Hurtubise HMH, coll. Reconnaissances, 1971, 378p.
Présentation de Léopold LEBLANC, pp. 11-16.

Conte et nouvelle non compris dans *Avant le chaos*

« Illusions », dans *la Revue moderne,* mai 1945, pp. 12-13, 65-69.
« Un homme à sa fenêtre », dans *la Revue moderne,* nov. 1950, pp. 34-35 ;
dans *la Revue populaire,* nov. 1950, pp. 44-45 ; dans *le Samedi,*
18 nov. 1950, pp. 30-31.

Poèmes non inclus dans l'édition de l'Hexagone

« Ah nous bercés », dans *Cahiers de l'Académie canadienne-française,*
t. I : *Poésie,* 1956, p. 66 ; cité par Roger DUHAMEL, dans *la Patrie*
du dimanche 25 nov. 1956.
« Poème » (« Heure amère »), dans *Cahiers de la Nouvelle-France,*
janv.-mars 1958, pp. 48-49.
« Douceur », dans *le Mercure de France,* mai 1958, pp. 33-34.
« Plus loin », dans *le Mercure de France,* mai 1958, pp. 34-36.
« Poème » (« Désert fatal »), dans Jacques BRAULT, *Alain Grandbois,*
Fides, coll. Classiques canadiens, 1958, p. 95.
« Poème » (« Cependant demain »), dans *Liberté,* janv.-fév. 1960, p. 1.
« Aube », dans *Liberté,* mai-août 1960, p. 148.
« Le vide », dans *Liberté,* mai-août 1960, p. 161.
« Mirages », dans *Poetry 1962,* édité par Eli MANDEL et Jean-Guy PILON,
Toronto, The Ryerson Press, 1961, p. 6.
« Ce jour », dans *Poetry 1962,* édité par Eli MANDEL et Jean-Guy PILON,
Toronto, The Ryerson Press, 1961, p. 7.
« Minuit », dans *le Devoir,* 20 oct. 1962, p. 29 ; repris par Guy ROBERT,
dans *Témoignages de 17 poètes,* Montréal, Librairie Déom, 1964, p. 50.
« Une femme », dans *Culture vivante,* n° 1, 1966, p. 43.
« Les mains tendues », dans *Poésie* (revue de la Société des poètes canadiens-
français, Québec) printemps 1966, p. 13.
« Temps fini », dans *Archives des lettres canadiennes,* t. IV : *la Poésie,*
Montréal, Fides, 1969, p. 408.

Préfaces

Préface d'*Objets trouvés,* de Sylvain GARNEAU, Montréal, Éd. de Malte,
1951 ; reprise dans *Objets retrouvés,* Montréal, Déom, coll. Poésie
canadienne, 1965, pp. 177-179.
Préface d'une *Bibliographie de Roger Duhamel,* par Paule ROLLAND ; Uni-
versité de Montréal, École des Bibliothécaires, 1952, pp. ix-x.
Avant-propos de *Philtres et Poisons,* de Philippe LA FERRIÈRE ; Montréal,
Éd. du Cerbère, 1954, pp. 9-11. Illustrations de l'auteur.
En guise d'introduction à *Tangara,* de Raymond RABY, Montréal, Les
Éd. du Cri, 1966, p. 11.

Essais

« Le Faux Malentendu », dans *Liaison*, avril 1947, pp. 227-229.

« Saint-Denys Garneau », dans *Notre temps*, 17 mai 1947, p. 3.

« À propos de la poésie », dans *Amérique française*, mars-avril 1952, pp. 32-36.

« La Poésie », dans *Liberté*, mai-août 1960, p. 146.

« L'Écrivain », dans *Présence de Victor Barbeau*, Montréal, s. éd., 1963, 3e cahier, pp. 3-8.

« Marcel Dugas », dans *Cahiers de l'Académie canadienne-française*, t. VII : *Profils littéraires*, Montréal, 1963, pp. 153-165.

« Prosateurs et poètes du Canada », suite de quelque quarante-cinq textes parus dans *le Petit Journal* entre 1963 et 1966.

« Introduction aux lettres de la religieuse portugaise », dans *Liberté*, mai-juin 1967, pp. 6-11.

Réponses à des enquêtes

« La critique en procès », dans *le Devoir*, 7 avril 1951, p. 9.

« André Gide », dans *la Nouvelle Revue canadienne*, avril-mai 1951, pp. 53-54.

« Nos écrivains écrivent-ils ? » dans *le Devoir*, 13 nov. 1954, p. 15.

« Influences qui déterminent l'orientation de nos écrivains », dans *le Devoir*, 16 avril 1960, pp. 9 et 14.

« Les lectures de nos écrivains », dans *le Nouveau Journal*, 7 avril 1962, p. 3.

« La Poésie », dans *Archives des lettres canadiennes*, t. IV : *la Poésie*, Montréal, Fides, 1969, p. 407.

Comptes rendus

Ballades de la petite extrace (Alphonse Piché), dans *Liaison*, avril 1947, pp. 227-229.

Félix (Jean Simard), dans *Liaison*, juin 1947, pp. 364-365.

O Canada, terre de nos aïeux (Marie Le Franc), dans *Liaison*, nov. 1947, pp. 542-544.

Conférences

« Voyages » (14 avril 1953), dans *Huit conférences*, Montréal, Le Club littéraire et musical, 1953, pp. 129-147.

« Radio et télévision » (23 juin 1957), dans *le Congrès de la Refrancisation* (tenu à Québec du 21 au 24 juin 1957), Québec, Éd. Ferland, 1959, t. III, pp. 99-108.

Traduction

Au pied du courant, l'histoire Molson. Montréal, Beauchemin, 1955. En collaboration avec Léon TRÉPANIER, traduction du livre de Merrill DENISON, *The Barley and the Stream,* Toronto, McClelland and Stewart, Limited.

Divers

« N'attendons pas que ses veines se vident », dans *le Bulletin des études françaises,* mars-avril 1944, p. x.

« Terres étrangères », dans *la Revue populaire,* mars 1946, pp. 13 et 64.

« Les deux mots », dans *XXe siècle,* déc. 1946, pp. 30-31.

« Louis Jolliet », dans *le Devoir,* 23 juin 1949, p. VIII.

Lettre du 9 déc. 1963 à Rina Lasnier, dans Eva KUSHNER, *Rina Lasnier,* Fides, coll. Écrivains canadiens d'aujourd'hui, 1964, p. 184.

Entrevues

Marcel HAMEL. « Alain Grandbois... voyageur de Chine », dans *la Nation,* 30 avril 1936, p. 3.

André LANGEVIN. « Nos écrivains : Alain Grandbois », dans *Notre temps,* 22 mars 1947, pp. 1-2.

Gérald GODIN. « Alain Grandbois : les aventures d'un enfant du siècle qui voulait être Marco Polo », dans *le Nouveau Journal,* 3 mars 1962.

————. « Comment l'idée d'écrire vint à Marco Polo », dans *le Nouveau Journal,* 10 mars 1962.

Guy ROBERT. « Rencontre avec Alain Grandbois », dans *le Devoir,* 26 oct. 1963, pp. 18-19 ; repris dans *Témoignages de 17 poètes,* Montréal, Librairie Déom, 1964, pp. 43-49.

Vincent JOLY. « Alain Grandbois parle de Georges Rouault », *Revue des Arts et des Lettres,* émission radiophonique du 22 mars 1965.

Gilles MARCOTTE. « Alain Grandbois parle des *Voyages de Marco Polo* », *Des livres et des hommes,* émission radiophonique du 27 déc. 1966.

Fernand SEGUIN. « Alain Grandbois », *Le Sel de la semaine,* émission télévisée du 17 fév. 1969.

Devoirs d'écolier

Narrations françaises (*les Figues de M. de Buffon, les Martyrs chrétiens, Une explication d'auteurs, les Musiciens de l'Enfant Jésus, Combat des gladiateurs à Rome, la Demeure maudite, Légende de Julien l'Hospitalier*) et autres devoirs dans *Cahiers de l'Académie de Saint-Denys,* classe de troisième, 1912-1917. Archives du Séminaire de Québec.

Discographie

Lecture de trois poèmes : « O tourments... », « Le songe », « L'Étoile pourpre », dans *Voix de huit poètes du Canada,* disque Folkways FL 9905, 1958.

II. ÉTUDES

Instruments de travail

BAUDOT, Jean-A. *Dictionnaire du vocabulaire d'Alain Grandbois.* Montréal, Centre de calcul de l'Université de Montréal, 1966, 903p.

GAGNON, Huguette. *Bibliographie analytique d'Alain Grandbois.* Université Laval, 29 déc. 1964, XI-120p.

Livres

BEAUCHEMIN, Normand. *Recherches sur l'accent d'après des poèmes d'Alain Grandbois. Étude acoustique et statistique.* Québec, Les Presses de l'université Laval, coll. Langue et Littérature françaises au Canada, 1970, 192p.

BRAULT, Jacques. *Alain Grandbois.* Montréal et Paris, Fides, coll. Classiques canadiens, 1958, 95p. Nouv. éd., revue et corrigée, 1967.

——. *Alain Grandbois.* Montréal et Paris, L'Hexagone-Seghers, coll. Poètes d'aujourd'hui, 1968, 186p. Reprend des études parues dans *Liberté* (mai-août 1960), *le Droit* (7 mars 1964) et *le Devoir* (7 nov. 1964). Comptes rendus dans *le Devoir* du 20 avril 1968 (Jean ÉTHIER-BLAIS), *la Presse* du 27 avril 1968 (Alain PONTAUT), *le Soleil* du 15 juin 1968 (Gatien LAPOINTE), *Études françaises* de nov. 1968 (Laurent MAILHOT) et *Livres et Auteurs canadiens 1968* (François GALLAYS).

En collaboration, le numéro spécial de la revue *Liberté,* mai-août 1960.

Thèses

DALLARD, Sylvie. *L'Univers poétique d'Alain Grandbois : symbolique et signification ou l'Itinéraire spirituel d'un poète.* École des Gradués de l'université Laval, thèse de maîtrise, mars 1970, XII-154p.

FOURNIER, Claude. *Le Paysage de l'amoureuse dans la poésie d'Alain Grandbois.* Université du Québec à Trois-Rivières, thèse de maîtrise, février 1972, IV-97p.

LEBLANC, Léopold. *Alain Grandbois ou la tentation de l'absurde.* Université de Montréal, thèse de maîtrise, 1957, 108p.

Chapitres de livres

DUGAS, Marcel. « Né à Saint-Casimir, M. Alain Grandbois », dans *Approches*, Québec, Éd. du Chien d'or, 1942, pp. 41-64.
MARCOTTE, Gilles. « Alain Grandbois », dans *Une littérature qui se fait, Essais critiques sur la littérature canadienne-française*, Montréal, Éd. HMH, coll. Constantes, 1962, pp. 243-256.

Articles

BRAULT, Jacques. « Études d'auteurs : Alain Grandbois », dans *Lectures*, 1er avril 1958, pp. 227-228.
DEROME, Gilles. « Confrontation d'Alain Grandbois », dans *Cité libre*, nov. 1963, pp. 26-28.
DUBÉ, Gilles. « L'Univers poétique d'Alain Grandbois, « le Rêve s'empare... », dans *les Cahiers François-Xavier Garneau*, sept. 1969, pp. 71-80.
DUBÉ, Marcel. « Alain Grandbois ou l'amour de la vie », conférence d'abord résumée par Christiane BRUNELLE-GARON dans *le Soleil*, 13 déc. 1966, p. 28, parue ensuite intégralement dans *Marcel Dubé, Textes et documents*, Leméac, coll. Théâtre canadien, 1968, pp. 64-72 et dans *l'Action*, 24 janv. 1970, p. 18.
EMMANUEL, Pierre. « Le Droit à l'universel », dans *Liberté*, mai-août 1960, pp. 154-155.
GALLAYS, François. « Alain Grandbois », dans *Archives des lettres canadiennes*, t. IV : *la Poésie*, Montréal, Fides, 1969, pp. 333-344.
GARNEAU, René. « Littérature canadienne : Alain Grandbois et la familiarité de la mort », dans *les Cahiers de l'Ouest*, juillet 1954, pp. 24-26.
GENDREAU, Roland. « Alain Grandbois, ensorcelé des îles », dans *Reflets*, déc. 1951, pp. 23-31.
HOULE, Jean-Pierre. « Les Poèmes d'Alain Grandbois », dans *l'Action nationale*, janv. 1949, pp. 26-33 ; repris dans *le Devoir*, 26 nov. 1949, p. 22.
LABELLE, Guy. « Le Thème de la neige chez Alain Grandbois », dans *Lettres et écritures*, fév. 1964, pp. 22-30.
LALONDE, Michèle. « Présence de la femme », dans *Liberté*, mai-août 1960, pp. 156-160.
LEBEL, Maurice. « Alain Grandbois », dans *la Revue de l'Instruction publique*, sept. 1959, pp. 56-64 ; repris dans *D'Octave Crémazie à Alain Grandbois*, Québec, L'Action, 1963, pp. 272-285.
PARADIS, Suzanne. « Une poésie qui ne vieillit pas », dans *le Soleil*, 23 janv. 1971, p. 36.

POULIN, Gabrielle. « La Poésie d'Alain Grandbois, une « tour dressée aux mains du silence », dans *Relations,* janv. 1970, pp. 22-23.

PRÉFONTAINE, Yves. « Divagations sur Alain Grandbois », dans *le Quartier latin,* 15 déc. 1955, p. 12.

ROBERT, Guy. « Rivages de l'amour dans la poésie d'Alain Grandbois », dans *la Revue dominicaine,* sept. 1961, pp. 84-96.

————. « Présence d'un poète : Alain Grandbois », dans *le Devoir,* 20 oct. 1962, p. 29.

VACHON, André. « Alain Grandbois, explorateur », dans *Relations,* nov. 1963, p. 329.

WYCZYNSKI, Paul. « Alain Grandbois », dans *Poésie et symbole,* Montréal, Librairie Déom, 1965, pp. 225-228.

Entrevues, portraits et anecdotes

CHEVALIER, Willie. « Notre personnalité du mois : Alain Grandbois », dans *le Digeste français,* janv. 1951, pp. 66-71.

DAIGNEAULT, Claude. « Hommage à Alain Grandbois », dans *le Soleil,* 11 sept. 1965, p. 28.

DESROCHERS, Alfred. « Alain Grandbois, poète nord-américain du 20e siècle », dans *Montréal '65,* janv. 1965, p. 15.

DUGAS, Marcel. « Parmi ceux que j'ai connus », dans *Liaison,* avril 1947, pp. 215-216.

DUHAMEL, Roger. « Alain Grandbois ou le bonheur de l'écriture », dans *le Droit,* 7 mars 1964, p. 13.

FERRON, Jacques. « Alain Grandbois », dans *le Magazine MacLean,* oct. 1970, p. 60.

GARNEAU, René. « Alain Grandbois, rue Racine », dans *Liberté,* mai-août 1960, pp. 174-178 ; repris dans *Présence de la critique,* HMH, 1966, pp. 19-22.

GIGUÈRE, Michel. *Autour d'Alain Grandbois, du côté de Saint-Casimir.* Université Laval, mémoire de 3e année de licence, 19 fév. 1969, 14 p. dactylographiées.

HÉNAULT, Gilles. « Il n'était pas un vulgaire touriste », dans *le Nouveau Journal,* 10 mars 1962, p. III.

OUELLETTE, Fernand. « Il est d'étranges destins... », dans *Liberté,* mai-août 1960, pp. 149-153.

PILON, Jean-Guy. « Un geste nécessaire », dans *Liberté,* mai-août 1960, p. 147.

PONTAUT, Alain. « Alain Grandbois, du Québec aux rivages de l'homme », dans *le Devoir,* 30 oct. 1965, p. 18.

ROCHE, André. « Alain Grandbois tel que le voit André Roche par le petit bout de la lorgnette », dans *la Semaine à Radio-Canada,* 12 août 1951, p. 3.

SYLVESTRE, Guy. « Lettre à Jean-Guy Pilon sur l'homme sans rivages », dans *Liberté,* mai-août 1960, pp. 162-165 ; repris dans *Présence de la critique,* pp. 88-90.

Verots, Jean-Claude. « Au balcon de Cannes, Alain Grandbois », reportage paru dans la section Canada-Match de *Paris-Match,* début 1961, pp. 14-15.

Témoignages

Pilon, Jean-Guy et Gaston Miron. « Alain Grandbois et les jeunes poètes », enquête parue dans *Amérique française,* déc. 1954, pp. 473-476 ; témoignages de Fernand Ouellette, Olivier Marchand, Wilfrid Lemoine, Luc Perrier, Georges Cartier, Claude-Bernard Trudeau et Gilles Hénault.

En collaboration. « Témoignages » (Alfred DesRochers, Wilfrid Lemoine, Yves Préfontaine, Pierre Trottier, Michèle Lalonde, Jacques Godbout), dans *Liberté,* mai-août 1960, pp. 179-188.

Comptes rendus

Né à Québec (1933)

Anonyme (Edmond Chassé ?), *l'Événement,* 18 déc. 1933, p. 3.
L. Desbiens, *le Devoir,* 30 déc. 1933, pp. 1 et 9.
O. Asselin, *le Canada,* 8 janv. 1934, p. 2.
A. Pelletier, *le Canada,* 22 janv. 1934, p. 2.
M. Hébert, *le Canada français,* fév. 1934, pp. 543-554 ; repris dans *les Lettres au Canada français,* Lévesque, 1936, pp. 53-71.
G. Rousseau, *le Devoir,* 5 fév. 1934, pp. 1 et 2.
A.-M. B., *la Revue dominicaine,* avril 1934, pp. 321-323.
R. Duhamel, *la Relève,* avril 1934, pp. 22-24.

Les Voyages de Marco Polo (1941)

R. Duhamel, *le Canada,* 23 août 1941, p. 2.
A. Laurendeau, *l'Action nationale,* sept. 1941, pp. 75-76.
Anonyme, *l'Action universitaire,* sept. 1941, p. 24.
A. Maheux, *le Canada français,* sept. 1941, p. 30.
E. Gagnon, *Relations,* sept. 1941, p. 251.
L. Dantin, *le Jour,* 20 sept. 1941, p. 7.
A. Pelletier, *Regards,* sept.-oct. 1941, pp. 44-46.
P. Courtines, *le Travailleur,* 9 oct. 1941, p. 3.
P. E. Trudeau, *Amérique française,* nov. 1941, pp. 45-46.
R. E. Llewellyn, *Bulletin des études françaises,* janv. 1942, pp. 75-76.
A. Papillon, *la Revue dominicaine,* fév. 1942, p. 122.
É. Bégin, *l'Enseignement secondaire au Canada,* oct. 1942, pp. 71-73.

Les Îles de la nuit (1944)

P. Gélinas, *le Jour,* 27 mai 1944, p. 5.
R. Tanghe, *l'Action universitaire,* juin 1944, p. 37.

EGMONT, *la Revue populaire*, août 1944, pp. 60-69.

J. GENEST, *Relations*, sept. 1944, p. 251.

R. CHOPIN, *le Devoir*, 2 sept. 1944, p. 8.

G. SYLVESTRE, *le Droit*, 2 sept. 1944, p. 2.

T. BERTRAND, *Mes Fiches*, 5 et 20 sept. 1944, p. 43.

B. BRUNET, *le Canada*, 14 sept. 1944, p. 4 ; *la Nouvelle Relève*, déc. 1944, p. 568.

R. DUHAMEL, *l'Action nationale*, oct. 1944, pp. 136-139.

ARISTOCRITOS, *les Carnets viatoriens*, oct. 1944, pp. 292-294.

P. LALIBERTÉ (R. DUHAMEL), *le Bloc*, 14 oct. 1944, p. 4.

P.-A. LOMBARD (É. BÉGIN), *le Canada français*, nov. 1944, pp. 201-204.

É. BÉGIN, *l'Enseignement secondaire au Canada*, nov. 1944, pp. 140-141.

W. E. COLLIN, *University of Toronto Quarterly*, avril 1945, p. 290.

A. GIROUX, *Culture*, déc. 1945, p. 501.

R. GARNEAU, *le Canada*, 22 oct. 1945, p. I.

⸺, *le Canada*, 4 nov. 1946, p. XX.

TÉLÉMAQUE (É. BÉGIN), *la Revue de l'Université Laval*, nov. 1947, pp. 237-239.

R. DUPUIS, *les Carnets viatoriens*, avril 1948, pp. 122-135.

Avant le chaos (1945)

R. GARNEAU, *le Canada*, 26 mars 1945, p. 5.

P. LALIBERTÉ (R. DUHAMEL), *le Bloc*, 29 mars 1945, p. 6.

E.-Ch. HAMEL, *le Jour*, 31 mars 1945, p. 5.

R. DUHAMEL, *l'Action nationale*, avril 1945, pp. 291-293.

R. CHOPIN, *le Devoir*, 21 avril 1945, p. 8.

A. SAINT-PIERRE, *la Revue dominicaine*, juil.-août 1945, p. 63.

D. M. O., *le Canada français*, sept. 1945, p. 77.

G.-H. DAGNEAU, *Culture*, sept. 1945, p. 376.

M. BLAIN, *Mes Fiches*, 5 et 20 sept. 1945, p. 90.

É. BÉGIN, *l'Enseignement secondaire au Canada*, oct. 1945, pp. 63-64.

J. GIGNAC, *les Carnets viatoriens*, juil. 1946, p. 221.

W. E. COLLIN, *University of Toronto Quarterly*, juil. 1946, pp. 406-407.

J. ÉMERY, *Relations*, août 1946, p. 255.

G. SYLVESTRE, *la Revue de l'Université d'Ottawa*, 1946, pp. 222-223.

R. LÉGARÉ, *Culture*, mars 1947, pp. 61-62.

Rivages de l'homme (1948)

R. DUHAMEL, *Montréal-Matin*, 13 juil. 1948, p. 4 ; *l'Action universitaire*, oct. 1948, pp. 84-85.

J. RICHER, *Notre temps*, 17 juil. 1948, p. 4.

J. LUCE, *la Presse*, 17 juil. 1948, p. 38.

G. LAMARCHE, *Liaison*, nov. 1948, pp. 541-543.

Ch. HAREL, *le Canada*, 11 déc. 1948, p. 30.

J.-E. B., *la Revue de l'Université Laval*, mars 1949, p. 616.

J.-T. RACETTE, *la Revue dominicaine*, mars 1949, pp. 167-171.

J.-P. Beausoleil, *Lectures*, mai 1949, pp. 554-556.
W. E. Collin, *University of Toronto Quarterly*, juil. 1949, pp. 384-385.
G. Sylvestre, *la Revue de l'Université d'Ottawa*, avril-juin 1951, pp. 435-436.

Né à Québec (1948)
L. Lacourcière, *Notre temps*, 27 nov. 1948, p. 3.
J. Richer, *Notre temps*, 18 déc. 1948, p. 3.
J. Tremblay, *Lectures*, fév. 1949, pp. 331-332.
L. Groulx, *la Revue d'Histoire de l'Amérique française*, mars 1949, p. 603.
F. de M., *les Carnets viatoriens*, avril 1949, pp. 155-156.
V. Barbeau, *Liaison*, avril 1949, pp. 218-219.
R. Duhamel, *Montréal-Matin*, 2 avril 1949, p. 4 ; repris dans *l'Action universitaire*, juil. 1949, pp. 90-92.
J.-Ch. Bonenfant, *Culture*, juin 1949, p. 206.
S. Chaput-Rolland, *Amérique française*, 1948-1949, pp. 88-89.

L'Étoile pourpre (1957)
R. D., *Cahiers de la Nouvelle-France*, oct.-déc. 1957, pp. 326-328.
M. Pierre, *le Devoir*, 20 déc. 1957, p. 7.
F. Saint-Martin, *la Presse*, 20 déc. 1957, p. 56.
M. Van Schendel, *la Revue des Arts et des Lettres*, Radio-Canada, 7 janv. 1958.
A. Maillet, *le Petit Journal*, 12 janv. 1958, p. 60.
É. B. Allaire, *le Temps*, 22 janvier 1958.
P. de Grandpré, *le Devoir*, 15 fév. 1958 ; *Dix ans de vie littéraire au Canada français*, Beauchemin 1966, pp. 32-38.
R. Duhamel, *la Patrie*, 13 avril 1958.
G. Marcotte, *Cité libre*, mai 1958, pp. 33-35 ; *Présence de la critique*, pp. 178-180.
G. Sylvestre, *University of Toronto Quarterly*, juil. 1958, pp. 547-549.
George-Day, *Livres de France*, juin-juil. 1960, p. 25.

Poèmes (1963)
J. Hamelin, *le Devoir*, 14 sept. 1963.
G. Marcotte, *la Presse*, 14 sept. 1963
G. Robert, *Livres et auteurs canadiens 1963*, pp. 48-49.
C. Audejean, *Esprit*, janv. 1964, pp. 143-146.

Avant le chaos (1964)
G. Marcotte, *la Presse*, 25 avril 1964, p. 6.
C. Lockquell, *le Soleil*, 9 mai 1964, p. 26.
G. Sylvestre, *le Devoir*, 30 mai 1964.
A. Renaud, *Livres et auteurs canadiens 1964*, pp. 19-20.
M. Blain, *Approximations*, 1967, pp. 199-203.

Documents audio-visuels

Conférence de Pierre EMMANUEL radiodiffusée par Radio-Canada, le 11 sept. 1953.
Une demi-heure avec (Henriette LE HIR), émission radiophonique de Radio-Canada, 9 déc. 1963.
L'Histoire comme ils l'ont faite, émission radiophonique de Radio-Canada, 4 fév. 1967.
La Nouvelle Poésie (Pierre MORENCY), émission radiophonique de Radio-Canada, 31 oct. 1968.
L'Oeuvre d'Alain Grandbois (Gilles ARCHAMBAULT et Jacques BRAULT), émission radiophonique de Radio-Canada, les 1er, 8, 15 et 22 mai 1970.
Alain Grandbois, film couleurs d'une demi-heure réalisé par le Service des moyens techniques de l'enseignement, pour le ministère de l'Éducation, 1971.

III. ÉTUDES QUI ONT SERVI À L'ÉLABORATION DU PRÉSENT TRAVAIL

ANIANTE, Antonio. *Marco Polo.* Bruxelles, Club international du livre, s.d.
BERTIN, Charles. Présentation des *Meilleures pages de Charles Plisnier,* Bruxelles, la Renaissance du livre, 1964.
CHADOURNE, Marc. *Chine.* Paris, Plon, 1932.
CHLOVSKI, Victor. *Le Voyage de Marco Polo.* Traduit du russe par Marc SLANIM, introduction de K. J. KOURINE, Paris, Payot, Bibliothèque géographique, 1948.
CONSTANTIN-WEYER, Maurice. *Cavelier de la Salle.* Paris, les Éd. Rieder, 1927.
DÉCAUDIN, Michel. *XXe siècle français, les Temps modernes.* Paris, Éd. Seghers, 1964.
DE VOGÜÉ, Eugène Melchior. *Jean d'Agrève.* Paris, Éd. Nelson, s.d.
GAGNON, Ernest. *Louis Jolliet, Étude biographique et historiographique.* Montréal, Beauchemin, 4e éd., 1946.
GARNEAU, J.-Elzébert. *Notes du voyage de mon père (Félix Garneau) en Australie.* 1891. (Bibliothèque du Parlement de Québec.)
GRANDBOIS, Madeleine. *Maria de l'Hospice. Contes.* Montréal, Lucien Parizeau et Cie, 1945.
Les Lettres de la Religieuse portugaise. Introduction par Émile HENRIOT. Paris, Bernard Grasset, 1909.
MORAND, Paul. *Le Voyage. Notes et maximes.* Paris, Hachette, 1964.
PLISNIER, Charles. *Faux Passeports.* Le Livre de poche (Buchet-Chastel), nos 1309-1310, 1964.

POLO, Marco. *La Description du monde.* Texte intégral mis en français moderne par Louis HAMBIS. Paris, Librairie C. Klincksieck, 1955.

ROBERT, Guy. *Pellan, sa vie et son œuvre.* Montréal, Éd. du Centre de Psychologie et de Pédagogie, coll. Artistes canadiens, 1963.

TESSIER, J.-Blaise. *Étude sociale et économique des familles de Saint-Casimir.* Thèse présentée à l'École de Service social, Université Laval, Faculté des Sciences sociales, 1er mai 1948.

T'STERSTEVENS, A. *Le livre de Marco Polo ou le Devisement du monde.* Le Livre de poche (Albin Michel), nos 642-643, 1967.

TUZET, Hélène. *Le Cosmos et l'Imagination.* Paris, Librairie José Corti, 1965.

WEISBEIN, Nicolas. *L'Évolution religieuse de Tolstoï.* Paris, Librairie des cinq continents, 1960.

En collaboration. *Tolstoï.* Paris, Hachette, coll. Génies et Réalités, 1965.

TABLE DES MATIÈRES